精神分析と描画

「誕生」と「死」をめぐる
無意識の構造をとらえる

牧瀬英幹　著
Makise Hidemoto

誠信書房

目次

序　章

病理そして描画との関係における「誕生」と「死」の問い

I　人間における2つの謎としての「生」と「死」

人間として生きていくうえで、どうしても直面せねばならない問題がある。それは、「生」と「死」という2つの謎をめぐる問題である。どのように生まれてきたのか、死ぬとはどのようなことなのか。このような2つの問いに対して迷うことなく答えられる人間はいないだろう。

だが、まさにこの2つの問いに答えられないがゆえに、人間はみずから意味づける主体として存立しているといっても過言ではない。2つの謎をめぐり、どのように生きていくことが可能か。換言すれば、「生」と「死」をめぐる問いをどのように引き受けていくかが、人間として生きていくうえで欠かせないものなのである。

パスカルもまた、このような問いを真摯に問う者のひとりであった。「人間は自然の中にあって何者であるか。無限にくらべると虚無、虚無にくらべるとすべて、無とすべてとの中間者。両極を理解するには、それらから無限にへだたっているので、事物の終わりと始めとかは、かれにとって底知れぬ秘密のうちにせんかたもなくかくされている。【中略】してみると、人間は事物の始めをも終わりをも知ることのできない永久の絶望のうちにあって、ただ事物の中間の〔ある〕様相を認めるほか、何をなしえるであろうか」（パスカル 1990, pp. 35-36）。

かつては、宗教がこの2つの謎に答えを与えて、一定の安定のもとに主体の「生」を紡いでいく機会を与えてくれたのかもしれない。しかし、宗教が世界を支えていた時代をはるか彼方に見る現在ではどうだろうか。

精神分析による知の蓄積は、宗教儀礼と強迫神経症者の症状との連関を明るみに出した（Freud, 1907）。両者を結びつける問いが、「生」と「死」の問いである。このことはまた、現在では宗教にかわり、症状がその問いを問う場として採用されていることをも示しているだろう。日々の臨床実践を通してわれわれは、このような症状と2つの問いとの結びつきを、強迫神経症以外のさまざまな病理のなかに見いだすことになるからである。精神病、ヒステリー、倒錯など、各々の病理は固有な仕方で2つの問いと結びつき、症状を形成している。

では、われわれは病理として結実するかたちではなく、また別の仕方で2つの問いを引き受けていくことができるのだろうか。

ヤスパースのゴッホ研究は、その可能性を示唆する先駆的な研究のひとつである。ヤスパースは、ゴッホの病理とその作品制作との関係性を次のように表現している。[*1]「彼は芸術においても超自然的なものを直接に表現することには反対した。彼はその急性期に浮かんで来た宗教的、『迷信的』な考え方を奇妙に思い、それを否定し、それによって何ら影響されなかった。その代わりに、彼はその直截な真実愛及び現世の単純な対象の描画によって、彼の集中された精力とその宗教的、世界観的傾向を表現した」（ヤスパース 1959, p. 201）。人間にとって解決しがたい「生」と「死」の謎と結びつく「超自然的なもの」を、宗教的に解決するのではなく、「描くこと」によって引き受け、またそこに自分なりの答えを見いだそうとするゴッホの姿を、ヤスパースは病理との関係から照らしだしている。さらに、ゴッホの作品について、「あたかも存在の最後の源泉が可視的となり、現存在の隠された地盤が我々に直接働きかけるかの如くである」（ヤスパース 1959, p. 223）と述べ、「描くこと」によって生みだされる作品が、作者のみならず鑑賞者の「生」に訴えかけてくる何かを含むものであることを示している。

わが国では、このようなヤスパースの研究の流れを受け、宮本や徳田が、「描くこと」のなかに人間の生きることと死ぬことへの問いを読み解く研究を推し進めた。特に、統合失調症という病理に罹患しながらも、創作活動を絶やさなかった画家ムンクに関する病跡学的研究のなかに、その収斂点を見いだすことができる。

宮本（1997）は、ムンクの『叫び』と幻覚症状との関係性を考察し、両者の連関を明らかにするとともに、その創作の背景に、症状を顕在化させる契機となった数々の「死」があったことを示唆している。また、ムンクの作品における空間の使い方と統合失調症の患者の空間把握との比較から、両者に共通する「空間の病い」についての検討を行っている。ドアの向こう側や物かげなどの「死んだ空間」が、「実体的意識性」により不気味に活性化するという「生」の不安を、ムンクは作品を通して表現するのである。

徳田もまた、ムンクの作品変遷のなかに「生」への不安と「死」の受容過程を読みこみ、次のような考察を行っている。「総じて『生命のフリーズ』に見られるような自己の内面性のむき出しの告白や、死との出会

＊1　ヤスパースは、ゴッホが統合失調症であったと診断している。

い、死との葛藤と対決をへてようやく辿りつく死の象徴化と、死の受容という死をめぐってのイメージ化が、彼の描いた自己像の変遷の背景に重要な創造の女神の役割を果たしている」（徳田 1978, p. 36）。

このように、「描くこと」は、病理との関係とはまた異なるかたちで「生」と「死」をめぐる問いを主体が引き受けていくうえで、重要な役割を果たす可能性が考えられる。人間にとっての「描くこと」の意義を問いなおし、そこから人間存在への洞察を深めていくことで、われわれは「生」と「死」の問いを新たな仕方で引き受けていく可能性を見いだせるのではないだろうか。また、日々の臨床実践のなかで筆者は、描画を介して「生」と「死」の問いを位置づけなおすことにより治療が大きく転換するという実感を得ている。そのような実感をより確かなものとするためにも、あらためてこの問題を検討しなおすことが求められているのである。

Ⅱ 「描くこと」と病理に関する研究の流れ

1 先行研究の概観――臨床と病跡

人間の「描く」という営みのなかに、「生」と「死」の問いを引き受ける可能性を問う研究は、どのような経緯で発展してきたのだろうか。先に取り上げた研究も含め、創造性、特に「描くこと」と病理に関する先行研究を概観しておきたい。

創造性と病理の関係性は、19世紀の近代医学の確立とともに、活発に問われるようになった。「生」と「死」の問題が宗教的、哲学的な文脈を超え、症状という場でも問わざるを得ないものへと変化したことから、われわれは、新たな方法で2つの問いを引き受けていく必要性に迫られたのである。

前述のヤスパースによるゴッホ研究の前後には、モルゲンターラーの「芸術家としての精神病者」やプリンツホルンによる『精神病者の描画』などが世に出て、こうした必要性に応える探求を行った（高江洲 2000）。これら先駆的な研究の展開によって、われわれはまた、アリストテレスが生きた時代において、すでに創造性と病理の問題が問われていた事実など、歴史を含む包括的な視点から、創造性と病理の関係性を再認識できるようにもなった。アリストテレス（1972）は、芸術はひとつの癒しであり、治療的機能をもつものであると説き、カタルシスの効果について触れている。

その後、「描くこと」と病理の連関を、精神病理学的、病跡学的に問う研究が推し進められていった。アーレンツヴァイク（Ehrenzwaig, 1969）の『芸術の隠された秩序』、ドラクーリデス（Dracoulides, 1952）の『芸術家と作品の精神分析』、アリエッティ（Arieti, 1976）の『創造力』、クリス（Kris, 1952）の『芸術の精神分析的研究』などの研究はその代表的なものである。特に、ドラクーリデスによる研究は、芸術が芸術家の深奥の感情や精神的反応の象徴的表現であること、また、芸術がしばしば芸術家の人格と照応することをやめて、芸術家の属する国の大衆や時代を反映することを示唆しており、後に本書で検討していくことになる、主体と社会を結ぶ描画の意義を考えるうえで参考となるものである。

わが国では、『芸術の人間学』（徳田 1978a）をはじめとして、徳田がさまざまな画家の病跡学的研究を行っている。われわれの考察と密接な関わりをもつ、「死をめぐる表現」の研究もそのひとつである（徳田 1985）。そのなかで、徳田は、ムンクやティスニカル、クレーなどの作品に、「死」にまつわる体験からの強い影響が表れていること、それらの作品のなかに死をめぐる象徴表現が隠されていること、さらには強制収容所での虐殺、災害、事故などの、社会における大量の「死」が作品に及ぼす影響について示唆している。

別のところでは、近代絵画における「死」の問題の考察も行っている（徳田 1978b）。それによると、近代以前までの「死」のイメージは、神話や宗教的主題、夢の世界の物語であったが、近代に入って次第に変化し、個人が前面に出るかたちで表現されるようになったとされる。そのような「死」の表現の仕方は、大きく3つに分類可能である。①画家自身が時代的、歴史的な事件に強い興味と関心をもち、直接的、間接的な体験に触発されて表現したもの、②人生に対する哲学的、形而上学的な省察過程をイメージ表出として昇華したもの、③自我における不安・葛藤から、あるいは精神病理学的な諸状況に直面したために、下層意識が露出し、幻想的、夢幻的な状況下で死のイメージにとらえられ、自らのカタルシスを求めて創造したもの、である。

宮本もまた、病跡学的な見地から、さまざまな病理を抱えた画家の作品と臨床例とを比較し、考察を行っている。とりわけ、ムンクの病理とその表現形式の検討を通して、統合失調症者の内的世界をとらえようとした研究は、われわれの考察を進めるうえで、たいへん参考になるものである（宮本 1997）。統合失調症の寛解過程において、「脱中心化」が意識されるとともに、臨界点を乗り越える象徴として描かれる「太陽表現」について着目した研究は、本書が主体と〈他者〉との関係を描画のなかに読み解く作業を行ううえで重要な視点を提供してくれる。内海（2003）による統合失調症者の「死」と再生に関する研究も、宮本による研究の延長線上に位置するものだろう。

これら「描くこと」と病理の関係性を精神病理学的、病跡学的な立場から問う研究の流れと並行して、サナトリウムのリハビリテーションなどからはじまった、臨床実践に描画を活用していく方法を研究する流れも発展をとげた。

例えば、作業療法に大きな影響を与えたナウムブルグ（Naumburg, 1966）の『力動指向的芸術療法』、ウルマン（Ulman, 1975）の『芸術療法の理論と実践』、小児科における実践から生みだされたウィニコット（Winnicott, 1971）の「スクィグル技法」、ロールシャッハテストや筆蹟学の流れを受けて考案されたコッホ（Koch, 1957）の『バウムテスト』、精神分析的な観点を描画の解釈に取り入れたマコーバー（Machover, 1949）やバック（Buck, 1966）の「人物画」の研究、バーンズ（Burns, 1972）による「家族画」の研究、[＊2] 子どもの発達と描画の連関を検討したグッドイナフ（Goodenough, 1926）やディ・レオ（Di Leo, 1977）の研究は、その代表的なものである。

わが国では、中井による「風景構成法」（1985a）、「枠づけ法」（1985b）、山中（1998）による「ＭＳＳＭ法」、伊集院（1989）による「拡大風景構成法」、大森と高江洲（1981）による「臨床図像学」、高橋（1974）による「ＨＴＰテスト」、高橋らによる「樹木画テスト」（1986）、「人物画テスト」（1991）、加藤（1986）や石川（1982）による「家族画」、などの実践が行われてきている。

「生」と「死」の問題と密接に関わる研究として、以下の研究をあげることもできる。「死」をめぐる描画表現の研究は、臨床現場における自殺の予防を促す意味でも欠かせない。石川（1980; 石川ら 1983）は、自殺サインと思われるものとして、①らせんやうずまきなどの、自殺を抽象的に表現したものの描出、②目鼻のない顔や首のない人物画、棒人間などの「未完成サイン」の描出、③赤と黒の占める割合の大きな絵の描出、などの特徴をあげている。

「死」に対峙する者と描画との連関を検討した研究も散見される。岸本（2003）は、進行性の癌患者に対するナラティブ・アプローチのなかで、描画を利用することの意義を示唆している。その際、描画を解釈するのではなく、描かれたイメージを共有し、ともに体験していくことが重要であるとされる。片山（2007）は、癌

＊2　家族画研究の歴史、発展の流れに関しては、石川（1984a, 1984b）による研究が詳しい。

の終末期の患者が、「樹木画」を描くことを通して、霊的苦痛の緩和を得る可能性を検討している。浅野と高江洲（2005）による研究は、主体を取り巻く「風景」をある種の描画空間ととらえ、「死」に対峙する者がそのような「風景」のなかでどのように癒されるかを明らかにしている。これらの研究は、「死」に対峙する者が描画を介して、いかに「死」の問いを構築していくかという、後に本書で考察する問題と密接に関わるものである。さらに、同胞の「死」を受け入れていく過程において描画を用いることの意義を論じた、上別府（2006）の研究をあげることもできる。

このように、人間の「描く」という営みのなかに「生」と「死」の問いを引き受ける可能性を問う研究の流れは、おもに芸術作品とその作者の病理との連関を探求する精神病理学的、病跡学的研究と臨床実践に描画を活用していく研究とが、互いを意識しながらも、独自の立場を保ちながら発展してきた。

しかし、宮本が、ムンクの作品と統合失調症の患者の描画との比較から、ある共通性を見いだし、そこから治療を考えようと試みたように、両者を分けて考えるのではなく、両者に共通する接点を積極的に見いだし、検討を進めていくことが、現在の臨床実践において求められているだろう。大森も、「芸術療法と病跡学は、創造と表現の病理をめぐって、共通する論点や問題点を有しており相互に交流が不可欠である」（大森ら1981, pp. 182-183）と指摘している。

本研究では、さまざまな病理の治療を考えるうえでの糸口を、先人たちの「描くこと」の実践のなかに見いだし、それを描画療法に活かしていくという立場をとることで、病跡学的研究と臨床実践に描画を活用していく研究との接点を模索していきたい。

2　ハンス症例と描画における「子どもはどこから来るのか」の問い

フロイトもまた、「レオナルド・ダ・ヴィンチの幼年期の思い出」に代表される、芸術作品に関する数々の論考を通して、創造性、特に「描くこと」と病理の関係性を問う研究を推し進めた者のひとりである。さらに、フロイトは、描画行為を積極的に治療に導入することはなかったものの、自由連想法のなかに描画を取り入れて活用している。例えば、狼男症例では、木の上にいる狼を描いた描画が、ハンス症例では、キリンの描画が取り上げられている。

ハンス症例が、「子どもはどこから来るのか」という、子どもの出自をめぐる問いと病理との連関が強調されている症例であるように、フロイトは、人間にとっての謎である「生」と「死」の問いを無意識との関係から問いなおし、そのうえで、症例を、さらには、その治療過程に取り込まれた描画の意味を理解しようとしていると考えられる。

ところで、後に本書のさまざまな箇所で検討していくことになるが、この「子どもはどこから来るのか」という問いによってもたらされた見解は、主体が抑圧を被ったときに無意識的なものとなり、その後の主体の「生」と「死」に大きな影響を及ぼし続けると考えられている（Freud, 1908b）。この点を踏まえるならば、「子どもはどこから来るのか」という問いを介して、主体の無意識の問題に迫り、そのうえで描画における「生」と「死」の問いの意義を検討していくことで、そこに新たな可能性を提示できるのではないだろうか。この問いに着目することは、われわれの考察を進めていくうえでとても重要であると考えられるのである。

「子どもはどこから来るのか」という問いをもとに、描画における「生」と「死」の問いを検討していくことの意義を、ハンス症例に見いだすことができる。ハンス症例は、馬恐怖症を主訴とするハンス少年の治療

ハンスによるキリンの描画

とその回復過程を、詳細に記録したものである（Freud, 1909）。フロイトに助言を受けながら、ハンスの父親が息子との分析を進めるという変則的な分析例ではあるが、そこから学ぶことは非常に大きい[*3]。

その治療過程において、1枚のキリンの描画が取り上げられる。父親が、シェーンブルクへと出かけるハンスのために描いたそのキリンの描画には、ハンスが「おちんちんが長くなった」と言いそえながらつけ加えた一本の線が描かれている。

つけ加えられた「おちんちん Wiwi-macher」が、「おしっこ Wiwi」と「作るもの Macher」を合成したハンスなりの言語新作であることから示されるように、ハンスが、このキリンの描画を介して、「子どもはどこから来るのか」という問いを表現しようと試みたことが読みとれる。

この傾向は、妹のハンナが生まれたという出来事と密接に関わっていた。母と自分との関係を邪魔する存在である妹の誕生は、ハンスの性的快や性的な知識欲を燃え上がらせ、「子どもはどこから来るのか」という問いの開始をもたらしたのである。

この後、ハンスは、このようなキリンの描画を再度みずからの幻想に織りこむかたちで治療過程に導き入れ、「子どもはどこから来るのか」という問いの連鎖を新たな次元へと推し進めることになった。

父親に「女性にはおちんちんがない」と教えられた後日のある夜、ハンスは少し怖がった様子で両親の寝室にやってきて、その場で寝ついてしまった。翌日、ハンスは、そのような行動をとった理由を次のように語り、実演してみせた。

ハンス「夜、部屋の中に大きなキリンとくしゃくしゃのキリンがいて、ぼくがくしゃくしゃのを取り上げたので、大きいほうが叫び声を上げたの。それから大きいキリンが叫ぶのをやめて、それからぼくはくしゃくしゃのキリンの上に跨ったの」。

わたし[*4]（面食らって）「何？　くしゃくしゃのキリンだって？　どんなふうだった？」

ハンス「うん」（紙切れをすばやく取ってきてくしゃくしゃに丸め、私に言いました）。「こんなふうにくしゃくしゃだった」。

わたし「でおまえ、くしゃくしゃのキリンに跨《またが》ったんだね。どんなふうに？」

ハンスはまたわたしにして見せ、地べたに座りました。

（Freud, 1909, p. 272〈邦訳 pp. 38-39〉）

このように、ハンスは、キリンの描画と結びついた幻想を一枚の紙切れに封じこめると同時に、それをくしゃくしゃのキリンに見立て、父の前で跨ってみせたのである。[*5] ハンスはまた、その状況を次のように説明した。

＊3　ラカンは、この点に関して次のように指摘している。「ハンスと彼の分析家との関係の特異性を把握しておくことはきわめて重要です。この観察記録を理解したいなら、そこに子どもの分析ケースの中でも絶対的に例外的なものがあることを知っておかなくてはなりません。ここでは、象徴的父という要素が現実的父と区別され、また、お分かりのように想像的父とも区別されるような仕方で、状況が発展しています」（Lacan, 1994, p. 276）。

＊4　ここでの「わたし」は、ハンスの父親のことを指す。

＊5　ハンスは、ベッドの上にキリンと象を描いた絵をかけていた（Freud, 1909, p. 274〈邦訳 p. 42〉）。

ハンス「くしゃくしゃのキリンをぼく、手で摑んだんだよ」。

わたし「その間、大きいキリンはどこにいたんだい？」

ハンス「大きいのはね、ずっと離れて立っていたよ」。

わたし「おまえ、くしゃくしゃのキリンに何をしたんだい？」

ハンス「ちょっとの間、大きいキリンが叫ぶのをやめるまで手の中に持っていて、叫ぶのをやめたので、
くしゃくしゃのキリンの上に跨ったんだよ」。

わたし「どうして大きいキリンは叫んだんだ？」

ハンス「ぼくが小さいキリンを取り上げたからだよ」。

（Freud, 1909, p. 273〈邦訳 p. 40〉）


フロイトは、このようなハンスの語りと描画を扱う試みを、治療における最初の成果として評価し、「いまや彼は、去勢コンプレクスを部分的ではあれ制覇することで、母親へ向けられた自分の欲望を伝えることができるようになっている」（Freud, 1909, p. 354〈邦訳 p. 149〉）と述べている。

ハンスは幻想のなかで、2頭のキリンを描き、それを1枚のくしゃくしゃの紙切れへと遷移させた。さらに、そのような紙切れに跨ることで、部分的ではあれ、母に向けられた無意識の欲望、つまり、父にかわってきれいな母と結婚し、たくさんの子どもたちを持って、自分のやり方で世話をしたいという欲望を象徴化し、伝えることができたのである。

このような成果が生まれた背景には、ハンスが父に同一化した立場から、「子どもはどこから来るのか」という問いを、新たな次元で表現できたという事実が隠されている。「大きい方のキリン＝父」のかわりに、「くしゃくしゃのキリン＝母」と性交し、子どもをつくること、さらには、出産するとはどのようなことなの

か。そのような出自をめぐる問いを、ハンスがこの一連の描画をめぐる試みを通して問うことができたことは、症状の原因となっている無意識の欲望の葛藤を部分的に象徴化していくうえで、重要な意味があったのである。

「子どもはどこから来るのか」という問いをもとに主体の無意識の問題に迫り、そのうえで描かれたものを理解していくことで、われわれは、主体が「描くこと」を通して「生」と「死」の問いを引き受けていくとき、そこで何が起きているのかを知ることができる。そこから、もう一度描画における「生」と「死」の問いの意義を考えなおすことで、新たな可能性を提示しうるのではないだろうか。そのような試みはまた、ハンス症例において示唆されているように、非常に治療的な側面を有してもいるのである。

3 「人間と言語」の関係から描画をとらえることの意義

以上のような先行研究の流れのなかに、病理現象と「描くこと」との連関を、病者 - 治療者間に置かれた描画から想像力を介して理解しようとする傾向を見てとることもできる。実際、描画を用いて治療を行ううえでは、病者の苦悩を共感的に理解していくことが欠かせない。そのような治療上の要請がこのような傾向を支え、そこから得られたものも少なくなかっただろう。

しかし、描画という空間の特性を考えるとき、病者の内面の問題と思われているものが、実は治療者側のそれを映しだしたものとなる危険性をはらんでもいる。描画というイメージ的、感覚的な要素を多分に含むものを、想像力でとらえようとするとき、そこに表されるものがはたして病者のものなのか、治療者のものなのかわからないまま、議論が進められる可能性があるからである。特に、本書のテーマである「生」と「死」と密接に関わる問題を扱おうとするとき、この問題の普遍性から考えると、その傾向は顕著なものになりかねない。

例えば、クリス（Kris, 1952）は、先に取り上げた研究のなかで、「自我による自我のための退行」という概念を提示し、それが創造性を生みだす原動力になると主張している。しかし、自我を自立したものと見なす考え方をもとに創造性、特に「描くこと」の問題を問うとき、「生」と「死」の問題は「適応」という枠組みでとらえられるものとなってしまう。それはまた、あらかじめ与えられた誤解を積み重ねていく試みになるかもしれない。

このような危険性を極力回避しながら、主体の問いを促していく場としての描画の意義を考えるとき、われわれは、「人間と言語」という根本的な関係を視野に入れて、新たに考察を展開していく試みを行わなくてはならないのではないだろうか。[*6] 後に考察するように、そこでは、描画の意味を「見る」のではなく、描画を描く際に語られた語りを「きく」こと、あるいは、表象されたものを表面的にとらえるのではなく、表象されたものが無意識の欲望と結びついた表象されなかった関係性を隠すために作られたものであると考えることが求められるのである。

ラカン（Lacan, 1966）は、主体が言語的主体へと転換されるなかで、事後的に欲望が生成されることを明らかにし、「欲望する主体」を再構成していく試みのなかに精神分析実践の基礎を置いた。そのなかで提示されたテーゼ、「人間の欲望とは〈他者〉の欲望である」は、われわれの問いの連鎖をより先に進めるうえで欠かせないものである。

例えば、ラカン（Lacan, 1994）もまた、ハンス症例に関して詳細な検討を行っているが、先に検討した部分についても、「おちんちん」と言いそえながらつけ足した一本の線を「図式的なもの graphique」として、また、くしゃくしゃに丸められて、跨られた紙切れを「象徴へと還元された母親」としてとらえ、ハンスが言語的主体としてみずからを再構成していく過程のなかで、「描くこと」が担った役割の大きさを示唆している。

ラカンはさらに、ハンスが母を丸めた紙にした直後に、フロイトと出会った点についても触れ、両者の連関を指摘している。ハンスにとって、部分的にではあれ、母を象徴へと還元できたことは、祖先たちの「死」の集積である他者の語らいをもとに、自らを「欲望する主体」として再構成していく契機となったのであり、また、治療のなかで象徴的な父の位置にあったフロイトとの出会いは、そのような再構成の流れを推し進めていくうえで、重要な意味があったと考えられるのである。

このような動的な構造変動の流れのなかにおいて、一連の「描くこと」をめぐる試みがもつ意義を考えるならば、「描くこと」が、主体と〈他者〉との関係構築における、結節点のようなものを生みだす可能性が見えてくるのではないだろうか。

ラカンの考え方を取り入れ、考察を進めていくことで、「人間と言語」の関係にもとづく構造論的な視座から、描画における「生」と「死」の問いの意義をとらえなおすことができるだろう。また、ラカンが述べる「欲望する主体」となること、それは、〈他者〉に何かを欲望され自分が生まれてきたということを引き受けることでもある。この点において、あらためて「子どもはどこから来るのか」という問いへと注目するとき、われわれは、主体と〈他者〉を結ぶものとしての、この問いの意義にも気づくのである。

＊6　飯森もまた「芸術療法とはイメージの表出を促し、イメージの表現によって成り立つが、そこに言語が深くかかわるという点において、すぐれて言語的＝母国語的なものであり、芸術療法とは母語としての言語を最大限に生かそうとする療法である」（飯森 2003, p. 243）と述べている。また、後に取り上げることになるラカンのサントーム研究やユラク（Hulak, 2006）による父の名をめぐる創造性の研究は、本論の立場と同じくするものである。美学的な立場からなされたテヴォー（Thévoz, 1996）による研究も興味深い。

Ⅲ　本論全体の流れ

人間にとっての2つの謎である「生」と「死」を位置づける試みは，長年，宗教的，哲学的な文脈において問われてきたが，近代以降，それらは病理との関係においても問われ，回収されるものになった。その後，ヤスパースの研究に代表されるような，人間の「描くこと」のなかに2つの問いを引き受けていく可能性を示唆した研究によって，われわれは新たな問い方を展開しうるようになった。わが国でも，その流れを受け，描画を介して「生」と「死」の問いを位置づける研究がさまざまなかたちをとり，発展をとげたのである。しかし，われわれはそこに立ち止まり，満足してしまってよいのだろうか。新たな問い方を見いだし，問いの連鎖を先へと進めていく必要があるのではないだろうか。

先に指摘したように，「子どもはどこから来るのか」という問いをもとに主体の無意識に迫り，そのうえで描画における「生」と「死」の問いをとらえなおすことで，われわれはその歩みを進めることができると考えられる。描画を介してこの問いを位置づけなおすことで治療が大きく転換するという実感を，日々の臨床実践を通して筆者は得ている。この実感をより確かなものとするためにも，フロイトが主体の無意識との関係から「生」と「死」の問題をとらえなおそうとしたことを，もう一度省みる必要があるのである。

同時に，ラカンの考え方を取り入れて考察を進めることで，主体と〈他者〉との関係構築において，描画における「生」と「死」の問いが果たす役割を明らかにできると考えられる。このような問題意識をもとに考察を進めていくうえで，あらかじめ本論全体の流れを示しておきたい。

第1章，第2章では，子どもが「子どもはどこから来るのか」という問いをもとに，みずからの出自をめぐる問題と向き合いながら主体を再構成していこうとする様子を、描画セッションにおける子どもの語らいに注目しながら考察する。同時に、「描画連想法」という試みのなかで、子どもがみずからの「死」を位置づけていく過程もまた検討する。

描画を介して「子どもはどこから来るのか」という出自をめぐる問いを問う試みは、主体と〈他者〉との関係を位置づけなおし、主体を再構成する営みであるとともに、その主体が属す社会全体を再構成していくうえで欠かせないものでもある。第3章では、幕末という激動期に、人々が鯰絵《まなずえ》を生成することで、どのように震災による外傷的体験と向き合い、病理的関係を乗り越え、主体ひいては社会全体を再構成できたかを検討する。

第4章、第5章では、描画における「生」と「死」の問いをもとに、主体と社会がいかに連動し、互いを構築していくかを、主体の病理の問題を踏まえながら検討する。第4章では、江戸から明治への時代の転換期に、躁うつ病に罹患しながらも必死に「生」を見いだそうとした浮世絵師、月岡芳年の人生とその作品構成の変遷を考察するなかで、上記の検討を行う。第5章では、統合失調症に苦しみながらも創作活動を続けた画家、佐伯祐三の病跡を検討し、その描画と病理の関係性を、「死」を仲立ちにして考察する。両者の検討においても、自ずと「子どもはどこから来るのか」という問いの意義が問いなおされることになる。

第6章では、実際の臨床例をもとに、描画と夢、そして症状が治療場面においてどのように結びつくかを検討したうえで、治療において描画を用いることの意義、主体が描画を介して〈他者〉の欲望からみずからの欲望を生成していく過程を考察する。

第6章までは、描画における「生」と「死」の問いを、「どのように生きるか」という側面から検討する方向性にあるとするならば、第7章からは、逆に「どのように死んでいくか」という側面から検討する。第7章では、かつてわが国において、妊娠・出産にまつわる対象喪失に直面した女性がどのようにその喪失と向き合い、みずからの再構成を試みていたかを、「死の世界」を遍歴しながら検討する。第8章では、実際の死に直面した主体が、どのようにみずからを再構成していくのか、またその際、創造性（夢）は主体を支えるうえでどのように機能しうるかという問題を、正岡子規の病と夢の関係性を検討するなかで考察する。最終的に、言語的主体として「生」と「死」を位置づけていくとは具体的にどのようなことを意味するのか、また、「生」と「死」への問いが同時性のもとに位置づけられるとはどのようなことかを明らかにし、それらを「死を取り巻く無意識の構造」として定式化する。この「死を取り巻く無意識の構造」は、「生」と「死」をめぐる2つの問いと創造性の関係を問うための準拠点となるだろう。

終章では、第8章での考察を踏まえて、子規が死の直前に描いた水彩画の分析を行うとともに、各章で得られた結果をもとに、本研究のまとめを行う。

全体的な構成として、第1章および第2章では子どもの病理、第3章ではPTSD、第4章では躁うつ病、第5章では統合失調症、第6章では醜形恐怖症、第7章では神経症性うつ病、第8章では死の病理を素材として扱うことで、さまざまな病理との関わりにおいて「描くこと」の問題を問えるように各章を配置した。

第1章 子どもにおける「誕生」と「死」の問い（1）

――「描画連想法」の導入

子どもとの描画セッションは、常に驚きの連続である。そんな驚きのひとつに、描画を描く際に聞かれる子どもの語りの多様性があげられる。子どもは、描画を描くと同時に、さまざまなかたちで語っている。子どもの描画は、認知・発達的な観点を抜きにしては解釈できない。しかし、子どもの語りにもあわせて注意を向けることによって、より全体的に子どもの心の内面を理解できるのではないだろうか。本章では、ある子どもとの描画セッションの事例の検討を通して、子どもが描いたものを見るとともに、描かれる際に紡がれる子どもの語りを「きく」ことの意義、また、それにより可能となる解釈とはどのようなものかを明らかにしたい。これらの試みは、精神分析と描画療法との接点をあらためて問うものともなるだろう。

I　事例の考察

1　事例の概要

本章で報告する事例は、4歳の男児のものである。家族構成は、父、母、兄（本児の2歳上）、本児、の4人。本児は、他の子どもたちと一緒に遊ぶなかで何か問題が生じると、すぐに母のもとに戻ってきて自分の殻に閉じこもる、または攻撃的に振る舞ってしまうなど、他児とのコミュニケーションにおいて困難さが目立っていた。遊びながらも、教室の隅にいる母を常に不安げな様子で気にしており、主体的に行動することになんらかの葛藤があることがうかがわれた。このような傾向は以前より常態化していたものではなく、最近になって生じてきていた。母は、「最近、特に何か変わったことがあったわけではない」と話していた。状況を踏まえ、第3子の予定などを訊いてみたところ、「現在は妊娠の徴候はないが、夫婦の間で、もうひとり女の子が欲しいという話題が出ている」との答えがあった。

相談を受けた場所は、さまざまな理由により幼稚園に入園しなかった子どもたちが通う幼児教室であった。筆者はそこで、子どもたちに心理的な問題が生じた場合、援助を行う役割を与えられていた。そのため、厳密な治療というかたちでの関わりではなく、描画を用いて一緒に遊ぶというかたちでセッションを行うことになった。具体的には、子どもたちが遊ぶところから少し離れたところにある机に2人で座り（筆者は本児から見て90度の位置に座った）、「一緒に絵を描いてみよう」というかたちでセッションを行った。

本章で紹介するセッションを含めた数回のセッションにて、結果的に上述の問題は今までとは異なるかたちで表現されるように変化した。母に作ったものを見せに行く、喜びの気持ちを伝えに行くなど、母を意識する行為は見られたが、教室の隅にいる母を常に不安げに気にすることはなくなり、能動的に遊ぶことができるようになった。また、他者と一定の距離を保ちながら関係性を維持できるようになった。これ以降、特に目立った問題が生じたという話は聞いていない。

2　事例の観察および考察

次に示す一連の描画は、ある1回の面接において描かれた。導入部分では、ウィニコット（Winnicott, 1971）の「スクィグル技法」を用いたが、その後子どもが自発的に描画をはじめるようになったことを受け、精神分析的な聴取と並行して描画を描いてもらうという方法を採用した。すなわち、セッションにおける子どもの自由な語らいを通して、そのなかに現れてきた幻想をそのまま紙の上に描いてもらうという形式をとった。

１枚目

1枚目

筆者が「今から目をつぶってグルグル描きをするから、それが何かのかたちに見えたら教えてね」と言い、紙の上に螺旋状のスクィグルを行った。すると、子どもは「カタツムリ」と答えた。そこで、「そうかぁ、カタツムリかぁ。どんなカタツムリなのだろう。どんなふうなのか描き足して、教えて」と促すと、子どもは1枚目の描画のように描き足し、「カタツムリ、食べられちゃった」と言った。「食べられちゃった」という言葉からわかるよう

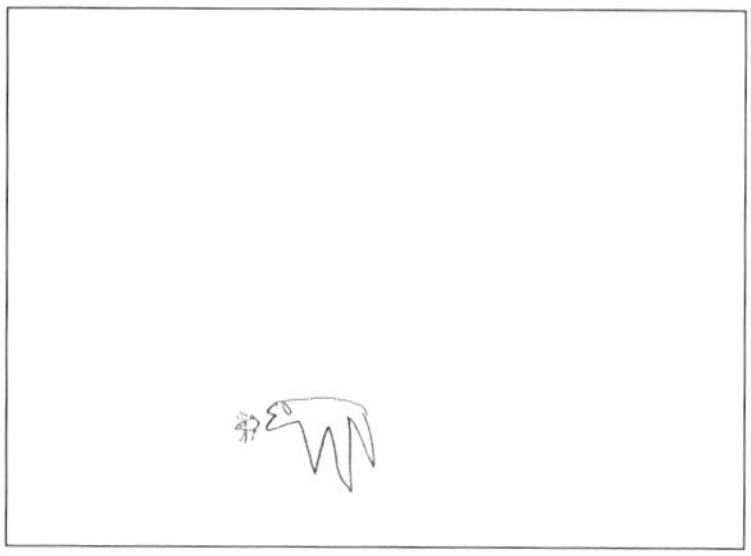

2枚目

3枚目

に、子どもの幻想がこの段階ですでに垣間見えている。そこで、「食べられちゃった、どういうことかな?」と問いかけ、子どもがより幻想の世界へと入っていけるように促しながら、さっと1枚目の紙を引き、新しい紙と交換した。

2枚目

子どもは「犬が食べちゃった」と言い、犬のようなものとそれに食べられようとしているものを描いた。その食べられようとしているものを指差しながら、「じゃあ、これはカタツムリ?」と尋ねると、子どもは「ちがうよ、セミだよ」と答えた。続けて、「セミを食べちゃったんだ。犬は好きなのかな?」と訊くと、子どもは「犬は嫌い。噛むから」と答えた。そこで、「どんなふうに噛むの?」と問いかけながら、さっと紙を引き、新しい紙と交換した。

3枚目

子どもは「こんな感じに噛まれてる」と言いながら、犬とそれに噛まれているものを描いた。そこで、「これは誰?」と訊いてみると、子どもは「うーん」と悩みながらも嬉しそうな表情を浮かべ、問いには答えずに、その左脇に人のような絵を描きはじめ、「正義の味方。犬を吹っ飛ばすんだ。足をキック。犬、死んだ」と言った。そして、キックされた犬を描き、その下に何かわからないものを描いた。

クライン（Klein, 1926）は、子どもの遊びと並行して紡がれる語りのなかに現れるさまざまな要素は夢の要素と同じ意味をもつものであり、子どもの無意識を知るうえで重要な役割を担っていると述べている。この点を踏まえるならば、この一連の描画を解釈していくにあたり、夢を分析する技法と同じものを用いることは意義があるだろう。また、そうすることで、子どものさまざまな語りを活かした解釈が可能となるように思われる。そこで、以下ではこの観点にもとづきながら、事例を考察していきたい。

3枚目からの移行に際し、筆者は、「死んじゃった犬は、どうなっちゃったのかな？」と問いかけながら、さっと紙を引き、新しい紙と交換した。

4枚目

子どもは、左下に犬を描きながら、「こんな感じ」と答えた。そして、「木を描こうっと。3本あるんだよ、ひとつは穴が空いているんだ」と言いながら、左から順番に木の絵を描いた。そこで、「穴の中には何かいるのかな？」と尋ねると、子どもは「鳥がいるよ」と言いながら、木の上に鳥を描き、続けて、太陽と雲を描いた。「この雲は小ちゃいね」と訊くと、子どもは、右から順に「これ赤ちゃん（右）、これお父さん（真ん中）、これお母さん（左）」、と指差し、最後に右上の太陽を指差して「これがぼくだよ」と言った。続いて、先ほど描いた3本の木の右隣にふたたび木のような絵を描いて、「これ何かわかる？」と質問してきたので、筆者が「何だろうなぁ」と困っていると、答え

4枚目

られない様子を嬉しそうに見ながら、子どもは「これは、お兄ちゃんだよ」と教えてくれた。次に、真ん中に新幹線を描いた。そして、「新幹線はトンネルの中を走るんだ」と言い、トンネルを描き足し、すぐにまたその左隣に人のようなものを描いた。その後、ふたたび「これ何かわかる?」と質問してきたので、筆者がまた「何なんだろう」と困惑した様子を見せていると、子どもは嬉しそうに「たまごっち」と大きな声で教えてくれた。

雲を描いたときに突然語られた「赤ちゃん」という言葉は、何を示しているのだろうか。雲の絵と並立して木の絵が描かれており、一定期間の夢の各場面は同じ構造をもっているという「夢の累層構造の法則」（新宮 1987）に照らし合わせてみると、木の描画と雲の描画における構造の一致が認められる。すなわち、3つのものが並び、その右側にそれぞれ「ぼく」と「兄」を表す強度の高い絵がくる。そのなかで鳥と赤ちゃんが同じ位置にあることに気づく。すると、なぜ木に穴が空いていて、その穴から鳥が出てきたのかが理解できる。穴が空いている木は「お母さん」であり、穴は子宮を意味している。すなわち、鳥は「赤ちゃん」として穴から出てきている。また、子どもは、新幹線を描いた後、「新幹線はトンネルの中を走るんだ」と言いながら、トンネルを描き加えていた。このことは、「中に入る、外に出る」というテーマをもっている点で、鳥が穴から出てくる構造と同じものを示している。さらに、「たまごっち」は、赤ちゃんを卵として産み育てるゲームである。

このように考えてみると、ここには非常に明確なかたちでひとつのテーマが現れていることに気づかされる。それは、「子どもはどこから来るのか」という問いである。フロイト（Freud, 1908b）は、この問いを介して、子どもは世界との関わりを模索していくと述べ、その重要性を示唆している。また、この問いは、エディプス的な問題に子どもが向き合っていくなかで最も重要になる問いでもある。とするならば、先に描かれた1枚目から3枚目の描画は、なんらかのかたちでこのような問いをめぐる幻想を繰り返し同じ構造のもとに表現していたのではないだろうか。

「噛む」というかたちで表現された口唇サディズムの幻想を軸に、正義の味方と犬が戦い、その結果何かわからないものが描かれていた。これは、「子どもはどこから来るのか」という問いに対して、子どもが口唇的な解釈を自分の力で行っていることを示している。子どもが母から離れることのできない状態と、この点は密接に関わっているのだろう。

この4枚目からの移行に際し、筆者は「新幹線はずっとトンネルの中なの?」と問いかけながら、さっと紙を引き、新しい紙と交換した。

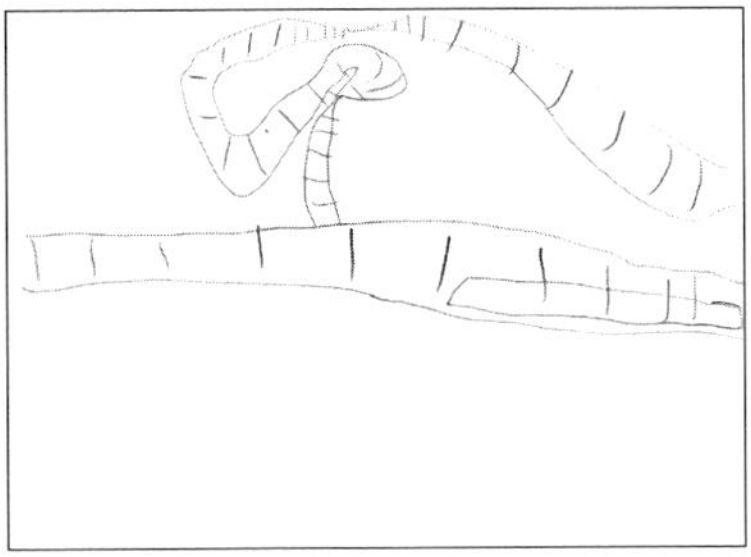

5枚目

5枚目

子どもは線路を描きながら、「新幹線が線路の上を走ってる」と言った。そこで、筆者が「新幹線は好きなのかな?」と訊いてみると、子どもは「嫌い、すぐ倒れるから」と答えた。

ここで、「嫌い」という言葉の反復に気づかされる。2枚目において、子どもは、「犬は嫌い、噛むから」と答えていた。「嫌い」という言葉を軸に、新幹線と「噛む」犬との結びつきが見られる。また、3枚目では「噛む」犬が死んでいたが、ここでは同様に新幹線が倒れるというかたちで死が表現されているのではないだろうか。

この5枚目からの移行に際し、筆者は「どんなふうに倒れるのかな?」と問いかけながら、さっと紙を引き、新しい紙と交換した。

6枚目

子どもは「こんなふうに」と言いながら、新幹線と思われるものの中に鳥を描いた。続けて、「こんな感じに椅子があるの」と言い、椅子のようなものを描き加えた。鳥を指差しながら、「じゃあ、これは○○君なのかな?」と尋ねると、子どもは「うーん」と言いながらふたたび嬉しそうな表情を示し、その問いには答えずに、「家を描こう」と言い、新幹線の上に家を描きはじめた。描き終えるのを待ってから「これは、誰の家なのかな?」と訊くと、子どもは「ペンギンの家」と答え、ペンギンを描き、続けて、「ペンギンが家に入ろうとしているの」と言った。そして、右上に太陽と思われるものを描いた。そこで、「家の中はどうなっているの?」と問いかけながら、6枚目の紙をさっと引き、新しい紙と交換した。

6枚目

ここでもまた、「中に入る、外に出る」というテーマが反復されている。この点から、新幹線とペンギンの家は等価なものになる。さらに、「これは、○○君なのかな」という問いかけは、子ども自身がその絵のどこに同一化しているのかを言語化していく機能として作用している。これは、ひとつの解釈だろう（新宮 1997）。しかしその一方で、太陽が4枚目に続いて描かれている。太陽は、4枚目において、「これがぼくだよ」と名指されたものであった。すなわち、太陽もまた子ども自身を表象している。だとすれば、これは、みずからを第三者的な視点から位置づける試みをも表現したものではないだろうか。

7枚目

子どもは「机があって、冷蔵庫があって、これはトイレ、あとはおもちゃ（ロボットのかたち）」と言い、左下から右にそれぞれを描いた。そして、それらの上に車を描き、「この車を誕生日に買ってもらったんだ、めちゃくちゃかっこいいよ」と言った。「そうなんだ。他には何かあるのかな？」と促すと、子どもは「そうだ、これはお兄ちゃんのおもちゃ」と言いながら、車の左隣に迷路のようなおもちゃを描いた。そして、「ロコロコロコロ」と言いながら、そのおもちゃの迷路のような部分に丸を描き続け、終点と思われる部分に来ると、「そして、ここにピタッと。吹っ飛ばしたら、入ったよ」と言った。

7枚目

先ほどの木や雲の描画に通して見られたものと同じ構造をここにも見いだすことができる。すなわち、これらペンギンの家の中にあるものが、家族を表している。車のおもちゃは本人を、同様にお兄ちゃんのおもちゃはお兄ちゃんを表している。また、机が2つあることに目を向けてみてもよいのではないだろうか。机は、女性が象徴化されたものであり、2つあることは乳房を表している（Freud, 1900）。そのため、ここでは母を示す。ロボット型のおもちゃ、冷蔵庫、トイレは、母を表す机の横に並立して描かれており、累層構造から父を表していることがわかる。これらは、複雑な機械でもある（Freud, 1900）。では、赤ちゃんはどこにいるのだろうか。それは、お兄ちゃんのおもちゃの中でコロコロと転がる玉ではないだろうか。ここでは、お兄ちゃんの体は、2つの要素が組み合わさったものとして表象されており、もう一方の要素は、母の子宮を表している。

また、「吹っ飛ばしたら、入ったよ」という言葉に注意を向けてみたい。「入った」という言葉は、先にさまざまなかたちで反復している「中に入る、外に出る」のテーマである。そして、「吹っ飛ばす」は、3枚目において、正義の味方が「嫌い」な犬を「吹っ飛ばす」というかたちで語られた言葉と同じものである。つまり、コロコロと転がる玉を「吹っ飛ばす」とき、子どもは正義の味方と同じ位置に立っている。また、ここでは同時にトイレが描かれており、肛門的な解釈において、「子どもはどこから来るのか」という問いが構造化されていることがわかる。

以上を踏まえると、この一連の描画は「子どもはどこから来るのか」という問いをテーマにしてなされていることが確認できる。また、鳥であるペンギンの家が自分の家であったという関係から、鳥＝自分という図式が成り立つと仮定するならば、この問いは、「みずからの起源を問う」ものとしても機能しているといえるだろう。

8枚目

7枚目の最後に、「入った玉はどこに行くの？」と筆者が問いかけ、同時にさっと紙を引き、新しい紙と交換して8枚目へと移行した。ここにおいて、今までの解釈の重要性が明らかとなる。この問いに対して、子どもは「ベッド」と答え、右上にベッドを描いた。続いて、その下に雪だるまを描き、「窓があるんだ、ぼくの家ではないよ」と言い、左上に窓を描きながら、「○○（犬の名前）とぼくが覗いてるんだ」と言って、その中に顔を描いた。次に、

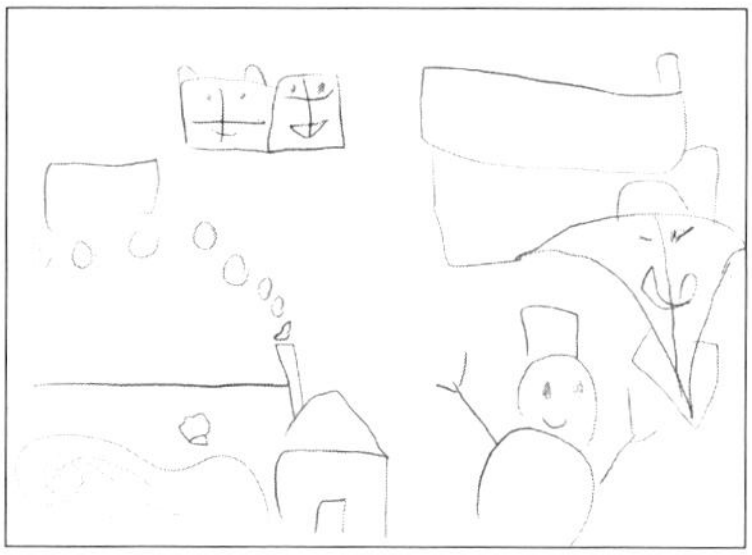

8枚目

「これは家」と言いながら、左下に家を描き、その左横に「海の中には貝殻が落ちてるよ」と言い、海と貝殻をそれぞれ描いた。そして、家に煙突を描き加え、「煙が出てるよ」と教えてくれた。それから、子どもはふたたびベッドへと視点を戻し、「ベッドには悪いお山があるよ」と言い、ベッドに「悪いお山」を描き加えた。

ここで、ふたたび犬が登場する。そして、子どもと筆者がまさに紙を見ているのと同じように、描かれたさまざまなものを外から覗いている。このとき、犬は「嫌な」犬ではなく、寄りそうものとして登場している点が、2枚目とは異なる。また、海に落ちている貝殻の「落ちている」は、「中に入る、外に出る」テーマと同じ機能をもつものだろう。「海に落ちている」ということは、出産のテーマを示すものでもある。さらに、家をいったん描いた後に、煙突を描き足し、その上に煙をつけ加えている点は、7枚目のコロコロと転がる玉の遊びと類似している。

この8枚目からの移行に際し、筆者は「ベッドには何があるの？」と問いかけながら、さっと紙を引き、新しい紙と交換した。

9枚目

9枚目

子どもは、やや興奮した感じで、「犬と怪獣がいるんだ」と言いながら、犬と怪獣を描いた。そして、「怪獣は口から炎を出してるよ。ボーって」と言い、怪獣の口に炎を描いた。続いて、「正義の味方が戦うんだ」と話しながら、左側に正義の味方を描き、「剣でビシってやったんだ」と言った。筆者自身、このとき話に引きこまれていたのかもしれない。間髪入れずに、「その後、どうなったの？」と尋ねながら、さっと紙を引き、新しい紙と交換した。

10枚目

10枚目

すると、しばらくの沈黙の後、子どもは「ヒヨコになった」と答え、ヒヨコを描いた。ここで、一連の描画セッションを切り上げた。

9枚目以降、何が起こっていたのだろうか。「子どもはどこから来るのか」という問いを反復するなかで、ふたたびサディズム的な傾向が高まり、最終的にそれは怪獣との闘いとして表現されていた。フロイト（1908b）は、「子どもはどこから来るのか」という問いが最終的に行きつく先にある両親の性交は、子どもにとって暴力的なものとして認識されると述べている。それは、ここでの、正義の味方と怪獣の闘いに比されるものだろう。実際、子どもは8枚目で「ぼくの家ではないよ」と言ったうえで、窓から覗いている自分を描いていた。精神分析において、あえて「そうではない」と言うことは、「そうである」という意味である（Freud, 1915a）。

また、ここでもう一度、3枚目と7枚目において表現されたものを思いだしてみたい。これらは、9枚目以降表現されたものと同じものを違ったかたちで表現していたものだろう。すなわち、「子どもはどこから来るのか」という問いを、口唇的、肛門的に解釈していたものが、3枚目、7枚目だったと考えられる。それが9枚目に至り、「剣」を持って戦うというかたちを通して、つまり父に同一化し、ファルスを持つというかたちで、能動的に「生殖」の問題を考えていくことが可能となっている。そして、この闘いにより生まれ出でたもの、それが沈黙の後に描かれた赤ちゃんとしての「ヒヨコ」だったのである。これは、子ども自身を示すものでもあろう。ここでは、両親の性交が、「償い」やよいものを生みだすという積極的な意味でとらえられている。

Ⅱ　考察

1　「きく」ことから無意識の欲望へ

描画を「きく」ことの意義

以上、事例の考察を通して、子どもの語りに注意を傾けること、描画を「きく」ことの重要性を明らかにできたのではないだろうか。

このような描画を通して語られる語りを「きく」ことの意義は、すでにさまざまな角度から検討が試みられている。描画におけるナラティブ・ベイスト・メディスン（ＮＢＭ）の研究（斎藤・岸本 2003）はそのひとつといえるだろう。そこでは、治療は患者 - 治療者間において「物語り」を生みだしていくプロセスとしてとらえられている。また、角山はＮＢＭと描画療法との接点に治療的意義を見いだし、「言語とファンタジーが相互に刺激し合い、補い合うように働いたときは、描画ナラティブにも同じ効果が期待できる」（角山 2005, pp. 121-125）と述べている。

構造論的に描画をとらえる

子どもの語りを「きく」ことにより、初めて描画における個々の要素が意味を超えて、どのように結びついているのかを理解することができる。

フロイト（Freud, 1900）は、「夢工作」に関して論じるなかで、夢思考（潜在的な夢内容）と夢内容（顕在的な夢内容）とは、同じ1つの内容を違う2つの言語で言い表したものであり、絵文字としての顕在的な夢内容から潜在的な夢内容を理解するためには、「夢工作」という文法を用いて翻訳しなおす必要があると述べている。「夢内容のほうは、いわば絵文字で書かれているから、その記号の一つひとつを、われわれは夢思考の言葉に転移させて行かねばならない。もしわれわれがそれらの記号を、記号の連関ではなくて絵としての価値によって読み解こうとすれば、明らかに誤りに導かれてしまうだろう」（Freud, 1900, p. 284〈邦訳 pp. 3-4〉）。まさに、子どもの語らいを通して描かれた描画は、絵文字としての顕在的な夢内容のようなものであり、その絵文字から得られる意味に惑わされずに、「夢工作」の文法にしたがい翻訳しなおすことで、初めて無意識の欲望をとらえることができる。換言すれば、描かれた描画の意味を「見る」のではなく、描画を描く際に語られた語りを「きく」ことで初めて、子どもが意味を超えて何を語ろうとしているのかをとらえることができる。

クライン（Klein, 1961）は、この点を示唆する興味深い症例を報告している。恐怖症の男児リチャードに対し、クラインは描画を通して主体の無意識の構造を取りだし、そのうえで解釈を試みている。そこでは、描画の意味にとらわれず、子どもが語ることに注意を払いながら描画を扱っていく姿勢が見られる。例えば、男児はさまざまなテーマの描画を、セッション全体を通して描き続ける。それらは、艦隊遊びを表現したものであったり、ヒトデを詳しく描いたものであったりと、時により異なる。ところが、クラインはそれらを一貫して、同じテーマを表現したものであると考える。ここには、個々の要素は描かれたとおりの意味を超え、「関係性」の構造のなかでその位置を獲得し、表現されるという視点が含まれている。男児はみずからのエディプス的問題を、さまざまな表象を用いながら表現しようという試みを反復している。それに対して、クラインはそれら描かれたものの「関係性」を正確につかんだうえで、転移解釈を行いながら、おもにそこに現れてきた無意識の攻撃性を解釈し言語化していく。それにともない、男児はみずからを第三者の視点から位置づけることができるようになり、結果的に症状が消失していく。

クラインは、この症例を通して、描画のひとつの見方を提起しているといえるのではないだろうか。すなわち、描画を意味としてとらえるのではなく、その描画が描かれる際に語られる語りを「きく」ことを通して、描画に表現された個々の要素の「関係性」を読みとり、そのうえで意味を超えたところにある無意識の欲望を解釈することが必要であることを示唆している。これは、構造論的に描画をとらえ、解釈していく試みに他ならない。

2　解釈としての「紙の交換」の意義

「区切り」を入れる

本事例では、自由に幻想を描いてもらうかたちで、「描く紙を交換する」=「区切りを入れる」という新たな方法を導入した。それは、先に述べたような、時間的同時性のもとに再現された描画に論理的関係性を取り戻す試み[*1]であるとともに、描く者にみずからもまた時間的存在であるということを気づかせる試みでもあ

＊1　フロイトは、「夢は、論理的連関を、時間的同時性として再現するのである」（Freud, 1900, p. 319〈邦訳 p. 48〉）と述べ、夢を解釈していく際に、時間的同時性の下に構成された夢内容に惑わされずに夢思考間の論理的関係を見いだしていくことの意義を指摘している。そうすることで、主体の無意識の欲望を浮かび上がらせていくことができるのである。前節で述べたように、描画についても同じことがいえる。

る。フロイトが「無意識は無時間的である」(Freud, 1915, p. 286〈邦訳 p. 235〉)と述べているように、無意識においては一般的な意味での時間はない。しかし、「拍子 temps」のようなものはあり、それが「区切り」を生み、「区切り」は主体の時間化を促す(Lacan, 1964)。同様に描画も、さまざまな要素が同時的に描かれているという意味で、それ自体としては無時間的な平面である。紙の交換とは、そこに「区切り」を入れることである。

「論理的時間」と主体の自己規定

ラカン(Lacan, 1966)は、このような意味での主体の時間を「論理的時間」として定義し、『論理的時間と先取りされた確信についての断言、ある新ソフィズム』のなかで、「3人の囚人」の話を例として取り上げながら述べている。その「3人の囚人」の話とは、次のような話である。

3枚の白い円板と2枚の黒い円板がある。それを3人の囚人の背に、それぞれ1枚ずつ貼る。他の2人の背中の円板を見たうえで自分の背中に貼られている円板が何色かを言いあて、その結論に至った論理的推理を示すことのできた囚人が釈放される。また、その際、囚人同士で話をすることは禁じられている。そして、囚人たち全員の背中に、白い円板が貼られる。いくらかの時間といくらかの動作の後、囚人は皆「私は白である」という同じ結論に至る。

いま、自分のために結論を言いに来た囚人をAとし、Aがその行動について思いをめぐらした結果彼の推論を引きだした囚人たちをB、Cとしよう。すると、先の囚人がみずからの答えを導きだした論理関係は、次のように換言できる。Aは、BとCの背中に貼られた2枚の白い円板を見ながら考える。「もし、私が黒であるならば、Bは『もし私が黒であればCは走りだすだろう。でも、Cは走りださない。とするならば、私は黒ではなく、白なのだ』と考え、走りだすだろう」と。でも、Bもまた走りださない。ということは、「私は黒であるのではなく白なのだ」と。そして、Aは導きだされた答えを言うために走りだす。しかし、Aはふたたび立ち止まる。それは、BとCもまた走りだしたのを見たからである。先に結論を導きだした推論においては、そこには「BとCが走りだしていないのを見た」という瞬間があった。つまり、Aは「私は白である」という論理的展開を一方的にBとCに押しつけることで結論し走りだした。だが、BとCが走りだすのを見て、自分の出した結論が正しかったのかどうか不安になり、立ち止まる。このとき、同時にBとCもまた立ち止まる。この2度目の立ち止まり（＝「区切り」）によって、AはあらためてBとCもまた同じ推論に至ったことを理解し、初めて「私は白である」という確信を得ることになる。もしAが黒であれば、BとCは絶対に立ち止まるはずはなかったからである。そして、Aは急いで自分が白であることを言うためにまた走りだし、戸口を出る。

ここで重要なことは、「区切り scansion」としての立ち止まりによって、同時性の平面（囚人がそれぞれ円板を貼られた静態的状況）に、「せき立て hâte」というかたちで時間を導入する契機がもたらされていることである。これにより、囚人たちは、走りだすという行為を通して、3つの時間（見る時間、理解する時間、結論を導きだす時間）を引きだし、結論に至ることができる。ラカンは、このようなかたちで時間を導入された囚人が「私は白である」という結論を導くことのなかに、主体がみずからを「私は人間である」と自己規定していく過程と同じものを見てとっている。

子どもとの描画セッションにも、このような状況と同じ状況が見いだされる。子どもが幻想を紙に描いていくなかで、筆者は紙を交換していく。その際、この紙を交換するタイミングが問題となる。子どもによっては、なかなか紙を手放そうとせず、同じ紙に幻想を重ね描きしていく場合も見られる。そこでは、子どもの幻想は停滞しているかのようにも見える。しかし、子どもの状況に合わせ、少しずつ紙を交換していくタイミングを導入していくと、次第に子どもはある種のリズムを得たかのように描きはじめ、それにともない幻想は新鮮さと広がりを見せていく。このような紙の交換は、「区切り」としての機能を果たし、子どものなかに時間を導入していく契機を作る。

対象aを浮かび上がらせること

後にラカン（Lacan, 1975）は、セミネール『アンコール』のなかで、「この時間（論理的時間）を引き起こすのは対象aである」と述べている。また、このように述べた後に、「3人の囚人」の話を取り上げ、「彼ら（囚人たち）は、3人である。しかし、現実には、2人プラス対象aである。2人プラス対象aという状況は、対象aの目から見ると、他にも2人がいるということにではなくて、大文字の「一」プラス対象aがいるということに還元される」と述べている。

先に確認したように、囚人たちは、「私は黒である」という結論を他の囚人に一方的に押しつけながら否定することにより、みずからを「私は白である」と先取りして結論を出すことができた。しかし、このような結論を最終的に導きだすためには、2度目の「区切り」としての「立ち止まり」により、もう一度「私は黒ではない」ということを再認することが必要であった。すなわち、人間は、みずからを人間として確立するとき、そこに人間ではないもの（=「私は黒である」=対象a）があることを知り、それを〈他者〉=第三者（=大文字の「一」）を介して省みることが必要なのである。このような「人間ではないもの」、換言すれば、「他人の中に埋め込まれ、私にとって非人間的で疎遠で、鏡に映りそうで映らず、それでいて確実に私の一部で、私が私を人間だと規定するに際して、私が根拠としてそこにしがみついているようなもの」としての対象aを目のあたりにすることで、人間はそれぞれみずからを人間として認識していくことになる。また、対象aが「私は黒である」という「自分以前」を引き受けることにより、主体が「それ以降」として、せき立てのなかで「以前」を越え出ていくことができている点に注意したい。この意味において、対象aは主体の時間化を促す原因でもあることになる。

事例の7枚目から8枚目への移行のときに、子どもが「みずからの家」を描画のなかに封じこめたことを思いだしてみよう。このとき、子どもは自分を外から、第三者の視点を介して見たのである。また、この点を踏まえるのであれば、象徴化のいかなる操作からも余り物として残されるような対象aを浮かび上がらせることが、ひとつの治療的意義をもつと考えられよう。

描画セッションにおける紙の交換は、まさにこのような意味において子どもの固定化された幻想を「区切り」、対象aを浮かび上がらせていく試みである。子どもは、紙の交換によってその都度、みずからを人間化する際の根拠となるものと出会い、そのうえであらためてみずからを人間として構築していく。子どもが描画のなかに自分を描きこんでいる間は、「食べられる」カタツムリやセミが、そして穴を出入りする複数の形象が対象aとなるが、子どもが描画の外側に自分の位置を定めた9枚目以降は構造が変わる。その際、子ども、治療者、描画がそれぞれ「3人の囚人」にたとえられよう。描画は、紙の交換により時間を導入される瞬間、対象aとして機能する。そして、治療者もまた、紙を交換する所作（紙をさっと引く行為）のもとに、子どもに対して「せき立て」を生みだし、子どもとともに走りだす者としての対象aとして体現するだけでなく、子どもが治療者との関係において〈他者〉と自分との関係を再構成できるように、みずからを「区切り」として位置づけることになるだろう。このとき、子どもは、「3人の囚人」のひとりのように、みずからを時間的存在としてとらえる反復のなかに身を置き、振り返るのである。

対象aを創造行為のなかで扱いながら治療的意義を生みだすことに関しては、白石（1998, 2000）による「粘土二分割法」の研究が報告されている。粘土を二分割するという方法を用いることで、患者の主体の場を保障しながら、患者自身が自分と社会との関係を模索していくことを可能にしている。「交換」という観点に立つと、紙の交換もまた粘土の交換に類する側面をもちうるだろう。

しかし、ここで注意しておかねばならないことは、「区切り」としての紙の交換は子どもが描画しながら語ることを「きく」ことを通して、初めて意味をもつということである。ラカン（Lacan, 1966）は「巧みな句読法こそ、主体の語らいにその意味をもたらす」と述べているが、「きく」ことを通して描画を読むことが可能となるとき、「区切り」としての紙の交換は句読点として機能する。そこから、子どもは事後的に今までとは異なる意味と向き合っていくことになる。これこそ、対象aを浮き上がらせる試みである。

「きく」ことを通して、子どもの語りのなかに「3人の囚人」の話に見られたような「せき立て」を聞きとり、それに合わせて紙を交換するとき、初めて「区切り」としての紙の交換の意義が生まれる。紙の交換は、描かれたものを「区切る」だけでなく、その描かれたものと結びついた語りの両面を「区切る」ことにより、その有効性を保つことになる。

描画連想法

最後に、このような新たな解釈法を取り入れた描画法を「描画連想法」と呼びたい。「描画連想法」とは、精神分析における「自由連想法」を、描画を用いて行うものであり、連想を軸にして描画に論理的関係性を導入していく方法である。その際、論理的関係性は、次のようにして導入される。①描くときに語られる語りを「きく」ことを通して初めて可能となる解釈、②紙の交換というかたちで「区切り」を入れ、主体にとっての対象aを浮かび上がらせていくこと、である。

また、紙を交換することは、子ども－治療者の2者関係という想像的・双数的な関係から、治療者を介して子どもが第三者〈他者〉と自分との関係を再構成することを可能にするものでもある。すなわち、フロイトが述べた「エスがあったところに私が生じなければならない」という言葉を、描画を通して実践する試みがこの「描画連想法」である。

Ⅲ　出自をめぐる問いと「描画連想法」

本章では、描画セッションにおける「きく」ことの意義を明らかにし、そのうえで、そこから導きだされる解釈のあり方を考察するなかで、「描画連想法」という方法を提案した。

描画を用いて治療を進める際には、子どもの語りのなかに見いだされる「関係性」を手がかりに、子どもが無意識の欲望をどのようなかたちで表現しようと反復しているかを考慮しながら「きく」ことが重要である。それは、構造論的な精神分析の解釈にもとづき描画を解釈していく試みでもある。描かれたもの（＝意味）は、それ自体で意味をもつわけではない。描かれたものを取り巻く「関係性」のなかではじめてその意味を獲得する。そのため、意味を超えた地平において子どもの語りを「きく」ことにより、その子どもの無意識が欲望しているものを正確にとらえていくことができるのである。

また、このような解釈のあり方をもとに、「描画連想法」という方法を提案した。この方法には、「区切り」としての紙の交換が存在する。描画を通して語られる語りを「きく」ときに、「区切り」は句読点の役割をする。句読点を打つことによって新たな意味が浮き上がり、そこからみずからをとらえなおしていくことが可能となる。また、「区切り」は主体の「生」を区切り、みずからもまた「死」する存在であることへの気づきを生みだしていく。「区切り」によって、人間はみずからを時間的存在（言語的存在）であると認識していくことになる。裂け目としての「区切り」を通して、新たな次元を模索していく試み、それが「描画連想法」である。

以上の考察結果から、描画セッションにおいて「きく」ことを重視したことによって、子どもが描画を介して「子どもはどこから来るのか」という問いに直面し、みずからの「生」を再構成しようとしていたことを、そして、子どもの語りを描画とともに「区切る」という「描画連想法」を試みることによって、子どもがみずからの「死」と向き合う過程を、それぞれ確認できた。

＊＊＊

このように、描画を介して「子どもはどこから来るのか」という出自をめぐる問いを扱う試みは、主体と〈他者〉との関係を位置づけなおし、主体を再構成するうえで重要な役割を担うものである。そこで、次章においても、「描画連想法」を用いた別の事例の考察を通して、出自をめぐる問いを問うことの意義を検討する。そして、この問いの再構成が、主体と言語の関係の再構成といかに結びつき、主体の新たな「生」をもたらすことになるかを、明らかにしてきたい。

第2章

子どもにおける「誕生」と「死」の問い（2）

――「描画連想法」の実践

フロイトがハンス症例や狼男症例を通して示しているように、精神分析に描画を導入することの意義は、何よりもまず分析主体の自由連想を促すことにあるといえる。ハンス症例において、キリンの描画に描き加えられた「おちんちん」は、ハンスと父との関係を結びつける結節点を構成しながら、ハンスの連想を新たな次元へと展開させる役割を担っており（Freud, 1909）、また、狼男症例において、狼男がみずからの夢を描いた「狼が木に止まっているスケッチ」は、狼男が原場面をめぐる連想を推し進めていくうえで欠かせないものとなっている（Freud, 1914）。

こうしたフロイトの示唆を踏まえ、クラインは、子どもの遊びを大人の自由連想と等価なものとしてとらえなおすことで、子どもの精神分析に描画を活用する道をひらいている。リチャード症例に代表されるように、クライン（Klein, 1984）は、子どもが描きだしたものだけでなく、同時に、描画行為を介して展開される転移関係をも解釈することで、子どもが無意識的な葛藤を言語化できるように促している。このとき描画は、母の身体に対する攻撃性を向ける対象としても機能している。

ウィニコット（Winnicott, 1971）もまた，治療相談面接において子どもとコンタクトをとる方法として，独自の描画技法である「スクィグル技法」を考案している。『子どもの治療相談面接』において示されているように，ウィニコットは「環境としての母親」を体現しながら，描画空間をある種の遊びの場として構成し，そのなかで子どもが無意識的な葛藤をもとにみずからの問題に取り組めるように促している。

わが国においても，クラインの方法を受けつぐかたちで木部（2006）や平井（2003）などが，また，ウィニコットの方法を受けつぐかたちで白川（2001）などが，子どもの精神分析に描画を導入する試みを行っている。フロイト以降のこうした流れは，分析に描画を導入する意義を，おもに母子関係の問題を見いだすことに還元しようとする傾向をもっているが，他方で，その意義を人間と言語との関係のなかに見いだそうとする流れもある。すなわち，構造論的な観点から，分析における描画の役割をとらえなおし，活用していこうとする立場である。

例えば，上記のハンス症例のキリンの描画に描き加えられた「おちんちん」は，描画の意図そのものから外れたひとつの注釈であるかのように見える。ラカンがこれを，ハンスの象徴世界への参入を印づけるものとしてとらえているように（Lacan, 1994, p. 264〈邦訳 p. 90〉），構造論的な立場から見ると，分析における描画は，主体と言語との関係を示すものとしてとらえうるものとなる。また，新宮（2007）が，描画の図像から固定的意味を外し，描画に構造論的解釈を試みることで，描画の理解が治癒に導くという臨床的有効性を高められるかもしれないと述べているように，構造論的な観点から分析の場で描画を活用していくことで，主体と言語の関係の再構成を効果的に促していくこともまた可能になるように思われる。だが，こうした構造論的な立場から分析に描画を活用していくことの意義を検討した研究は，いまだ数少ない現状にあるといえる。

本章では，ある男児との描画を用いたセッションの検討を通して，構造論的精神分析の観点からどのように描画を活用していくことが可能であるか、さらには、その臨床的意義とはいかなるものであるかについて考察する。

Ⅰ　事例提示

1　事例の概要

本章で報告する事例は、4歳の男児のものである。家族構成は、父、母、長兄（15歳）、次兄（12歳）、本児の5人である。本児は、他児と関わることがほとんどなく、教師の介入により一時的に関われた場合も、その関わり方は一方的なものであった。また、遊び道具にも関心を向けずに、ひとりで何か考えた様子で立ち続けていることがあるなど、対象との関係から回避する傾向も見られた。こうした傾向を心配した教師を介して、筆者に相談があった。相談を受けた場所は、第1章と同じ幼児教室であった。

母に本児の日常生活の様子を確認したところ、家庭では特に問題なく過ごしているが、それまで家庭の中でのみ過ごしてきた本児にとって、幼児教室に通いはじめたことは大きな変化であったようである。本児がエディプス期にあることと環境の変化が重なり合うことで、本児になんらかの葛藤が生じた可能性が考えられたことから、描画を用いた分析セッションを行うことにした。

本児との描画を用いたセッションは、約半年間、合計10回行われた。そのなかで、本児はみずからの葛藤をそれまでとは異なるかたちで表現できるように変化していった。結果的に本児は、他児との関わりを自発的に行うなど、他者との関係を安定して維持できるようになった。これ以降、特に目立った問題が生じたという話は聞いていない。

2　事例の観察

次に示す一連の描画を用いたセッションは、導入部分においてウィニコット（Winnicott, 1971）の「スクィグル技法」を用いたが、その後子どもが幻想を自由に表現できるようになったのを受け、「描画連想法」へと切り替えていった。「描画連想法」（第1章参照）は、精神分析における「自由連想法」を、描画を用いて行うものであり、①描画する際に紡がれる語りを「きく」ことで初めて可能となる解釈、②紙の交換というかたちで「区切り」を入れ、主体にとっての対象aを浮かび上がらせていく技法のことである。

セッション①　１枚目

【1回目のセッション】

1枚目

筆者が、「今から目をつぶってグルグル描きをするから、それが何かのかたちに見えたら教えてね」と言い、紙の上に波状のスクィグルを行った。すると、子どもは、「蛇だよ」と答えた。「そうかぁ、蛇に見えるんだね。どんな蛇なんだろう、どんなふうなのか描き足して教えて」と促すと、子どもは、1枚目の描画のように描いた。「眼と口がある」と教えてくれた後、尻尾のあたりにグニャグニャの線を描き加えて、「蛇がウンチしている」と言った。

「蛇がウンチしている」という言葉からわかるように、この段階ですでに子どもの幻想が展開されはじめている。そこで、「どんなふうにウンチをし

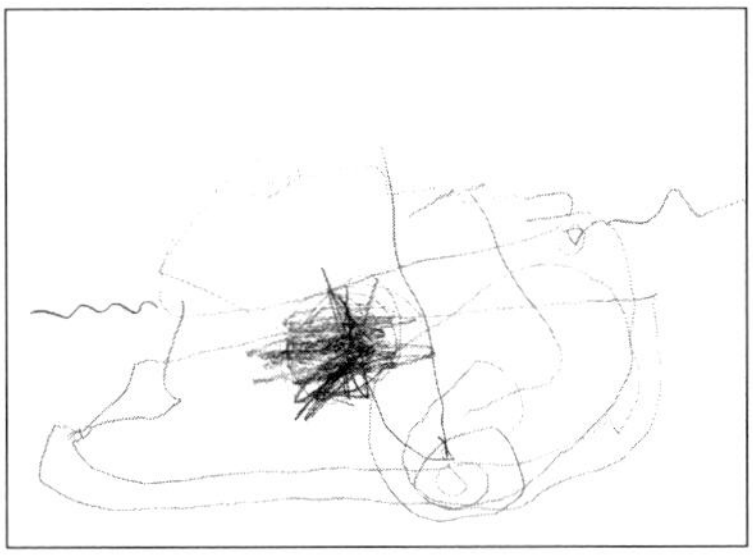

セッション①　２枚目

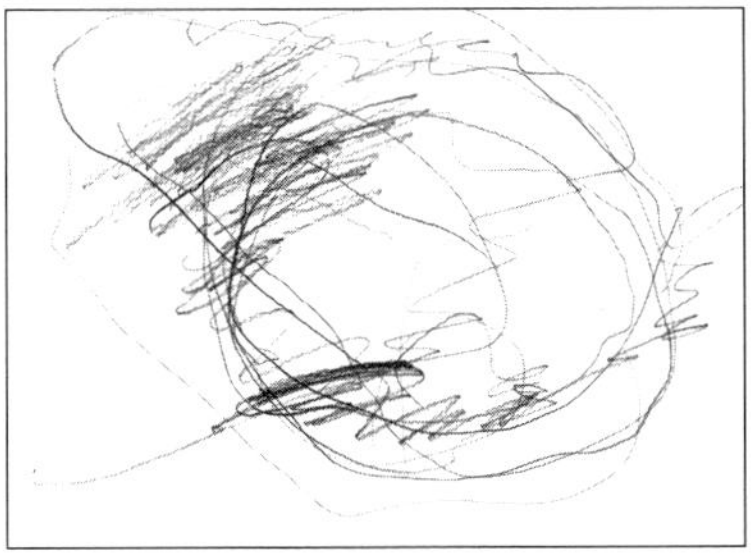

セッション①　３枚目

ているの？」と問いかけ、より幻想の世界へと入っていけるように促しながら、さっと紙を引き、新しい紙と交換した。

2枚目

子どもは、「船が海に浮かんでいる。船に蛇が乗っている」と言いながら、船（下側の四角のかたちをしたもの）とそれに乗っている蛇（右下のとぐろを巻いているように見えるもの）を描いた。次に、「船は蛇のウンチで進む」と言いながら、力強く塗りつぶしてウンチを描いた（真ん中の黒い部分）。さらに、「船もウンチをして進む。船はお父さん」と言いながら、ウンチをもう一度塗りつぶした。そこで、「船はお父さん？」と問いかけながら、さっと紙を引き、新しい紙と交換した。

3枚目

子どもは、「蛇にお父さん食べられた」と言いながら、やや興奮した様子で、グルグルと円を描いた。続いて、「船がウンチを食べて進む」と言い、グルグル描きをした円の上を攻撃的に塗りつぶした（黒く塗りつぶされた部分）。そして、「蛇がおならした」と言い、グルグル描きを続けようとした。そこで、「蛇はどんなふうにおならをしたの？」と問いかけ、さっと紙を引き、新しい紙と交換した。

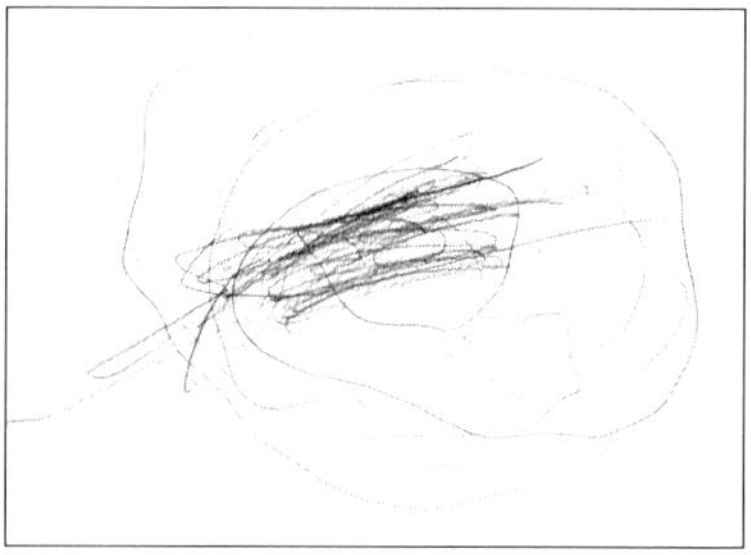

セッション① 4枚目

セッション⑥ 1枚目

4枚目

子どもは興奮が続いた様子で、グルグル描きを繰り返し、「蛇がおなら」と言った。さらに、「黒い大きなウンチもある」と言い、グルグル描きをした円の真ん中を塗りつぶした。そして、「お父さんは蛇の中」と言った。

ここで、1回目のセッションを切り上げた。

次に、本児の抱えている問題がまた異なるかたちで表現されるようになった、6回目以降のセッションを示してみたい。

【6回目のセッション】

1枚目

筆者が、「いつものように、これから目をつぶってグルグル描きをするから、それが何かのかたちに見えたら教えてね」と言い、渦巻き状のスクィグルを描いた。すると、子どもは、「ポケモンがお料理している」と答え、そのスクィグルの右下に、ポケモン（円のようなもの）を描いた。「どんなものを作っているの？」と尋ねると、子どもは、「ドーナツ」と教えてくれた。そこで、「ど

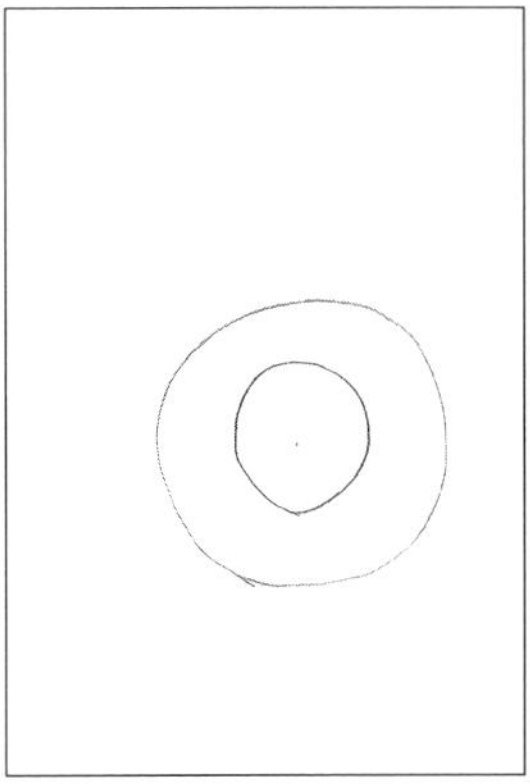

セッション⑥　2枚目

セッション⑥　3枚目

んなドーナツなのかな？」と問いかけ、さっと紙を引き、新しい紙と交換した。

2枚目

子どもは、「穴が空いているドーナツ」と言い、ドーナツを描いた。「どんなふうに穴が空いているの？」と訊くと、子どもは、「ここに穴があるの」と言いながら、手に持っていた鉛筆を穴の中心に突き立てた。そして、「ふっとしたらできた」と言った。そこで、「ふっとしたらできた？」と問いかけ、紙をさっと引き、新しい紙と交換した。

3枚目

子どもはやや緊張した様子で、「雷がいっぱい出てきた」と言い、なぐり描きを行った。さらに、「ここにウンチがいる」と言いながら、そのなぐり描きの一部を塗りつぶすようにしてウンチ（中央のより黒い部分）を描いた。「お母さんはどこにいるの？」と尋ねると、子どもは、「ここにはいないよ」と言い、ふたたびなぐり描きを行った。そこで、「じゃあ、お母さんはどこにいるのかな？」と問いかけ、さっと紙を引き、新しい紙と交換した。

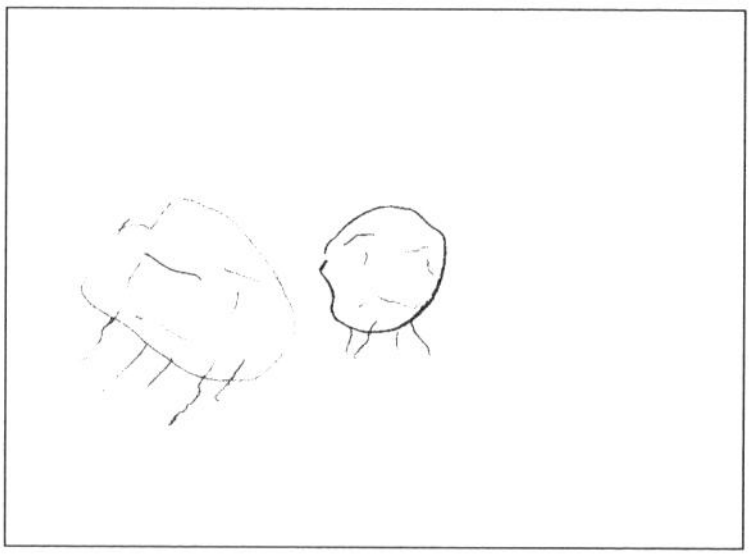

セッション⑥　4枚目

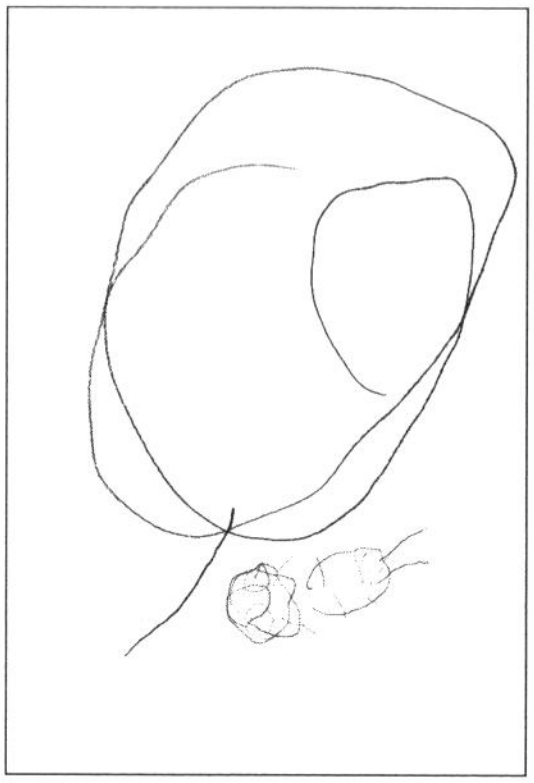

セッション⑥　5枚目

4枚目

子どもは、「丸いのタコさん」と言いながら、タコの絵（左側）を描いた。そして、「お母さんはタコなんだ」と教えてくれた。次に、そのタコの絵の右側に、同じような絵を描きながら、「これはぼく。ぼくも鳥。かわいいでしょ」と言った。その絵を描き終えた後、鳥の真似をして実際に手を羽ばたかせながら、机の周辺を飛び回った。しばらく飛び回ると、ふたたび席に戻ってきたので、「ここにはお父さんはいないの？」と問いかけ、さっと紙を引き、新しい紙と交換した。

5枚目

子どもは、大きな円を描いた後、その円の下側に一本の力強い線を描き、「でっかい石を、お父さんが攻撃。助けてあげた」と言った。続けて、「バクバクってして、そうしたら、ワーって泣いている」と言った。「誰が泣いているの？」と尋ねると、子どもは、「○○（本児の名前）が泣いている」と答えた。さらに、「どうして泣いているの？」と訊くと、子どもは、「グルングルンで、エーンと泣いている」と言いながら、人の絵のようなもの（石の

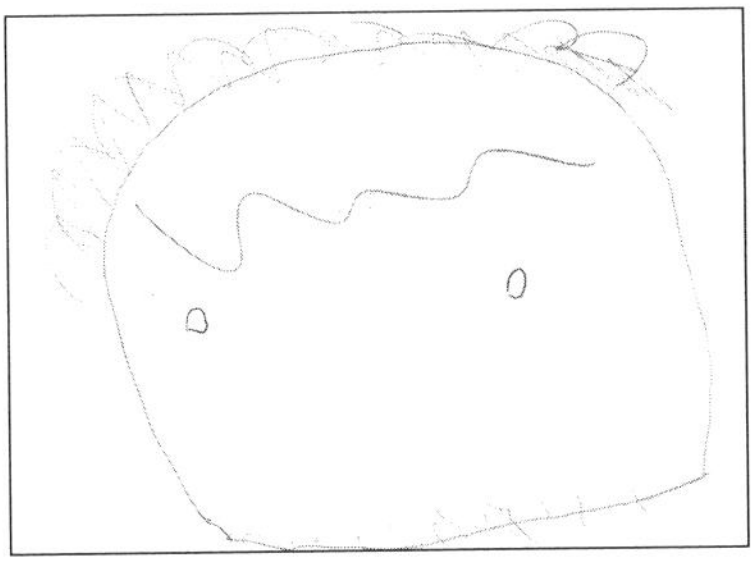

セッション⑦　1枚目

セッション⑥　6枚目

絵の下側）を2つ描いた。そして、その右側の絵を指差し、「〇〇（本児の名前）が泣いている」と教えてくれた。左側の絵を指差し、「これは誰？」と尋ねると、子どもは、「これは、お父さん。お父さんが助けてくれたの」と答えた。そこで、「ここにはお母さんはいるの？」と問いかけ、さっと紙を引き、新しい紙と交換した。

6枚目

子どもはやや暗い表情で、「お母さんは熱。風邪で倒れている」と言いながら、なぐり描きを行い、「雷がバーってある」と言った。

ここで、6回目のセッションを切り上げた。

【7回目のセッション】

1枚目

筆者が、「いつものように、これから目をつぶってグルグル描きをするから、それが何かのかたちに見えたら教えてね」と言い、波状のスクィグルを描いた（中央やや上）。すると、子どもは、「お父さんのおでこ」と言いながら、そのスクィグルをおでこのしわに見立てた大きな顔を描き、眼と髪の毛を描き足した。さらに、「これは髭じゃないよ。タコさんだよ」と言い、顔の下側に

セッション⑦　２枚目

セッション⑦　３枚目

数本の細い線を描き加えた。そこで、「タコさんなんだ。他にも誰かいるの？」と問いかけ、紙をさっと引き、新しい紙と交換した。

２枚目

子どもは、「小っちゃなタコさん、もっと大きくなるよ」と言いながら、タコを描いた（左側）。そして、「これは、タコさん○○（本児の名前）」と教えてくれた。次に、その右側により大きなタコを描き、「これは、お母さんタコさん」と教えてくれた。さらに、「お兄ちゃんも学校から帰って来るよ」と言いながら、小さなタコを２つ描いた（右側の２つ。１つは足をつけ忘れている）。そこで、「お父さんタコさんは？」と問いかけ、紙をさっと引き、新しい紙と交換した。

３枚目

子どもは、「帰ってきたよ」と言いながら、やや大きめのタコを描いた。そして、「でも、卵は生まれていない」と言った。さらに、そのタコの上に、渦巻き状のものを描きながら、「針が刺さって、お母さん熱。死んじゃった」と言った。「死んじゃったの？」と応じると、子どもは、「でも治った」と答えた。「針はどんなだったの」と訊くと、子どもは、「こんなのだよ」と言いながら、針を描いた（タコの右側）。そして、「ポンポンポンポン」と言いはじめ

セッション⑦　4枚目

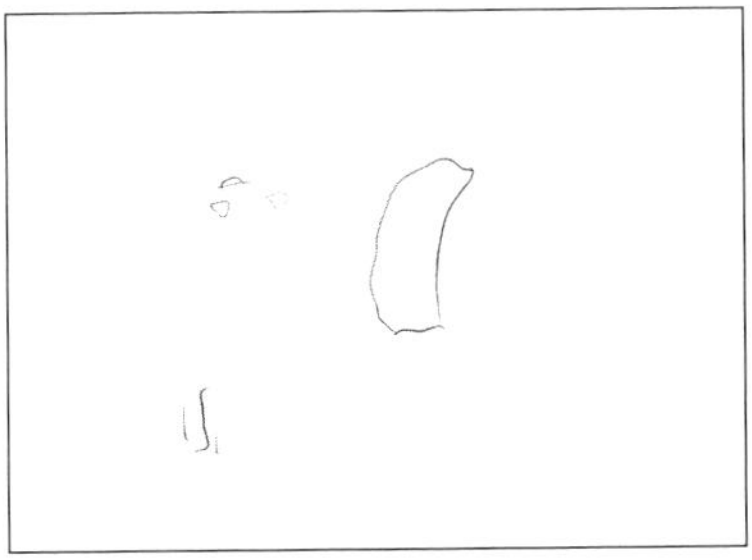

セッション⑦　5枚目

た。「ポンポンポンポン？」と尋ねると、子どもは興奮した様子で、「タコがポンポンポンポンって」と教えてくれた。そこで、「ポンポンポンポンって何なのかな？」と問いかけ、紙をさっと引き、新しい紙と交換した。

4枚目

子どもは興奮した様子のままで、渦巻き状のものを描いた。そして、「卵が産まれる前。コロコロ出てきた」と言い、渦巻きの中心から、卵が転がり出てくる様子を描き加えた。続けて、「お母さんが花火みたいにパチパチパチって」と言った。そこで、「その後、どうなったの？」と問いかけ、紙をさっと引き、新しい紙と交換した。

5枚目

子どもは、「妖怪花火。壊れた耳になった。バナナもあるよ」と言いながら、各々を描いた（左上の3つのかけらが妖怪花火。左下が壊れた耳。中央がバナナ）。そして、「ボカボカボカーン。お父さん、お母さんと花火している」と言った。そこで、「それからどうなったの？」と問いかけ、紙をさっと引き、新しい紙と交換した。

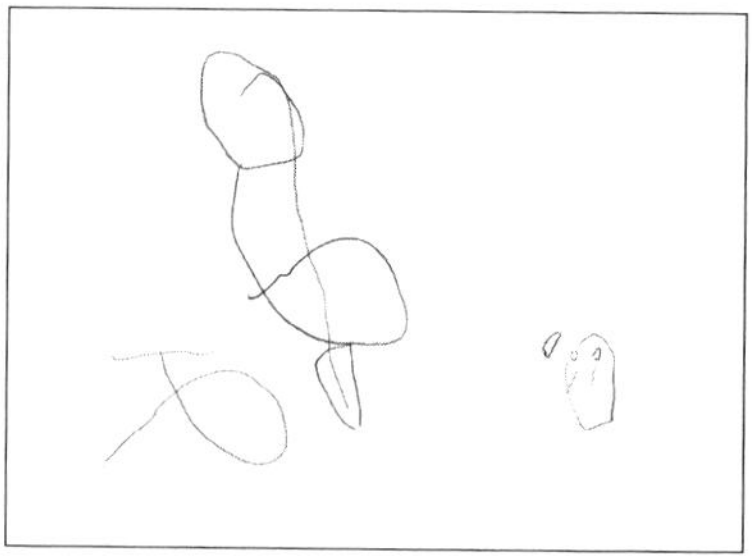

セッション⑦　6枚目

セッション⑧　1枚目

6枚目

子どもは、「パパが、ワイワイ言ってる。○○（本児の名前）が卵で生まれてきた」と言い、自分の姿を描いた（右下）。続けて、「バナナからおしっこ」と言い、バナナを描き、そのバナナの先からおしっこが出ている様子を描いた（中央）。さらに、そのおしっこの先に、文字のようなものを描いた（左下）。「これは何なのかな?」と尋ねると、「自分の名前」と教えてくれた。

ここで、7回目のセッションを切り上げた。

【8回目のセッション】

1枚目

子どもは、席につくなり、自分から絵を描きはじめた。自分で螺旋状のスクィグルを描き、「ウンチがブリブリブリーって出ている」と言い、なぐり描きをした（中央上部の黒い部分）。そこで、「ウンチがブリブリブリー?」と問いかけ、紙をさっと引き、新しい紙と交換した。

2枚目

子どもは、「スイカになった」と答え、スイカを描いた。そこで、「スイカは好きなのかな?」と問いかけ、紙をさっと引き、新しい紙と交換した。

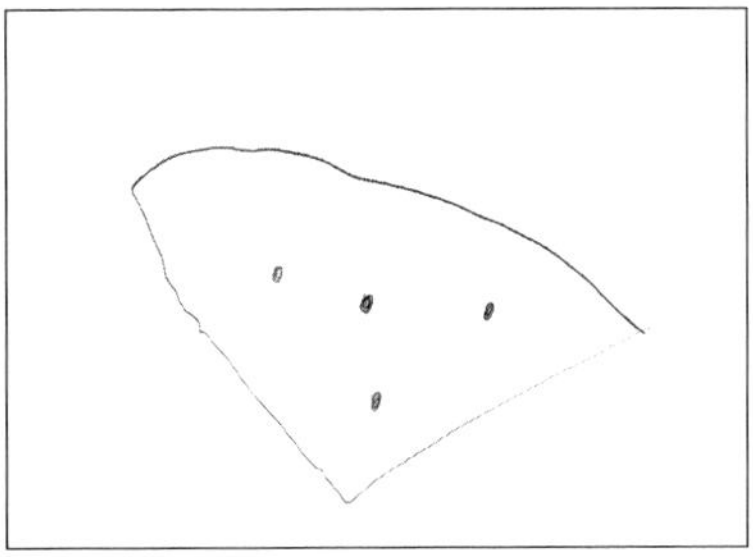

セッション⑧　2枚目

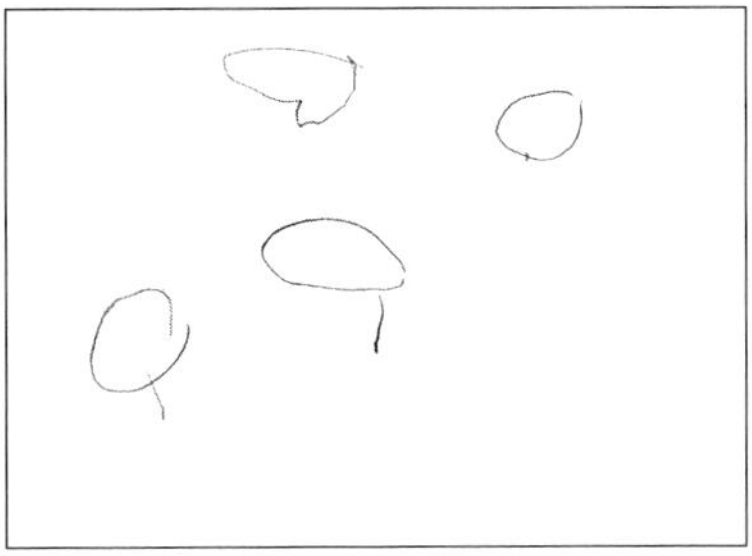

セッション⑧　3枚目

3枚目

子どもは、「リンゴも大好き」と言い、真ん中にリンゴを描いた。続けて、「ミカン、イチゴも好き」と言いながら、各々を描いた（右上がミカン。中央上側がイチゴ）。さらに、「もう1つリンゴがある」と言いながら、リンゴをもう1つ描き加えた（左下）。そこで、「リンゴは2つあるんだ？」と問いかけ、紙をさっと引き、新しい紙と交換した。

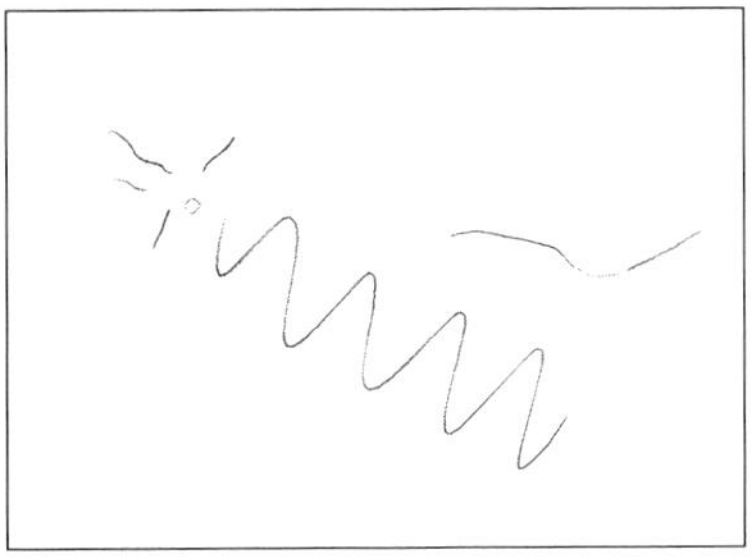

セッション⑧　4枚目

4枚目

すると、子どもは、「雷さんが『きかないぞー』って言って、落ちてくる」と言い、雷さんが落ちてくる様子を描いた（左上が雷さん）。「どこに落ちてくるの？」と訊くと、子どもは、「○○（本児の名前）の家」と答えた。「どんな家なのかな？」と尋ねると、子どもは、「これだよ」と言いながら、一本の折れ曲がった線を描いた。そして、「海だよ。この中に、タコさんがいるんだ」と教えてくれた。そこで、「その後、どうなったの？」と問いかけ、紙をさっと引き、新しい紙と交換した。

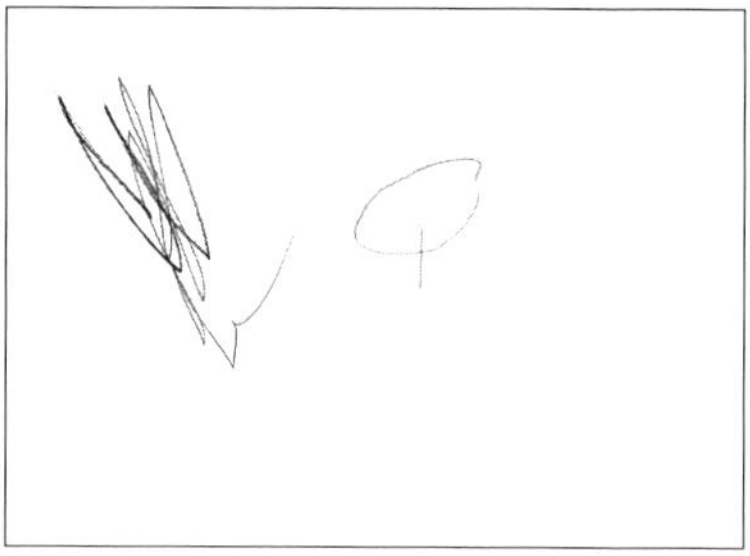

セッション⑧　5枚目

セッション⑧　6枚目

5枚目

子どもは、「雷、バリバリバリ」と言い、雷のようなものを描いた（左上）。そして、「『リンゴがワイワイ言ってる』って、雷さんが言っている」と言いながら、その右側にリンゴを描いた。そこで、「その後、どうなったの？」と問いかけ、紙をさっと引き、新しい紙と交換した。

6枚目

子どもは、「鏡が出てくるんだ」と言い、大きな四角形を描いた。そして、「鏡に○○（本児の名前）が映っているよ」と言った。そこで、子どもと一緒に、描かれた鏡を覗きこみながら、「鏡かぁ。他にも何か映っているのかな？」と問いかけ、紙をさっと引き、新しい紙と交換した。

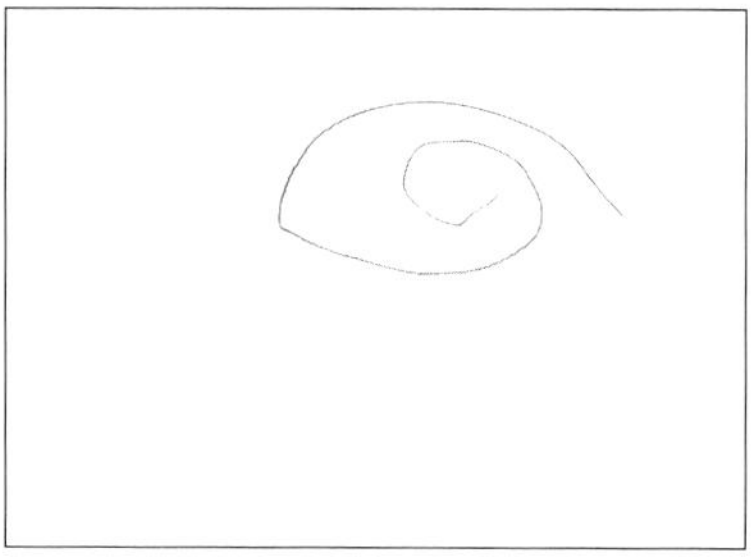

セッション⑧　7枚目

7枚目

子どもは、渦巻き状のものを描き、「卵が、コロコロ転がってくる。『一番だー』って、競争しているよ」と言った。そこで、「その後、

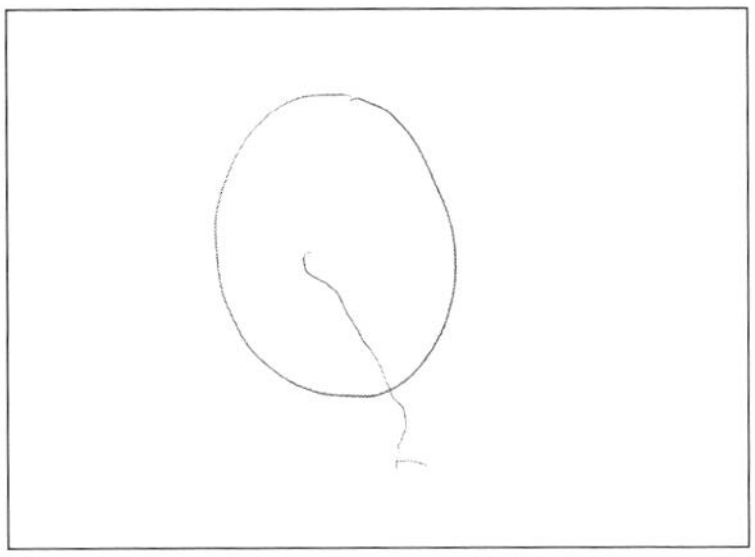

セッション⑧　8枚目

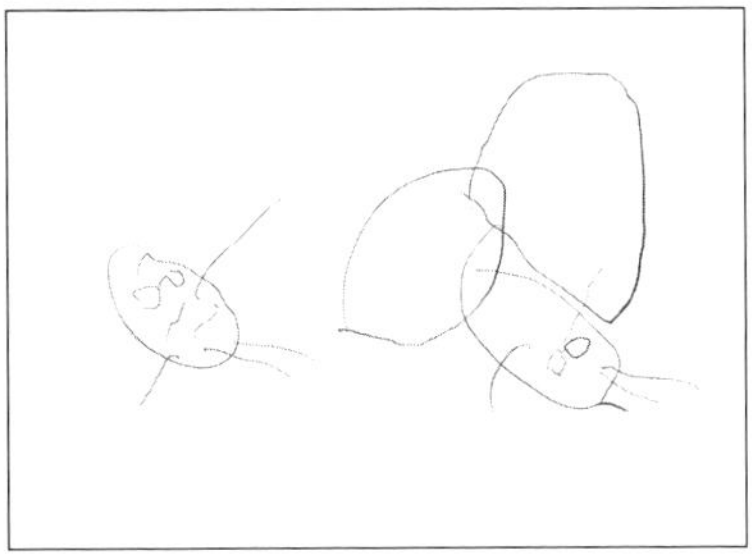

セッション⑨　1枚目

どうなったの？」と問いかけ、紙をさっと引き、新しい紙と交換した。

8枚目

子どもは、丸い円を描き、「卵から赤ちゃんが生まれてくる」と言った。続けて、「その卵からおしっこが出ているの」と言い、一本の線を描き加えた。それから、おもむろに紙を引っくり返し、「ぐるーっと引っくり返ると、リンゴになるの」と言った。

ここで、8回目のセッションを切り上げた。

【9回目のセッション】

1枚目

子どもは、席につくなり、自発的に絵を描きはじめた。子どもは、人のようなものを2つ描き、左から順に、「これはぼく、これはお母さん」と教えてくれた。そして、「お母さんはお料理をしているの」と言いながら、お母さんの絵に、2つの円を描き加えた。そこで、「どんなものを作っているのかな？」と問いかけ、紙をさっと引き、新しい紙と交換した。

2枚目

子どもは、「オムライス」と答え、オムライスを描いた（中央下側の楕円形

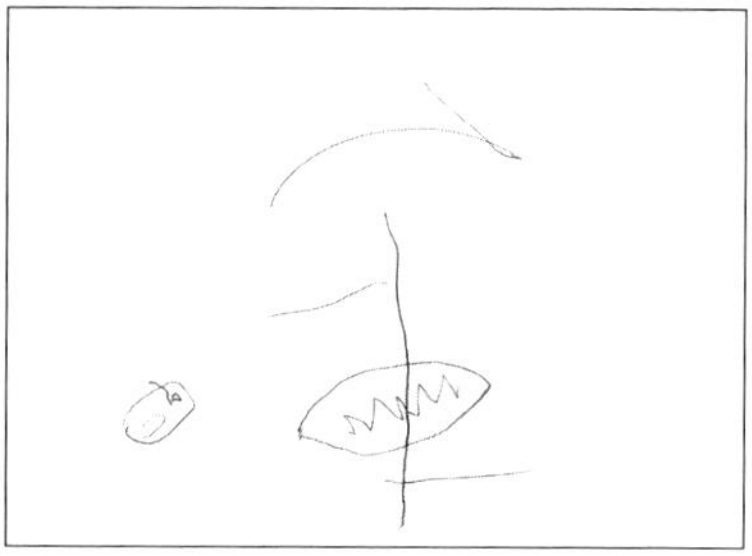

セッション⑨　2枚目

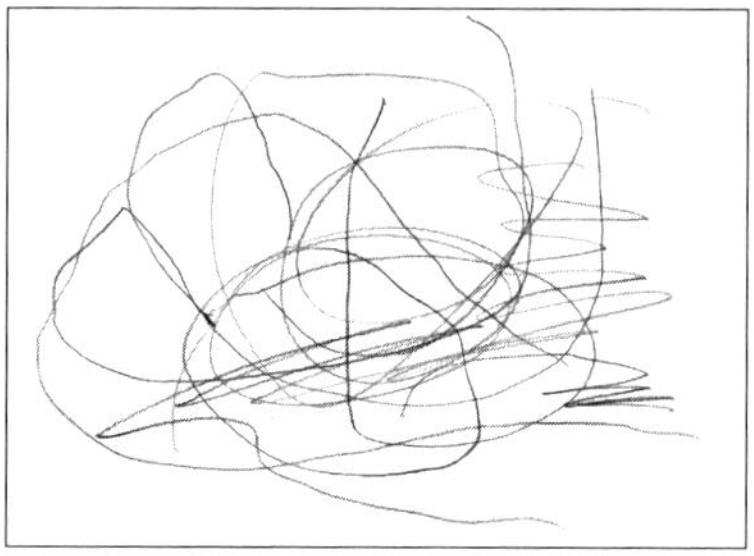

セッション⑨　3枚目

のもの）。続いて、「オムライス、大好き」と言いながら、オムライスの上に一本の縦線を引いた。「それは何?」と尋ねると、子どもは、「オムライスの盾を作っている」と答え、3本の線を描き足した。そして、「オムライスをお父さんが食べている。そしたら、狼が来た。『こらー』って」と言いながら、狼を描いた（左下）。そこで、「狼は、その後どうなったの?」と問いかけ、紙をさっと引き、新しい紙と交換した。

3枚目

子どもは、「世界に行って、グルグルビー」と言い、グルグル描きをした。そして、「宇宙にボカンって飛んでいった。お父さん、○○（本児の名前）が一緒に。そしたら、お母さんが迎えに来た。風がビュービューって」と話しながら、もう一度グルグル描きをした。そこで、「その後、どうなったの?」と問いかけ、紙をさっと引き、新しい紙と交換した。

セッション⑨　4枚目

4枚目

子どもは、「雪だるまさん。顔があって」と

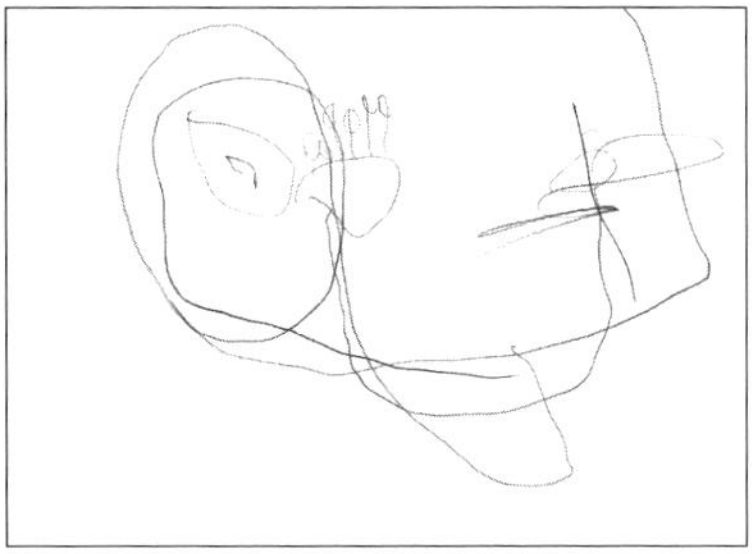

セッション⑨　5枚目

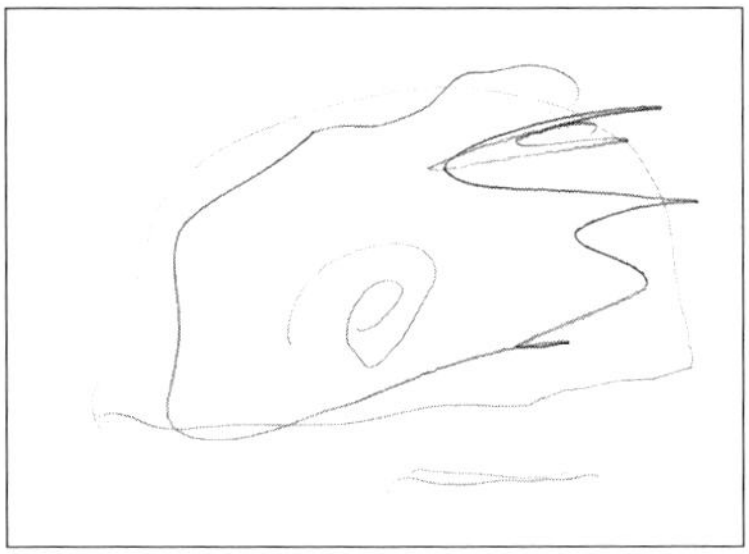

セッション⑨　6枚目

言い、雪だるまを描いた。そして、「7回だよ。おしっこをした。足が生えて、タコになった」と言い、おしっこと足を描き加えた（真ん中の線がおしっこ。それ以外が足）。そこで、「この頭にあるのは何なのかな？」と問いかけ、紙をさっと引き、新しい紙と交換した。

5枚目

子どもは、「王様の帽子」と答え、王様の帽子を描いた（中央上側の飾りをつけて描かれたもの）。続けて、「これはサンタの帽子」と言いながら、サンタの帽子を描いた（右上の楕円形のもの）。その後、サンタの帽子から王様の帽子に向かって線を引きながら、「かぶっているのが、ボヨーンって戻った」と言った。さらに、「宇宙にボーンって飛んでいった。○○（本児の名前）の世界に行った」と言った。そこで、「○○君の世界ってどんなところなんだろう？」と問いかけ、紙をさっと引き、新しい紙と交換した。

6枚目

子どもは、四角形のものと、その中に渦巻き状のものを描いた。さらに、「虫の卵。虫がワイワイとおもらし。虫がボコってお腹から生まれた。よいしょ、よいしょ、と蟻さんが運んでいるの」と言いながら、渦巻き状のものの周りを波線で取り囲んだ。

このとき、たまたま同じクラスの子がやってきて、「○○君」と声をかけた。すると、子どもは、「もうぼく、絵いいや」と言い、その子と一緒に遊び場に走っていった。結果的に、ここで9回目のセッションが終わった。

この9回目のセッションの終わり方が示しているように、このときすでに子どもは、他児と能動的に関われるように変化していた。そのため、もう一度だけセッションを行い、それをもって終結とした。

Ⅱ　考察

1　エディプスコンプレクスの生成と解消の問題

母の現前と不在

1回目の1枚目において、「蛇がウンチしている」という語りとともにみずからを「蛇」として描きだした子どもは、母の欲望の対象に同一化しようと試みているように見える。母の現前を望む子どもが、みずからを母の欲望の対象に対して鏡像的に同一化しようとする場合、そうした関係性は必然的に双数的なものとなるが（Lacan, 1966）、2枚目以降、興奮した様子で表現されたウンチによる攻撃、すなわち、肛門的な攻撃性に彩られた描画世界は、このことを示していると思われる。

幼児教室に通いはじめたことで、それまで築いていた母との密接な関係性を維持できなくなった子どもは、新たな仕方で母との関係性を問いなおさねばならなくなったのではないだろうか。現実的な要請により、母の不在という問題を位置づける必要が生じた子どもは、母の欲望の対象である想像的ファルスに同一化し、その関係性のなかでみずからの位置を確保しようとしたが、それはまた想像的な攻撃性に脅かされるものでもあったため、対人関係における消極性という制止の症状が生じてきたと考えられる。

1回目の4枚目において、子どもは「お父さんは蛇の中」と言い、母の不在の原因に父がなんらかのかたちで関与しているのではないかと考えている様子がうかがわれるが、6回目のセッション以降、無意識的な葛藤が筆者との関係のなかに置き換えられていくようになるにつれて、次第にそうした父が母の剝奪者として介入してくるようになっている。6回目の3枚目において緊張した様子で語られた「雷がいっぱい出てきた」という語り、6回目の6枚目の「雷がバーってある」という語り、さらには、8回目の5枚目の「雷、バリバリバリ」という語りをともないながら表現された雷は、食べ物として表象される母との関係を描いた描画に割って入る、想像的な父として登場している。ラカンによると、母の欲望の対象に鏡像的に同一化している段階において、母の現前と不在の入れ替わり、すなわち、母が行ったり来たりすることが、何を意味するかを子どもは問うようになる。その後、そうした母の現前と不在の入れ替わりが、ひとつの象徴的な法である「父の審級」において秩序づけられていることに気づくようになるという（Lacan, 1998, pp. 175-176〈邦訳pp. 255-257〉）。この点を踏まえるならば、ここでの子どもと父との関係性の変化は、子どもが母の現前と不在を象徴的関係の下に把握しようとする試みとして理解できるように思われる。

9回目のセッションにおいて、こうした子どもと父との関係はふたたび変化している。すなわち、9回目の2枚目における、「オムライスをお父さんが食べている。そしたら、狼が来た。『こらー』って」という語りに見いだされるように、子どもに対して母との直接的な関係（大好きなオムライスを食べること）を禁止するもの（狼）と結びついたかたちで、父が現れてくるのである。この禁止は、近親相姦の禁止を思い起こさせるものである。また、禁止するものとしての狼は、「宇宙にボカンって飛んでいった。お父さん、○○（本児の名前）が一緒に」（9回目の3枚目）というかたちで、宇宙に飛んでいった後、今度はサンタクロースとして現れ、「かぶっているのが、ボヨーンって戻った」「宇宙にボーンと飛んでいった。○○（本児の名前）の世界に行った」（9回目の5枚目）という語りに表現されているように、禁止を受け入れ、法のもとに存在する者となった子どもに帽子を与えている。この帽子は、父との同一化を印づけるものとしてとらえられると同時に、子どもが将来父のようになるうえで利用可能な権利のすべてが書かれた証書のようなものでもあるかのようである。

エディプスの3つの時

このように、子どもが母の現前と不在を位置づけるために繰り広げた一連の描画セッションは、母の剥奪者としての父の介入を経て、最終的に、象徴的な父との同一化の問題へと至っている。このような構造的な移行は、ラカン（Lacan, 1998）が述べている「エディプスの3つの時」を思い起こさせるものである。ラカンによると、「エディプスの3つの時」の第1の時において問題となることは、「子どもが母の欲望の対象としてあるのか、ないのか」である。このとき、子どもは母の欲望の対象に対して鏡像的に同一化する。第2の時において問題となることは、「想像的平面において、父が母の剥奪者として介入してくること」である。これによって、母を彼女の法ではなく一個の〈他者〉の法へと差し向けることと、母の欲望の対象が、現実のなかでは、母がその法へと差し向けられているその同じ〈他者〉によって、最高の権威をもって所有されているという事実が、子どものなかに位置づけられることになる。そして、第3の時において問題となることは、「父は母が欲望するものを母に与えることができ、また、それを与えることができるのは父がそれを持っているからである」ということが示されることであり、この第3の時を乗り越えることで、主体はエディプスコンプレクスから抜けだすことになる。

9回目のセッションにおける、近親相姦の禁止の導入と帽子の受け渡しの問題は、まさにこの第3の時の問題、すなわち、母が欲望するものを母に与えられることを啓示する、象徴的父との同一化の問題として理解できるだろう。これにより、子どもはエディプスコンプレクスから抜けだすことが可能となると同時に、母の現前と不在を象徴的関係のもとに位置づけることが可能となり、結果的に、対人関係における制止というかたちで現れていた症状もまた解消されるに至ったと考えられる。

2　主体の「誕生」をめぐる問いと「一の線」の出現との関係性

主体の「誕生」をめぐる問い

このようなエディプスコンプレクスの生成と解消の問題と並行して、本事例では、子ども自身が、「○○（本児の名前）が卵で生まれてきた」（7回目の6枚目）、「卵から赤ちゃんが生まれてくる」（8回目の8枚目）と述べているように、主体の「誕生」をめぐる問いの問題が現れている。

6回目の2枚目で、穴が空いたドーナツの絵に「ふっとしたらできた」という言い回しとともに突き立てられた鉛筆は、7回目の3枚目では、「針が刺さって、お母さん熱。死んじゃった」という語りに結びついた針として表現されている（6回目の時点でも、最後に母は熱を出している）。また、針を刺すことは、バナナからおしっこが出ることでもあり（7回目の6枚目）、「ボカボカボカーン。お父さん、お母さんと花火している」という語りのように、それが花火になると（7回目の4、5枚目）、「お母さんが花火みたいにパチパチ」となり、卵としての赤ちゃんができ（7回目の4枚目）、赤ちゃんとしての本児が生まれてくることになる（7回目の6枚目）[*1]。

このような傾向は、父との同一化と並行して展開しているように見える。6回目の5枚目において、「でっかい石を、お父さんが攻撃。助けてあげた」[*2]という語りとともに、父に助けられた子どもは、7回目の1枚目において、「お父さんのおでこ」と言いながら父の顔を描き、今度は、自分が父親の位置に立って、子ども（自分自身）を生みだす（助ける）方法を模索している。

8回目のセッションにおいて、こうした「誕生」の謎と父との同一化の問題の両者は、「雷さんが『きかないぞー』って言って、落ちてくる」（8回目4枚目）という語りに代表されるような「落下」のテーマとともに、ある「文字的なもの」との関係へと還元されている。「丸に一本の線が加えられた」かたちをもつ、この「文字的なもの」は、子どもにとって、お父さんの攻撃の痕跡（6回目の5枚目）、卵から赤ちゃんが生まれること（8回目の8枚目）、卵からおしっこが出ていること（8回目の8枚目）、さらには、リンゴでもある（8回目の3、8枚目）。興味深いことに、「誕生」をめぐる問いのなかでの子ども自身の誕生を示すものと、そうした「文字的なもの」の出現との間には、対応関係が見いだされる。

さらに、9回目のセッションにおいて、「誕生」の謎をめぐる問題は、宇宙空間という論理的断絶を父と一緒に飛び越え、生まれなおすというかたちで表現されている。このような論理展開は、本児が「誕生」の謎をめぐる問いと同時に、「死」の謎をめぐる問いをも再構成できたことを示しているように見える。というのも、子どもは、生まれなおすにあたって、死者（帽子をかぶった雪だるま）に同一化しているからである。この雪だるまの表象のなかには、ふたたび「丸に一本の線が加えられた」かたちをもつ文字的なものが出現している（9回目の4枚目）。

このように、主体の「誕生」をめぐる問いは、エディプスコンプレクスの生成と解消の問題と並行するかたちで、その様相を変えつつ展開している。そのなかで、子どもは次第に、父との同一化を強め、最終的に、みずからの「誕生」を示すものと対応するかたちで「文字的なもの」を描きだすに至っているが、このことはどのように理解できるのだろうか。

「文字的なもの」の出現の意義

ここで思いだされるのが、「主体は、〈他者〉の領野にシニフィアン[*3]が現れる限りにおいて生まれる」(Lacan, 1964, p.181〈邦訳 p.265〉) というラカンの指摘である。ラカンによると、主体は、最初のシニフィアンが〈他者〉の領野(言語の領野)において出現し、その最初のシニフィアンである「原初的シニフィアン」が、他のシニフィアンに対して主体を代表象することによって初めて生まれることになる。この点を踏まえるならば、子どもはみずからの「誕生」の謎を問うなかで、自分自身がいかに無意味で、還元不能で、外傷的なシニ

＊1　本児の誕生を導く性交の場面、すなわち表象不可能なものとしての原場面が、「ふっとしたらできた」(6回目2枚目)、「バクバク」(6回目5枚目)、「ポンポンポンポン」(7回目3枚目)、「パチパチパチ」(7回目4枚目)、「ボカボカボカーン」(7回目5枚目) などの擬音語を介して表現されている点は興味深い。

＊2　この語りにおいて、子どもが「助けてくれた」ではなく、「助けてあげた」と述べている点に注意したい。このとき子どもは、父に同一化して自分自身を見ている。

＊3　ソシュールは、言語記号が「聴覚映像」であるシニフィアンと「概念」であるシニフィエの2つから成り立つことを示唆した。ラカンは、精神分析の知見を踏まえ、シニフィアンがシニフィエから独立した動きを構成しうるものであると考え、シニフィアンの自律性を主張した。すなわち、無意識はシニフィアンによって構成され、常に意識を超えた次元で自律的に動き、主体に影響を及ぼすことを看破したのである。この意味において、「エディプスコンプレクスとはシニフィアンの導入」のことであり、シニフィアンの導入をもって、〈他者〉の欲望が主体に届くことになるのである。

フィアンである原初的シニフィアンに、主体として隷属しているかを、意味の向こう側、すなわち「彼岸」に見ようと試みたと考えられるのではないだろうか。

ここには、決定的な論理の断絶がある。それは、9回目の3枚目で展開されたような、宇宙空間を父と一緒に飛び越え、生まれなおすというかたちで表現されているものでもあるが、先に検討したとおり、このとき、子どもは同時に、帽子の受け渡しを通して、象徴的な父との同一化をなしとげている。この象徴的な父との同一化を印づけるものが原初的シニフィアンである。すなわち、原初的シニフィアンは、主体の「原抑圧」の中心点を構成することで主体の分割を印づけ、〈他者〉の領野（言語の領野）での主体の誕生を導くのである（Lacan, 1964）。ラカンは、このような原初的シニフィアンを「一の線 trait unaire」[*4]としても表現している。雪だるまの表象のなかに浮かび上がる、「丸に一本の線が加えられた」かたちをもつ文字的なものは、まさに子どもと言語との関係を印づける「一の線」として出現していると考えられるのではないだろうか。

主体の「誕生」をめぐる問いはまた、「誕生」をめぐる謎と「母の欲望」をめぐる謎の重なり合いにおいても、エディプスコンプレクスの生成と解消の問題と結びついているように見える。すなわち、子どもは当初、母の欲望の対象であろうとしたが、それが不可能なものとなり、最終的に母が欲望するものを母に与えることのできる父である象徴的な父に同一化することによって、欲望する主体としてみずからを立ち上げるに至った。このような主体の生成の展開のなかには、「誕生」をひとつの謎として引き受け、その謎をみずからの生を通して追い求めていこうとする主体の姿もまた、見いだされるように思われる。子どもが「一の線」としての「文字的なもの」を描きだした意義は、象徴的な父との同一化を印づけることと同時に、子どもがみずからの「誕生」をめぐる謎を、ひとつの謎として引き受け、あらためてみずからの生を立ち上げるに至ったことを示すことにあったと理解できるのではないだろうか。

3　描画セッションにおける「一の線」の出現とその臨床的意義

ウィニコットのロビン症例

本児の場合、おもに人間関係の消極性というかたちで現れたある種の制止は、みずからの「誕生」をめぐる疑惑にあり、それを「一の線」によって描画のなかに描きこむことで、その制止が解け、治療効果が生じたと考えられる。興味深いことに、描画を用いたセッションにおいて、子どもが「一の線」を描きだすことで治療効果が生じるという特徴は、他の症例においても見いだすことができる。

例えば、ウィニコット（Winnicott, 1971）は、『子どもの治療相談面接』のなかで、登校拒否の徴候を示していた5歳の少年との面接の内容を報告している。それは1回のみの面接であったが、ロビン少年はウィニコットとの関係のなかで、「世界に向かって前進するか、あるいは母親の膝元へ逃げ帰るか」という葛藤を表現することができ、結果的に登校拒否の徴候は改善されている。この葛藤がスクィグルを介して表現されていくなかで出現したものが、ロビン少年が「これはRだけど、向きが逆だね」と語りながら描きだしたもの（Rはこの少年の名前の頭文字である）、さらには、その後のスクィグルで、「ぼくは小さなライフルを持っているんだ」という説明とともに描かれた「全体とそぐわない線」である。[*5] それらは、描画全体とそぐわないかたちで現れた「文字的なもの」であるように見えるだけでなく、ウィニコット（Winnicott, 1971, p. 38〈邦訳 pp. 37-

---

＊4　「シニフィアンを基本的な形において示すために、また主体の象徴的同一化を説明するために、フロイトに基づいて、ラカンが導入した概念」（シェママ・ヴァンデルメルシュ 2002, pp. 23-25）。

＊5　後者のスクィグルにおいてロビン少年はみずからをコマドリ（robin）として描きだしている。このときスクィグルが「判じ絵」となっている点は興味深い。

38〉）が主張しているように、「私は在る」という彼自身の言明をそのものとして表現したものでもある。すなわち、それらは、彼自身の誕生、彼の存在を位置づける「一の線」として出現しており、スクィグルを通してそれらが描きだされることにより、ロビン少年の制止は解かれるに至っているのである。

ロビン少年が抱えていた「世界に向かって前進するか、あるいは母親の膝元へ逃げ帰るか」という葛藤は、われわれの言葉でとらえるならば、「父に同一化してみずからを欲望する主体（言語的な主体）として立ち上げるか、母の欲望の対象のままでいるか」という葛藤であり、それ自体エディプスコンプレクスの存在を指し示すものである。すなわち、この症例においても、「文字的なもの」としての「一の線」は、エディプスコンプレクスの生成と解消のなかで、主体の誕生を印づけるものと対応しながら現れており、主体がそれを描画の世界に描きこむことで、新たな生が切りひらかれているのである。ここに、われわれはひとつの臨床的意義を認めることができるのではないだろうか。特に、セッション中に描画を用いる機会が多くなるような子どもの精神分析において、このような仕方で子どもと言語の関係の再構成が促される可能性があることを認識しておくことは、意義があるように思われる。

描画連想法と「一の線」

最後に、こうした臨床的意義を生みだすうえで、われわれが用いた「描画連想法」が果たした役割について述べておきたい。「描画連想法」を実践していくなかで、筆者は紙を交換する所作のもと「区切り」として機能し、子どもが対象aを浮かび上がらせていくことを促したが、それはまた、子どもが母との想像的な関係を「区切り」、父の次元を導入する「原初的シニフィアン」=「一の線」との関係を再構成する契機を積極的に導くものであったと考えられる。

第1章の事例で確認したように、本事例においても、子どもが描画に自分を描きこんでいる間は、蛇やタコ、そして穴を出入りするさまざまな形象が対象aとなっていたが、6回目の5枚目以降、子どもが父親の位置に立って、子ども（自分自身）を生みだす方法を模索するようになり、次第に構造が変化していった。

8回目の8枚目において、子どもが、描画のなかに出現した「丸に一本の線が加えられた」文字的なものを、ユーモアとともに浮かび上がらせたことを思いだしてみたい。子どもは、みずからがいかに無意味なシニフィアンに隷属しているかを、この「文字的なもの」を描画世界のなかに描きこみ、その描かれた紙を引っくり返すという行為とともに表現した。このとき、子どもは、筆者という「区切り」を介して、外部から「文字的なもの」としての自分を眺めることができたのである。このことはまた、かつて言語の世界に参入したただろう点へと戻り、そこからあらためてみずからの生を立ち上げる契機を生みだすことでもあったのであり、それゆえ、「誕生」をめぐる問いのなかでの子ども自身の誕生が、「文字的なもの」、すなわち「一の線」として結実することになったのである。

Ⅲ　主体と〈他者〉との関係をつなぐものとしての「出自」をめぐる問い

以上、ある男児との描画を用いたセッションの検討を通して、構造論的精神分析の観点からどのように描画を活用していくことが可能であるかを示すとともに、そこから導きだされる臨床的意義について考察した。

幼児教室に通いはじめたことで、母の不在という問題をあらためて位置づける必要が生じた子どもは、筆者との描画セッションを通してエディプスコンプレクスの問題と向き合い、最終的にそれを象徴的な関係の下に位置づけることが可能になったと考えられた。また、こうした流れと並行して展開された「誕生」をめぐる問いの連鎖のなかで、子ども自身の誕生を印づけるものとして出現した「文字的なもの」は、子どもにとっての「一の線」（＝原初的シニフィアン）としてあったと考えられた。ゆえに、子どもが「一の線」を描画のなかに描きこむことで、子どもと言語との関係が再構成され、それと同時に、おもに人間関係における消極性として現れていたある種の制止もまた解消されるに至ったのである。

さらに、このような展開の仕方が、ウィニコットの症例においても見いだされたことから、この点において、分析に描画を活用することのひとつの意義が認められることを指摘した。特に、セッションにおいて描画を用いる機会が多くなる可能性のある子どもの精神分析において、このような仕方で子どもと言語との関係の再構成が促されることを認識しておくことは、意義があると思われる。「紙の交換」によって、主体の幻想を区切り、対象aを浮かび上がらせていく「描画連想法」は、そうした臨床的意義を生みだしていくうえで、ひとつの有効な手段となりうると考えられる。

以上の考察結果は、描画セッションにおいて「きく」ことを重視したことにより、子どもが描画を介して「子どもはどこから来るのか」という問いに直面し、みずからの「生」を再構成しようとしていたこと、そして、子どもの語りを描画とともに「区切る」という「描画連想法」を試みることによって、子どもがみずからの「死」と向き合う過程を、われわれが確認できたことを意味するだろう。このように、描画を介して「子どもはどこから来るのか」という出自をめぐる問いを問う試みは、主体と〈他者〉との関係を位置づけなおし、主体を再構成するうえで重要な役割を担うものなのである。

＊＊＊

「子どもはどこから来るのか」という出自をめぐる問いを問うことはまた、主体の属す社会全体を再構成していくうえでも欠かせないものでもある。このとき、描画における「生」と「死」の問いは、主体と〈他者〉を結び合わせ、互いを再構成していく原動力のようなものとなる。次章では、描画を介して「子どもはどこから来るのか」という出自をめぐる問いを問うことが、社会全体を再構成していくうえでどのような役割を担うかを、幕末という激動の時代に、人々が集団で「鯰絵」とよばれる錦絵を生成した過程のなかに読みとってみたい。その際、われわれは、人々が描画を介して「生」と「死」の問いを展開することで、どのように震災後のＰＴＳＤという病理を乗り越えることができたかという問題をも問うことになるだろう。

第3章 集団における「死」の経験と再生

フロイトは、「ユーモア〈フモール〉」と題する論文で次のように述べている。「ユーモアは、有り得べき苦悩に対する防衛である以上、人間の心の生活が苦悩の強制力から逃れるために編みだした一連の多くの方法の中の一つと考えられる。そこには、神経症を嚆矢《こうし》として、狂気で頂点に達し、さらに酩酊や自己沈思、恍惚も含まれている」（Freud, 1927, pp. 385-386〈邦訳 pp. 269-270〉）。この記述には、日常生活にあふれる創造物の分析を通して、神経症にはじまるさまざまな精神病理のメカニズムを解明しようとする、フロイトの一貫した姿勢が隠されている。

本章で取り上げるのは、安政の大地震（１８５５年）の後に集団的に作りだされたユーモラスな「鯰絵《なまずえ》」である。ここからは、現代的な病理のひとつであるＰＴＳＤにおける臨床的な問題、すなわち、いかにして外傷的体験への強い固着を乗り越え、主体の再構成を促していくことができるのかという問題に対する新たな観点を汲みとることが可能であると思われる。

I　鯰絵とは何か

鯰絵とは、黒船が来航し日本中が騒がしくなってきた安政2年10月2日、直下型の大地震が江戸の町を襲った直後に、市中に大量に流布した「地震鯰」を絵柄とする版画のことである。地震発生の翌日から、世相を風刺した鯰絵の過度の流行を恐れた幕府の判断によって発行禁止となるその年の12月まで描かれ続け（禁止後も幕府の監視をかいくぐって描かれたものもあった）、その種類は約400程度あるともいわれている。幕府の調査によると、この安政の大地震による死者は約4200人、負傷者は約2700人となっており、その規模の大きさをうかがい知ることができる（北原 1983, p. 11）。そのなかには、地震直後に生じた37カ所からの出火により、焼け落ちる梁の下で焼死した人も含まれていたという。

小松によると、鯰絵は大きく分けて4種類に分類される（宮田 1965, p. 116）。①怪物鯰の活動で生じた地震の惨状を描いたもの、②地震制圧の神として鹿島大明神を筆頭とする神々や民衆による地震の制圧・鯰退治を描いたもの、③復興景気で一部の職人たちが大喜びし怪物鯰に感謝しているもの、あるいはその逆の、地震のために職を失ってしまった人たちの窮状を描いた、震災直後の世相を描いたもの、④金持ちをこらしめたり、新しい世界を出現させる、いわゆる世直し鯰を描いたもの、である。鯰絵に描かれた鯰の剽軽なキャラクターは、幕末になって急に現れたものではなく、江戸時代を通して、大津絵や歌舞伎のなかで育まれたものであり、それらの要素が集結するかたちで現れ出てきたと考えられている（土浦市立博物館 1996）。また、これらの鯰絵と並行して、地震による被害そのものを事実にもとづいて伝える瓦版も同時に描かれていた。[*1]

Ⅱ　集団的創造物としての鯰絵

1　鯰絵に内在するユーモアの位置づけ

鯰絵の具体的な考察へと進む前に、同時期に描かれた瓦版を通して、この時期の情報伝達方法（表現方法）の特色を概観しておきたい。

地震による被害を客観的事実として伝える瓦版のひとつとして、『吉原地震焼亡之図』と題するものがある。吉原は地震直後の出火によって郭内がほぼ全焼し、630人におよぶ遊女たちが逃げられないまま焼死した。『吉原地震焼亡之図』は、そのような震災直後の吉原を実際に取材して描かれたものであり、建物が崩れ落ちた様子や材木に押しつぶされて苦しむ人々の姿がリアルに描写されている。

しかし、客観的事実をそのままのかたちで伝える瓦版はまだ少なく、そこに人々の心性を反映したかたちで事実を伝えるものが優勢を占めていた。北原（1983）によると、近世社会における報道の意味はひとつのかたちに固定されるものではなく、人々の価値観とともに多様であった。そのため、同じような事実を伝えるものでも、『古今まれなる大地しん』と題する瓦版のようになる。この瓦版には、地震で建物が崩れ、風呂屋から裸のままあわてて飛びだす人々がユーモラスに描かれている。詞書は、番頭の心情を表しており、地震が起きたのを受けつつ「これは大変だ。しかし女がかちり付き、ありがてい」と書かれている。

両者の瓦版は、被災の状況を伝える点では同じものであるが、前者に比べ後者では、その悲惨さがユーモアにより緩和されているように見える。この効果は、震災後の人々の精神状態に大きな影響を与えたと予想される。フロイトもまた、通常であれば神経症を発症しかねないような現実の険悪な状況において、ユーモアを用いることで、快原理を保ちながら精神的な健康を維持できる点を指摘している（Freud, 1927, p. 386〈邦訳 p. 270〉）。

もちろん、この現象の背景には江戸時代特有の「滑稽化」の傾向が存在しており、これをすぐにこの時期固有のものと見なすことには注意が必要である。ユーモアの効果を介在させながら事実を伝えることで、発し手のみならず受け手の苦痛を和らげ、精神的平衡状態を維持しようと人々が試みていたと思われる事実が、他のさまざまな場面でもうかがえるからである（Hibbett・長谷川 1989）。だとすれば、江戸時代の社会が有していた「滑稽化」というシステムが震災により凝縮したかたちで現れ出てきたものが、この時期に描かれた瓦版や鯰絵であったと考える方が妥当だろう。

また、若水（2003, p. 40）が指摘しているように、震災後の「ユートピア現象」がこのようなユーモアを受け入れやすい土壌を生みだした点もまた考慮する必要がある。ラファエル（Raphael, 1986）によると、「ユートピア現象」は、死と破壊の脅威のなかで生き残ったことの幸福感、損失を認めたくない気持ち、災害によって社会的な障壁が取り除かれたこと、それに共通被災体験による相互連帯感の強まりによって生じると定義されている。フロイトが「ユーモアは諦念的ではなく、反抗的である」（Freud, 1927, p. 385〈邦訳 p. 269〉）と指摘しているように、ユーモアは、現実を内包するかたちで笑いを引き起こす力をもっている。それは、「ユートピア現象」を支えるもののひとつだろう。

被災後の心的過程と照らし合わせることによって、鯰絵が創造されるに至った過程が明らかになるのでは

＊1　これらの瓦版を含めて、「鯰絵」としてとらえる考え方もある。

ないだろうか。この独特の浮世絵の一ジャンルは、被災をめぐる集団的創造物なのである。*2

2　鯰絵に表現された攻撃性とユーモア

上記の経緯を踏まえたうえで、鯰絵の具体的な考察へと移りたい。はじめに『鯰のけんくわ』と題する鯰絵（図3－1）に注目してみよう。その名のとおり、地震を引き起こした鯰（中央下）が、被害を受けた「辻君」たち（左下と右下）から殴られており、金持ちを意味する「持丸」（左上）がそれをけしかけている。これに対して、「火事」（右上、擬人化されている）は殴るのをやめるように促しており、職人（中央）は止めに入っている。鯰は、地震を起こさないから許してくれと詫びている。画面の背後には、震災によって崩れかけた家屋（右上）が見える。

図 3-1　『鯰のけんくわ』

この鯰絵の特徴は、地震が「鯰男」として擬人化され、震災により被害を受けた「辻君」や地震によって富を失った「持丸」の行き場のない攻撃性を具現化する役割を果たしている点にある。また、その一方で、復興景気で儲けた職人や「火事」が彼らと「鯰男」の喧嘩の仲裁に入る様子を描き加えることで、単に攻撃性のみが鯰絵に投射されることが回避されている。すなわち、地震によって引き起こされた人々の攻撃性が機知的要素を織りこみながら描出されることにより、第三者との関わりのなかに位置づけられている。その結果、みずからの攻撃性が想像的他者を介してふたたび自分に戻ってくるような、病理的な関係性を乗り越えることが可能となっている。また、鯰のキャラクター性に注目してみてもよいかもしれない。愛嬌を感じさせる風貌が、どこか憎めなさを感じさせる。攻撃性を向ける対象のなかにちょっとした愛嬌を加えて描きだすことで、ユーモアを生みだす余地を与え、攻撃性を緩和して表象することに成功している。[*3]

PTSDの治療におけるユーモアの有効性は、ハーマン（Herman, 1992）の研究にも垣間見られる。ハーマンによると、性的外傷体験を経験した者が集まるグループ全体が、ユーモアを介するやりとりのなかで、復讐幻想のばかばかしさに気づき、統合の作業を進めていくことができたという。復讐幻想という攻撃性がユーモアというかたちで2者関係から3者関係のなかに位置づけられることで、攻撃性の連鎖が止まったのだろう。ユーモアは、PTSDの治療における転回点を構成する力をもっている可能性があるのである。

このような関係性そのものが鯰絵に見いだせるとするならば、江戸時代の人々は、鯰絵を通して転回点を作りだし、そこから地震によって生じた攻撃性の象徴化を試み、病理として結実する可能性を回避しようと

＊2　集団的創造物とは、ある種の夢や機知のように、人々がなんらかの目的のために集団で作り上げるもののことであり、筆者独自の概念である。鯰絵は、浮世絵師と戯作者の共同作業を通して制作されたが、作者名などの個人を特定する情報はほとんど記載されなかった。幕府の取締りから逃れるためという現実的な理由はあったにせよ、奇妙なことである。鯰絵自体が震災後の短期間に爆発的な人気を誇り、その後一気に収束をみた点を踏まえるならば、制作者の存在がその時代の人々の欲望を代表象する役割としてあったことを指し示しているとも考えられる。この意味において、ここでは鯰絵を集団的創造物として扱うこととする。

＊3　この観点から見ると、中井久夫による治療法は非常に興味深い。中井は、いじめの被害者に加害者像をモンタージュする方法が治療的な意義をもつと紹介している（中井 2004, p. 103）。

していたと考えられる。さらに、われわれがＰＴＳＤの治療のなかで描画を用いる際は、いかにしてこの転回点を見てとるかが重要となるだろう。その際、描画を「機知として読む」ことが求められる。

3　鯰絵と言葉遊び

鯰絵が、描画的要素以上に、詞書という形式で言語的要素を多分に含んだ創造物であることを忘れてはならないだろう。

次の鯰絵は、『江戸前かばやき鯰大火場焼』と題するものである（図３－２）。恵比寿（右下）が鯰を捕らえ、蒲焼屋をはじめたという趣向になっている。客（左中央）は復興事業で儲けた職人たちである。

図 3-2　『江戸前かばやき鯰大火場焼』

この鯰絵で特徴的なことは、地震を起こし、「火場焼」または「家場焼」した「鯰」が「蒲焼」になって食べられるという設定になっており、たくみな言葉遊びを利用して、さまざまな欲望が表現されている点である。フロイト（Freud, 1905）は『機知』のなかでこのような言葉遊びのメカニズムを考察しているが、それにしたがえば、ここでは「二重意味」の作業が行われ、結果的に滑稽が生じていると理解できる。また、フロイトはこの「二重意味」のメカニズムを用いることにより、ある種の攻撃性を隠されたかたちで表象できる点を指摘している。

事実、鯰の蒲焼を食している者は復興景気によろこぶ職人であり、そこには「家場焼」「火場焼」された者の羨望や攻撃性がこめられている。また、「かばやき」屋で調理している恵比寿は、日頃地震を抑制する役割を任されている鹿島大明神が出雲へ出張していた間（安政の大地震が起きた月が神無月であり、その点をもじっている）、留守番をしていた神である。そのため、地震をうまく抑制できなかった神への嘲笑もここに含まれている。さらに、神はお上（幕府）を代表するものでもあり、お上の政策への反発もうかがえる。

図 3-3 『ぢきに直る世』

『ぢきに直る世』と題する鯰絵（図3－3）においても同様の傾向を見てとることができる。鹿島大明神（左上）が医者に見立てられており、鯰（6匹）は詫びながら、地震で怪我をした人々を治療している。従来、江戸時代の人々は鹿島大明神が目を離した隙に、「要石」によって押さえこまれていた鯰が暴れだすことによって地震が生じると考えていた。そのため、ここでは鹿島大明神が鯰を監視する立場に置かれている。詞書には、亭主と子どもを地震によって失った女房と鯰との会話が書かれている。「（女房）よくもよくも、おまひのうちでハ、ハたしがてひしゆとこともをよくをころしだ、これからハたしもころしてもらひにきましたハ」「（鯰）ヘイヘイ、まことに申ハけもござりません、ヘイヘイ」。ここには、「生存者罪悪感」を鯰に治療を受ける（殺してもらいに来ました）というかたちで皮肉をまじえて表現している部分が見られる。生き残った者に向けられた攻撃性が機知的要素を含みながら描出され、滑稽なものへと転じることで、「生存者罪悪感」と病理的な関係性との結びつきが弱められている。また、この鯰絵においても言葉遊びが行われている。題名の「ぢきになおるよ」が「直に治るよ」と「直に直る世」をかけたものとなっている。これにより、鯰は地震によって被害を受けた人々の治療を行う存在だけでなく、「世直し」を託される存在としても機能するものとなっている。

4　外部に創造された夢としての鯰絵

このように、鯰絵は、言語的要素が描画的要素に強い影響を及ぼすかたちで構成されている。その関係性は、夢の生成メカニズムと非常によく似ている。

フロイトは、夢における多義性について、「夢は、その思考の直裁で手近な表現経路を阻まれているがゆえに機知に富んだものとなる」(Freud, 1900, pp. 303-304〈邦訳 p. 29〉) と述べている。この点を逆にとらえれば、夢は機知をたくみに利用することにより、隠されたかたちではあるものの無意識の欲望を表現できるものといえる。それがゆえに、夢は無意識への王道であるわけだが、このような夢と同様の機能をもつものを鯰絵というかたちで外部に創造し、それを皆で分かち合うこと（語り合うこと）で、江戸時代の人々は被災という外傷的体験への強い固着という病理的な関係性を乗り越え、みずからを再構成していくことができたのではないだろうか。[*4] 彼らは、鯰絵のなかに機知的要素を介在させる描出法や言葉の多義性を生みだす機知を盛りこむことで、さまざまな欲望を介在させるシステムを創造したのである。そして、ある程度の再構成がなされた段階に至ったとき、このようなシステムを捨て去ることで、新たな生を紡いでいくことができたのではないだろうか。

気谷は、日本の民俗儀礼に特徴的な「祀り棄ての論理」[*5] と鯰絵を比較して考察するなかで、次のように述べている。「地震鯰は、人々から畏怖されたばかりではなく、社会を活性化し変革する吉事として意識された。社会の外から加えられた圧力を、社会内の活力に転化したところが発想の妙である。外部から加えられた力と正面きって対立することを避け、むしろ巧妙にその力を内部へと取り込み、順化して利用する。【中略】こうして祀り上げられた悪神は、通例、しかるべき歓待ののちに、共同体の外へ送り返される」（宮田 1995, p. 61）。

この「祀り棄ての論理」構造は、いま述べてきたシステムをより推し進めて考えるうえで意義深い。フロイトが「ユーモアの態度とは、ユーモア作家の人格が心的なアクセントをその自我に置くのを止めて、それを超自我に移したということだ」（Freud, 1927, p. 387〈邦訳 p. 271〉）と述べた点を思いだすならば、先に見てきたような機知的構造体でもある鯰絵を作りだしたことは、自我のエネルギーを一時的に超自我へ転移させ、〈他者〉に同一化した立場からみずからを省みる余地を作りだす試みでもあったと理解できる。臨時に創設した神の立場から〈他者〉が何を欲望しているのかという問いについて考えることを、鯰絵は可能にし、結果的に被災という出来事をめぐって主体が再構成を行うことを促したのである。

＊4　北原（1983）は「震災後の救助活動や震災景気は、非日常という限定はあるものの、不断の抑圧的状況を離れて、或いはそれがある故に却って一層強く経済上・生活感情上民衆の自己充実・自己回復が遂げられる」という可能性を示唆している。

＊5　この「祀り棄ての論理」は、宮田登によって提唱された概念である。簡潔に要約すると、おそるべき神霊の力を認めたうえで丁重に厄神を迎え、しかる後、神を鎮撫しつつ共同体の外部へと送りだすシステムのことを指している。

Ⅲ　鯰絵の生成と主体の再構成をめぐる問題

1　鯰絵と「再生産」をめぐる問い

〈他者〉の欲望をもとにみずからの欲望を再構成していくことはまた，みずからを「再生産」していく試みに他ならない。この「再生産」という機能に着目したとき，鯰絵がまた異なる問題を含意している可能性がうかがえ，その問題と連動するかたちで，いま述べてきたような再構成が促された過程が明らかになるように思われる。そこで，ここからは鯰絵が生成された時代背景を踏まえ，社会との関係を含めたより広い視点から鯰絵の考察を進めたい。

例えば，次のような鯰絵（図3‐4）は，上記の観点からするとたいへん興味深い。この鯰絵は，『長者金の病ひ』と題するものであり，画面右側に描かれているような震災によって崩れ落ちた家屋をどのように再建＝再生産していくのかという問題を描いたものである。鯰は金持長者の肩の上に乗り，再建＝再生産していくための資金を出すように命じている。この時代，金持長者は災害時にみずからの財を被災者に還元する習慣があった。この鯰絵は，金を出すことへの金持長者の不満と同時に，一方で平素から人々が彼らに抱いていた羨望を「脱糞する・嘔吐する」＝「金を出させる」という言いかえを用いて，描出したものでもある（若水 2007, pp. 60-65）。

しかし，金銭と排泄物とがこのように等置されていることについては，無意識の象徴作用の関与を考えておく必要がある。ここで，無意識においては糞便（金銭）＝子ども＝ファルスの等式が成り立つというフロイ

図 3-4 『長者金の病ひ』

トの指摘（Freud, 1917b, p. 404〈邦訳 p. 337〉）を思いだすことは意義深い。この観点を援用して鯰絵を読み解くとするならば、「脱糞する・嘔吐する」ことを通して、人々がもう一度、子どもの再生産の問題を問おうとしていると理解できる。*6

震災で生活の基盤が何もかも失われた後で、人々が考えなくてはならないのは、「いかにして再生産するか」という問いであるに違いない。そうしたときに、この問いに、子孫を生みだすという観念が関わってくる。そうしたときに、実際の生殖の条件がそう簡単には整わないのであれば、想像力のなかでの「再生産」のイメージが活性化され、上記のフロイトの図式が無意識のなかから動員されてくることが考えられる。

このような観点から、先に取り上げてきた鯰絵を読み解いてみよう。夢の中の魚がファルスもしくは子どもを表すことを思いだすならば、『鯰のけんくわ』は、ファルス＝子どもを破壊しようと

＊6　先に述べたとおり、地震の発生を抑制する役割を鹿島大明神が担っていたわけだが、その際「要石」を動かさないように見張っていることが重要な任務となる。「要石」が動いてしまうと、鯰が暴れだし、地震が起こることになる。若水によると、「要石」とは「機石」のことであり、それは妊娠を引き起こす力をもつものとされる。鹿島神宮には、神功皇后が妊娠したとき御腹にしめられたことに起源する常陸帯というものがあり、安産を願う人々の信仰の対象となっている。そのもととなるものが、「機石」であり「要石」であるという（若水 2007, p. 24）。

する欲望とそれを保守しようとする欲望をめぐる葛藤が描かれていると理解できる。また、その文脈を拡大するならば、背景に見える家屋は子宮を表していることになる。『江戸前かばやき鯰大火場焼』は、いかにしてファルスを扱い（包丁を用いて）、子ども（鯰）を生みだす（調理する）のかという問いを、恵比寿という神の立場から考えようとしていると読み解くことができる。蒲焼を恵比寿と一緒に作ろうとしている女性やそれを食べようとしている職人を、人々が同一化する対象と見るならば、その問いを自分たちの問題として取り入れよう（鯰を食べる）としていると理解することもできる。

このように読み解いたとき、われわれは、フロイトが述べた「幼児の性理論」との類似に自ずと気づかされることになる。すなわち、「子どもはどこから来るのか」という問いに直面するなかで、子どもが作りだす一連の口唇＝肛門的幻想と鯰絵全体を通して表現されるものとが、同様の構造を有していることがわかる。

興味深いことに、鯰絵とちょうど同じ時期に、同じ時代背景を共有して描かれた奇妙な絵にも同様の問題が表現されている。それは、『房事養生鑑』と題する大判の錦絵である。この『房事養生鑑』には、「子どもはどのようにつくられるのか」という問題をからくり仕掛けの人形に見立てて図像化した絵が描かれている。詞書には房事の節約が適切な妊娠をもたらすと説く部分があり、道徳的な観点と妊娠を結びつけて考えようとする傾向がうかがえる（中野 1980）。川村（1996）が指摘するように、科学的・解剖学的なディスクールをもとに妊娠の問題をとらえようとする点では未熟さが見られるが、妊娠という事態を神に任せるのではなく、人間（主体）が引き受けていこうとする傾向の端緒をここに見いだすことができる。

牧原が「他のアジア諸国に比して『文明』が急速に受容されたところに日本の特質があり、その原因のひとつが明治以前の歴史的蓄積にあったことはいうまでもない」（牧原 1994, p. 277）と指摘するように、すでにこの頃、近代的国民国家への移行が展開しはじめていた。新しくひらけた世界歴史のなかでどのようにみずからを継続させるか、震災という物理的な破壊からどのように再建を果たすか、という2つの再生産の問いのなかに、同時に人々は巻きこまれていたといえる。

そうした社会の欲望と主体の「再生産」をめぐる幻想との連結点を構築する機会を与えたのが、鯰絵であったのではないだろうか。換言すれば、震災によって失われたものを現実的な次元で新たに「再生産」していく必要があるなかで、人々は「子どもはどこから来るのか」という問いをめぐる幼年期の幻想にまで立ち戻り、みずからを「再生産」する問題を位置づけなおそうとしたのである。それは同時に、社会の欲望（近代的国民国家への移行）と個々の欲望との、連結点を見いだしていく営みでもあった。このとき、鯰絵は現実的なもの、想像的なもの、象徴的なものを結び合わせる働きをし、またそのような鯰絵を創造することで、人々は新たな主体を立ち上げていく素地を手に入れようとしたのである。

2　近代的国民国家への移行にともなう父性の位置づけと鯰絵

では、江戸時代の人々は鯰絵の生成を通して、最終的にどのようなかたちで3つの次元の問題を位置づけたのだろうか。より具体的に考察を進めていくにあたり、「子どもはどこから来るのか」という問いについて、フロイトが述べていることを確認しておこう。

フロイトは、「子どもはどこから来るのか」という問いが、以降のあらゆる問題に対する主体の考え方の典型となることを指摘している（Freud, 1910, p.146〈邦訳 p.26〉）。しかし、子ども自身の性構造がまだ子どもを生めるほど十分成長していないのと同様に、この問い自体は解決しがたいものとして放棄されることになる。エディプス的な欲望と結びつくこの問いは、同時に抑圧されなければならない。このとき、子どもの心には初めての「心的葛藤」が生じる。この点に関して、フロイトは次のように述べている。「受け入れるとお利巧とされるが、同時に思考の中止をも強いてくる一方の側の見解が、支配的で意識的なものとなり、他方、一般には認められるべくもないが、探求作業によってぼちぼち新たな証拠がもたらされているもう一方の見解が、抑え込まれた『無意識的』なものとなるということである。神経症の中核的コンプレクスは、こうした道筋をとって樹立されてくるわけである」（Freud, 1908b, p. 176〈邦訳 p. 293〉）。

フロイトによると、このような「心的葛藤」に直面した主体がとりうる選択肢は3つあることになる（Freud, 1910, pp. 147–148〈邦訳 pp. 26–28〉）。第1は、探求が性欲と運命をともにするため、主体の知識欲がそのとき以来道を阻まれた場合であり、その場合生涯を通じて知性の自由な活動が制限されたままに終わる。第2は、知的発展がそれを無理やり引き止めている性的抑圧に対抗できるだけの力を十分にそなえている場合であり、上記のように幼児期の性探求が消滅した後、しばらくして知性が強力になると、知性はかつての性欲との結合を忘れずに、性抑圧の回避を助ける。つまり、探求することが性活動となる。そして、第3は、特別な素質のために、神経症的思考強制からも、また思考抑制からも免れる場合であり、性抑圧は現れるが、性欲の部分欲動を無意識のなかに追いやることには成功しない。リビードはそもそものはじめから知識欲へと昇華し、力強い探求欲に強化剤として参与することによって、抑圧の運命から免れることになる。

以上のような流れで、主体が「子どもはどこから来るのか」という問いと対峙し、そのうえでみずからを再構成していく際のメカニズムをフロイトは説明したが、これと同様の流れで、江戸時代の人々は鯰絵を生成させていったのだろうと考えることができる。

『安政二年十月二日夜大地震鯰問答』と題する鯰絵（図3－5）を見てみよう。左側に描かれているのは、いうまでもなく地震を起こした鯰である。その鯰と首引きをしているのが、黒船とともに日本にやってきたペリーである。真ん中に描かれているのが、両者の首引きの行方を見守る行司であり、職人の稼ぎ頭であっ

図 3-5 『安政二年十月二日大地震鯰問答』

た左官（現実に再建＝再生産を担う役割を引き受けていた）がモデルになっている。行司は、幼児の性理論と成人の性知識の間で葛藤する心の姿でもある。

この鯰絵はアメリカを中心とする外圧と災害を象徴とする鯰との対決の構図を示している。詞書は、「ア、見たくでもねおよしなせへ」という言葉で締めくくられており、どちらが勝っても苦しむことになるという人々の不安が表現されている（宮田 1995, p. 75）。

では、なぜ人々は、鯰とペリーに首引きをさせるという対立の構図を鯰絵を通して描いたのだろうか。鯰絵自体が「子どもはどこから来るのか」という問いを介し、「再生産」の問題を位置づけなおす場であったことはすでに述べたが、そのなかで鯰はそのような問いを迫る媒体として機能していた。[*7] 一方で、ペリーは何を表しているのだろうか。もちろん、外圧を表すものではあるだろう。しかし、飯田が指摘するように、「開国以降、一連の文明開化政策のなかで西欧の科学・技術思想は、開拓的な知識人たちによ

＊7　若水は、鯰絵のなかに鯰と親父を重ねて描かれたものがある点を指摘している（若水 2007, pp. 168-169）。鯰は、近代以前の社会における父性を代表象するものでもあったと考えられる。

り、しだいに民衆生活のなかに浸透しはじめる。いわば西欧化日本の進発であり、これにともなって多様な領域にわたっての『科学・技術』の制度化が促進され」（飯田 1989, p. 434。下線は引用者）たのであれば、開国を促したペリーは、日本が同一化しようとしている対象でもあった。すると、鯰とペリーの対立は、「子どもはどこから来るのか」という問いをめぐり構築された幼年期の幻想と、それに「否」と唱える「科学・技術」としての父との対立ということになり、その関係性がこの鯰絵に表現されていると理解できる。

また、安丸（1994）は、近代日本への転換点を画する国民国家の成立過程は、欧米列強の進出という外からの衝撃に突き動かされることで展開したけれども、それ自体としては、挑戦に対する応答としてのひとつの内的過程であると述べ、その過程において伝統的生活様式の抑圧と編成替えの強要が一般民衆のレベルで促されたと指摘している。その伝統的生活様式を代表象するものを鯰とするならば、その編成替えを強要するもの（去勢を促すもの）がペリーとして代表象されているととらえることもできよう。いずれにしても、鯰絵に添えられた詞書を踏まえるならば、これらの関係性は葛藤をはらんだ状態としてあったことになる。[*8]

このように見てみると、この絵の問題が、まさに「子どもはどこから来るのか」という問いをもとに主体が作り上げた「幼児の性理論」を断念する際の、「心的葛藤」の問題であることがわかる。さらに、開国以降の日本が富国強兵・殖産興業の名のもとに急速な近代化を目指し、西洋文明としての「科学・技術」を盲目的に受け入れていった経緯を踏まえるならば、人々が父性の問題をとりあえず「科学・技術」に負わせ、葛藤を回避しながら、近代的国民国家の一員となるべく歴史的にみずからを再構成する方向をも、この絵は含んでいる。

みずからの起源をめぐる葛藤を「科学・技術」への知識欲と結びつけることで、棚上げしてしまう可能性がここで提供されている。それは、フロイトの述べた、「心的葛藤」後の主体がとりうる第1の可能性に当てはまるものでもある。フロイトは、特に幼児期の性探究の期間のすぐ後に、教育によって思考に対する宗教的な制止の力が働いた場合、第1の可能性に陥りやすいと述べている（Freud, 1910, p.147〈邦訳 p.26〉）。ここでの宗教的思考抑制に似たような役割を担ったのが、近代化へと急速に推し進める外的圧力、そしてその影響を強く受けて推し進められた「科学・技術」の制度化でもあったと考えられる。そして、結果的に性欲と知識欲が重なり合うことにより、自由な思考が困難な状態にとどまってしまうような解決の仕方を、人々はいつの間にか選びとらされていたのである。急激な外圧との直面は、人々をして性的抑圧に対抗しうる力を蓄えるゆとりをもたせなかったのかもしれない。*9

いずれにしても、このような葛藤が歴史的に過去のものとなってゆくなかで、一応の「再生産」が完結したのだろう。その過程はまた、震災による外傷的体験を過去のものとする営みでもあったといえる。

＊8　このように考えたとき、岸田（岸田・バトラー 1986）による指摘は非常に興味深い。岸田はペリーの来航を米国による強姦のようなものであったととらえ、それによりわが国の人々は欧米諸国を崇拝し、迎合と屈従によって危機に対処し、外的現実に適応しようとする層としての「外的自己」と、現実適応は考慮せず、ひたすら日本の誇りと独自性を主張する層としての「内的自己」とに分裂したと述べている。そして、近代日本を精神分裂病の一ケースであったと位置づけている。しかし、われわれの考察を踏まえるならば、ペリーの来航は人々がみずからを再構成していくなかでの事後的な問題のひとつとして意味をもつのであり、いかにして人々が「再生産」という問題を位置づけようと試みたのかという点から考慮されねばならない出来事であるように思われる。

＊9　「科学・技術」を諸外国から導入された文化ととらえるならば、このような解決の仕方は、日本と諸外国との関係の歴史のなかで反復されているのかもしれない。例えば、5世紀の国家形態のなかで機能した「東漢」と、明治政府が西欧化を推し進めていくために取り入れた「お雇い外国人」は、非常に似た役割を担っていたという（桑原 1984, p.135）。この点は、日本という民族の特徴、ひいてはわが国に生きる人々の精神構造を考えるうえで考慮すべき点であろう。

では、ここで棚上げされた問題は、その後どのようなかたちで人々に影響を及ぼしていったのだろうか。飯田によると、日本は明治維新以来1世紀あまりの時間を要して、技術先進国の段階に入ったとされている。1972年（昭和47年）はその到達点にある年であったという（飯田 1989, p. 434）。しかし、われわれはその到達点をすでに通り過ぎ、新たな時代を生き続けている。そのなかで、幕末から維新にかけて棚上げされた問題をわれわれがふたたび問い、そのうえで、もう一度みずからを再構成していく必要性が生じてきているのではないだろうか。鯰絵の考察からだけでは、これ以上この問題に踏みこむことはできない。しかし、この問題をあらためてとらえなおす必要があることは確かだろう。

Ⅳ　集団的創造力とは何か

以上、鯰絵という集団的創造物の分析を通して、その生成と病理がどのような関係性にあったかを考察した。鯰絵は江戸時代の人々が作りだした機知的構造体であり、機知的要素を介在させる描出法や言葉遊びをたくみに取り入れることで、被災によって生じたさまざまな攻撃性や欲望を隠されたかたちで表象することを可能にしている。それは、見方を変えれば、まさに外部に創造された人々の夢であるともいえる。人々は集団でひとつの夢としての鯰絵を作りだし、それを皆で分かち合うこと（語り合うこと）、つまり「集団的想像力」とでも呼べるような過程を通して、外傷的体験への強い固着から引き起こされる病理的な関係性に陥ることを回避し、みずからを再構成していこうとしたのである。さらに、そのような機知的構造体を臨時に創設し、ある程度の期間が過ぎた後に捨て去ることで、西洋的な〈他者〉の欲望をみずからの欲望へと転換する場を作りだすことにもなった。

社会との関係を含めた視点から考察を進めることで、鯰絵の生成をめぐり、人々が次のような問題を位置づけようと試みていたことが明らかになった。①震災によって失われたものを現実的な次元において「再生産」していく必要を迫られるなかで、②人々は「子どもはどこから来るのか」という問いをめぐる幻想をもとにみずからを「再生産」する問題を問いなおしたが、それは同時に③近代的国民国家への移行という社会の欲望との連結点を見いだす営みでもあったのである。鯰絵を創造することで、人々はこれら3つの問題を「再生産」という機能を軸として同時に位置づけようと試みていたのである。このような位置づけの試みは、フロイトが指摘したような子どもが言語的主体としてみずからを再構成していく過程と同様の動きをもつものでもあった。この点から、震災によるＰＴＳＤの治療においても、主体の属する社会の欲望と主体の「再生産」をめぐる幻想との結びつきを踏まえ、そのうえで外傷的体験の問題を扱っていく必要があることが示唆されよう。

＊＊＊

このように、本章での考察において、われわれは、描画を介して「子どもはどこから来るのか」という出自をめぐる問いを問うことにより、主体が属す社会全体の再構成が、互いを結び合わせるかたちで促されていく過程を明らかにできた。そこで、次章からは、描画における「生」と「死」の問いをもとに主体と社会がいかに連動し、互いを構築していくかを、主体の病理の問題を踏まえながら検討する。その際、主体と〈他者〉の欲望がどのように交錯するかが重要な問題となるだろう。

次章では、本章で述べた江戸から明治への時代の転換期を、また異なる角度から位置づけなおそうとした浮世絵師、月岡芳年の人生と作品構成の変遷を考察し、先の疑問に対する検討を進める。

第4章　躁うつ病における「生」と「死」の問い

時代が大きく変革されようとするとき、人々は自ずと変革にともなう「断絶」と「連続性」に直面し、両者によって引き起こされる葛藤のなかでみずからを主体化していくことを強制される。このとき、主体における症状や創造性は、社会との関係においてどのように構造化され、意味をもつのだろうか。

幕末から明治期にかけての時代の変革期に、浮世絵師として活躍した月岡（大蘇）芳年も、そのような葛藤に苛まれた者のひとりである。芳年は、躁うつ病に罹患していたと考えられており、そのなかにあって創造性を開花させ、世に数多くの作品を残した。その作品構成の変遷のなかには、時代の急速な変化に動揺しながらも、なんとかみずからを位置づけようとする姿勢が随所で見いだされる。個人的な病理と創作活動、そして社会の構造変動が連動するなかで、芳年の創造性は熟成され、同時に芳年自身もまた位置づけられていったと考えられる。本章では、精神分析的な観点を用いて、芳年の作品構成の変遷と病理との関係性を検討し、いかにして芳年がみずからの「生」と「死」を位置づけようと試みたかを明らかにする。それはまた、上記の問いに対するひとつの答えとなるだろう。

Ⅰ　芳年の生涯・作品・病理

1839年（天保10年）3月17日、江戸にて出生する。米次郎と名づけられた。菩提寺に遺る過去帳などから、父は御家人吉岡兵部であったとされている。母に関しては不明である。[*1] 後に父が妾を家に入れたことにより家庭が乱れたため、芳年は居たたまれず家を出て、伯父にあたる商家京屋織三郎方に養子として入った。特に、実父との折り合いが悪かったようである（山中 1930）。家庭環境は恵まれたものではなかったようであるが、養子に入ってからはのびのびと暮らし、1850年（嘉永3年）に浮世絵師歌川国芳に入門する。師匠から与えられた号は一魁斎、画名は芳年であった。[*2]

1853年（嘉永6年）、芳年の処女作である『文治元年平家の一門亡海中落入る図』と題する大判の錦絵三枚続の作品を発表する。しかし、本格的な画業を開始したのは1860年（万延元年）とされ、美人画、武者絵、役者絵など、師国芳の画風を強く受けついだ作品を次々と生みだしていった。

1861年（文久元年）、師国芳が亡くなる。その後、芳年は次第にひとり立ちの絵師として頭角を現しはじめ、1865年（慶応元年）には『和漢百物語』、『英名組討揃』『近世侠義伝』『勇名武術誉』といった大量の揃物を刊行し、初めて浮世絵師の人気番付に名前を載せる。この時期、幕末の不穏な情勢のなか世相はま

＊1　実母との別離が生別か死別かは不明であるが、古川によると生別の線が有力のようである（古川 1994）。

＊2　芳年がなぜ「月岡」という姓を名乗るようになったかは明確ではない。養女きん子の言を踏まえた古川（1994）の説によれば、芳年の祖父の兄にあたる「月岡雪斎」という名の画家の姓を受けついだとされる。芳年はこの姓を慶応元年より用いている。

すます混乱を極め、殺傷事件が相次いで起きていた。有名な「血みどろ絵」の数々にはそのような社会情勢との関係性が表れている。1866、1867年（慶応2、3年）、兄弟子である芳幾との競作『英名二十八衆句』の発刊をはじめとして、次の年からは『魁題百撰相』『誠忠義心伝』『豪傑水滸伝』を刊行するなど、芳年は1869年（明治2年）までに数多くの「血みどろ絵」を手がけた。この間、徳川慶喜は大政を奉還し、時代は明治へと移り変わっていくことになる。また、この時期に、芳年は清元の師匠の娘と結婚し、一女を授かったが、1865年（慶応元年）7月12日、その子を亡くしている（古川 1994）。結婚生活は3、4年で破局を迎えた（宗谷 1975, p. 186）。

1869年（明治2年）より次第に制作数が激減しはじめる。1872年（明治5年）には『一魁随筆』を描いたが、不評により数点で中止し、未完のまま終えている。この作品には、芳年自身の被害妄想が読みとれるような病的な描写が数多く散見される。この年の末から翌年にかけて、「強度の神経衰弱」の症状が現れる。作品の制作はまったくならず、貧窮の極限に達し、借家の床さえ日々の燃料として用い、土間が露出するほどであった（宗谷 1975, p. 190）。この頃、芳年にはお琴という妾がおり、発病した芳年を献身的に看病した。病状が回復した後も、お琴はしばらくの間芳年と同居していたが、貧窮状態が続いたため、最終的に親許へ帰郷している。

1873年（明治6年）、芳年はようやくこの状態から脱する。号を「大蘇」と改め、ふたたび作品制作をはじめる。この「大蘇」という号には、大いに蘇るという意味がこめられていたという。[*3] また、この頃から芳年の作風が変わり、それまで多く描いていた「武者絵」の系列を離れ、「歴史画」への傾倒を見せはじめる（宗谷 1975, p. 191）。『大日本名将鑑』『大日本史略図会』『皇国二十四功』などはその代表例である。これらの作品に描かれたモチーフは、それまでの浮世絵ではあまり用いられなかったものであり、また西洋的な描法を取り入れている点でも新しいものであった（菅原 2008, p. 135）。この時期の日本社会が、天皇の絶対的権威やその歴史的正当性を主張するための復古政策と、西洋文明の積極的取り入れを中心とする対外政策という、2つの政策に揺り動かされていたことは、芳年の作品に強い影響を与えていたようである。また、西南の役を中心とした戦争の勃発により、芳年の作品意欲が高められ、戦争に関する多くの作品が世に送りだされることになった。さらに、この時期の特色として、1874年（明治7年）より『郵便報知新聞』の絵を芳年が担当しはじめたことがあげられる。その後、芳年はさまざまな新聞にみずからの作品を載せていくことになる。

1877年（明治10年）、経済的に余裕が出てきたことから2度ほど居を移し、芸者のお楽と一緒に暮らしはじめる。しかし、わずか2年後にふたたび以前住んでいた家へと舞い戻ることになる。その理由は、生活がふたたび苦境に陥ったためとされているが、数々の作品を世に送りだしては好評を博していたこの時期の芳年が金銭的に窮迫した状況にあったとは考えにくく、この逸話そのものが病状悪化にともない出現した貧困妄想を指し示すものであったのではないかと指摘されている（宗谷 1975 p. 197）。事実、この時期に作品数もやや減少している。お楽との関係もこの顚末の最中、破局を迎えた。

お楽と別れてまもなくの1878年（明治11年）、芳年は坂巻妙子と正式に結婚する。[*4] 妙子との間に子どもは授からなかったが、連れ子であったきん子を養女とすることになる。妙子は芳年の女性関係をめぐる数々の問題に直面しながらも、最後まで芳年の側を離れなかった。根津遊郭の女郎幻太夫との交際は、その問題のひとつである。交際は、1883年（明治16年）から3年間ほど続いた。最終的に、芳年が「女の身体の一

＊3　宗谷は、大蘇芳年の中2字にあたる「蘇芳」が、血の形容詞としても用いられた「蘇芳色」という黒味を帯びた赤色と一致する点に注目している（宗谷 1975, p. 191）。

＊4　結婚した年は1879年（明治12年）ともいわれており、定かではない（宗谷 1975, p. 197）。

部に対して或る行為を強いた」ことにより破局となったが、その代償として百円の金を要求されたという（宗谷 1975 p. 199）。この「或る行為」については明らかにされていないが、女性の身体に対する芳年の異常な嗜好性が垣間見られる。

1885年（明治18年）以降、芳年の作風はふたたび変化しはじめ、急激に「江戸」への回帰を強めていった（菅原 2008, p. 141）。この頃からの芳年のライフワークであった『月百姿』や『風俗三十二相』などの作品には、その傾向が色濃く反映されている。『新撰東錦絵』や『芳年漫画』などの作品に見られる大判二枚続という画面形式の作品や、『鬼界ヶ島俊寛僧都』や『松竹梅湯島掛額』などの掛物絵判が、好んで描かれるようになるのもこの頃からである。この時期に描かれた作品は比較的落ちついたものが多いが、そのなかにあっても往年の芳年を思わせるようなものもあった。特に、逆さづりにした妊婦を描いた『奥州安達がはら、ひとつ家の図』は、1880年（明治13年）に内務省が発布した法令により、発禁処分となっている。

1889年（明治22年）、ふたたび制作量が減少しはじめる。翌年も作品は数えるほどしかない。また、この時期住んでいた家の家相が悪いということで、転居している。その背景には被害妄想のようなものがあったようである。この転居に際し、準備していた資金が紛失し、それが芳年の病状悪化を招いたとする逸話が残っている。この逸話そのものが妄想的な要素を含みもつものであったとするならば、貧困妄想も重なって存在していた可能性が考えられる（宗谷 1975, p. 204）。この時期より描かれはじめた『新形三十六怪撰』には、ふたたび妄想・幻覚をそのまま描いたような作品が見いだされる。「新形」は「神経」をもじったものとされ、芳年自身もみずからの病を認識していたようである。1891年（明治24年）、病状の悪化により、巣鴨の病院に入院する。年末には逆井の脳病院に転院した。病中の芳年は「殺される」という被害妄想と幻覚に苛まれたという（宗谷 1975, p. 205）。翌年の1892年（明治25年）、病状は快方に向かい5月に退院するも、療養中に脳充血にかかり、6月9日自宅にて没する。[*5] 享年53歳であった。

このように、芳年には豊かな生産性とともに、精神の病を考えさせる生産性の枯渇や、性的な逸脱と思われる挿話が見られる。特に伝記的に伝えられる「神経衰弱」については、徳田が、「神経衰弱という言葉はむしろ精神異常の状態にあるという表現の代わりに比較的軽い意味で用いられる傾向のあるものであって適格に言い当てた表現ではない。そういった意味から、最近の精神医学的知識に照らして考察するときにはむしろうつ状態に陥込んだものと考える方がより理解しやすい」（徳田 1977, pp. 89-90）と述べるように、うつ状態が想定される。また、生産性の高い時期に生じやすかったと思われる女性関係の乱れは、躁的状態であった可能性もないとはいえない。生産性に大きな波が見られることも、躁うつの気分変動の存在を思わせる。こうしたことから、上記の徳田は躁うつ病説をとり、また早野も、その病跡学的研究のなかで躁うつ病であったと診断している（早野 1986, p. 58）。いち早く躁うつ病に言及したのは宗谷であり、病状の精緻な分析をもとに、芳年が躁うつ病であったと診断している（宗谷 1975, p. 189）。とはいえ、芳年には入院歴がありながら、医学的な記載にもとづく研究はいまだなく、上記の宗谷の診断も、生活や創造の状態の細かい解析によるものである。これまでの研究にもとづけば、精神病症状をともなう躁うつ病であった可能性がきわめて高いが、資料的な裏付けがまだなされていない段階であると結論づけられよう。本章ではこの見解をとって、芳年が躁うつ病を病んでいたとの仮定をもとに考察を進める。

＊5　早野は、芳年の死因に関して、躁うつ病を引き金とするなんらかの合併症が存在し、最終的に心不全に至ったのではないかと推測している（早野 1986, p. 61）。

Ⅱ　時代の変遷・病理・創造性

1　画業の確立期における芳年の幻想と病理

「大蘇芳年の飽くなき血の嗜欲は、有名な『英名二十八衆句』の血みどろ絵において絶頂に達するが、ここには、幕末動乱を生き抜いてきた人間に投影した、苛烈な時代が物語られている。これらには化政度以降の末期歌舞伎劇から、あとあとまで残った招魂社の見世物にいたる、グロッタの集中的表現があり、おのれの生理と、時代の末梢神経の昂奮との幸福な一致におののく魂が見られる。それは、頽廃芸術が、あるデモーニッシュな力を包懐するにいたる唯一の溢路である」（三島 1971, p.7）。このように三島由紀夫をして語らしめた、芳年の代名詞と目される「血みどろ絵」の考察からはじめてみよう。

先に述べたように、このような「血みどろ絵」が集中して描かれた時期は幕末から明治の初期にあたり、芳年が師国芳の死後、みずからの画業を確立しようと試みていたときであるとともに、日本社会自体がまさに血みどろの戦いを繰り広げながら新たな時代を築こうと動いていたときであった。いうなれば、社会全体が新たな世界を求めて血を欲していた時期でもあった。

『英名二十八衆句』（1866–1867）は、その代表的な作品である。「二十八衆句」とは年月日によって人間の吉凶を定めた二十八宿の語呂合わせであり、芳年と兄弟子である芳幾は、人生の宿業を28枚の絵に収斂させて、描きだしたとされる。作品の題材は、おもに芝居や講談から得たものであった。しかし、そのなかでも特に、『直介権兵衛』や『稲田九蔵新助』（図4-1）は、その凄惨な情景を描きだした点で、題材を超越したものを感じさせる。兄弟子芳幾の作品と見比べてみても、そこには芳年自身の内面的な問題が反映されているとしか思えないほどの残酷さとそれを嗜好する何かが表れている。ここには、三島も述べているような芳年自身の生理の問題が含まれていたと考えられるが、それはどのようなものであったのだろうか。

この点を考えるうえで、『稲田九蔵新助』にそえられた詞書は注目に値するものである。「鮟鱇《あんこう》をふりさけ見れば厨《くりや》かな」という詞書が示すような鮟鱇は画面にはなく、吊るし斬りになって料理されているのは、生身の女性である。明らかに、ここにはサディズム的な問題と「食べる」という口唇的な欲動の連関が読みとれる。また、「血みどろ」という内容面にではなく、作品自体の構造に目を向けてみると、興味深いことに気づかされる。芳年が手がけた『英名二十八衆句』の作品はおもに2者関係を描いたものであり、そのなかにはみずからの影のようなものと闘う場面を描いた『御所五郎蔵』などの作品もある。それらはすべて双数的な関係を描いたものでもあり、作品には第3項の存在が欠如している。これらの特徴に、芳年の幻想の一端を垣間見ることができるだろうか。

図 4-1 『稲田九蔵新助』

前者の連関は、われわれにフロイトの言葉を思い起こさせるだろう。対象備給が口唇的なリビード段階へと退行することを、フロイトはメランコリーの特徴として述べている（Freud, 1917a, p. 436〈邦訳 p. 282〉）。先に概観したように、芳年は躁うつ病であったと考えられ、その生涯を通して2度の病状悪化を経験している。芳年が一連の「血みどろ絵」を手がけた後にうつ状態に陥ったことを踏まえるならば、この時期からすでに潜在的にみずからの苦悩を抱えはじめており、それをサディズム的な色彩を含む作品に投影するかたちで解決しようとしていたとも考えられる。

また、フロイトが指摘しているように、対象喪失の問題に直面した後のメランコリー患者による対象への愛の備給は、2種類の運命をたどるとされる（Freud, 1917a, p. 438〈邦訳 p. 284〉）。ひとつは、いま述べたような対象に対する両価的な葛藤に影響されて、それに近いサディズム期に戻る道であるが、もうひとつにナルシシズム的な同一化に戻る道がある。そのようなナルシシズム的な同一化は、対象選択の前段階にあるものであり、自我が対象を選びだす最初の方式であるとされる。いうなれば、メランコリーの過程は、脅かされたリビード備給が対象を捨て、その出発点であった自我の場所に戻ることにある。自我に逃避することで、愛は消滅しないで済むことになるからである。だが、このような退行により、自我の一部と批判的な葛藤が意識にもたらされることになる。その色彩は、必然的に双数的な関係を帯びることになるだろう。

このように考えてみると、『英名二十八衆句』の画面構造が、まさにこれらの葛藤的な関係性を具現化していることに気づかされる。すなわち、画面全体の構造が芳年自身の主体のあり方を示しているのである。このことはまた、上に述べた2つの道筋へと退行する問題を自我へと向けるのではなく、それらを作品へと向けることで、躁うつ病の主要な問題である自我の貧困化を芳年が回避できていたことを示しているのではないだろうか。社会全体が血を求めている時期であったからこそ、三島が述べるような「おのれの生理と、時代の末梢神経の昂奮との幸福な一致」が起きたのだろう。実際、明治という新たな時代に入り、社会全体が血を求めるという欲望を抑圧するに至ったとき、芳年はその幻想を支えることができなくなっている。『魁題百撰相』（1868）（図4－2）のような作品は、このような流れのなかに位置づけることができよう。

この作品は、上野山に転がっていた彰義隊士の死骸のスケッチをもとにして描かれたとされる。それがゆえに、この作品に関しては、芳年の屍体愛的な側面のみがこれまで強調されてきた（早野 1986, p. 40; 宗谷 1975, pp.186–187）。だが、このような作品傾向は、フロイトやアブラハムが述べる、「死んだ父の肉」を食べることによって世代の心的連続を図るという幻想を彷彿させる。それとともに、明治維新への抵抗に取材することで、心的退行と同時に現実の歴史のなかでの退行を可能ならしめていると見ることもできる。

アブラハムが、抑うつ的昏迷状態における重度の抑制と象徴的な死を関連づけている点を思いだしてみよう（Abraham, 1988）。明らかに、この作品を通して、芳年は死体にも同一化しようと試みている。死体である自分を作品に封じこめることで、過去の時代を生きた父との同一化の新たな局面を見いだそうとしていたのではないだろうか。つまり、死する自分を位置づけ、そのうえで生きる自分をとらえなおそうとする試みが、この作品を通して行われていたと考えられるのである。

図 4-2 『魁題百撰相』

では、芳年に躁うつ病という病理を通してみずからを位置づけるよう押しつけた契機とは何だったのだろうか。その答えを、芳年自身の失錯行為のなかに探し求めてみよう。そこで気づかされるのが、師国芳の死における芳年の奇妙なふるまいである。師の葬儀の際、周囲が忙しく動き回っているにもかかわらず芳年は悠然と腰を下ろし、まったく働こうとしなかったという（宗谷 1975,

p. 181）。結果的に、『英名二十八衆句』の競作者であり、兄弟子でもある芳幾に足蹴にされることになったが、このふるまいに芳年が抱える無意識の問題が隠されているように思われる。芳年は悠然と座っていたのではなく、師国芳＝父の死に際して自分が何をすればよいのかわからなかったのではないだろうか。事実、その生い立ちから判断するならば、芳年がみずからの父に対してさまざまな葛藤を抱いていた可能性も十分に考えられる。さらにいえば、芳年にとって師国芳の死は、「誰を失ったのかということは知っていても、その人物における何を失ったのかということは知らない」（Freud, 1917a, p. 431〈邦訳 p. 276〉）状態を引き起こすようなひとつの契機であったのかもしれない。

国芳の死後、芳年はひとり立ちの浮世絵師として、みずからの画業を確立していくことになるが、その歩みはまさに父としてあった師国芳の死という現実の対象喪失によって引き起こされることになった、みずからの存在を問い続ける試みとともにあったといえるのではないだろうか。それは、父との関係を模索することでもあったのだろう。

だが、父との関係をめぐる困難は、生活上の葛藤を土台とする神経症的な問題のなかにいつも納まるわけではない。芳年の創造性のすべてを個人の問題へと還元してしまうことは、他の多くの意義を取り逃がすことになるだろう。創造性は、個人と社会を取り結ぶことにその本質があると思われるからである。上記のフロイトやアブラハムによる、口唇性を介した通世代的同一化の幻想は、神経症の場合にも精神病の場合にも考慮すべき構造的条件として存在している。以降、このような観点を取り入れながら考察を進める。

2　時代の変遷における芳年の苦悩と告訴

時代の変遷は、芳年をいかなる苦悩へと導いたのだろうか。また、そのとき、芳年の症状や創造性はどのように構造化されたのだろうか。この問題を問うていくにあたり、その苦悩が如実に表れているとされる作品『一魁随筆』（1872）をまず確認しておきたい。結果的に、この作品の不評が芳年の発病を招くことになった。この作品に含まれる『朝比奈三郎義秀』や『托塔天王晁蓋』（図４－３）は、特に芳年の被害妄想的な幻覚がそのままのかたちで描かれた作品として名高い（宗谷 1975, p. 188）。画面に描かれた妖怪は、主人公と継ぎ目のない状態で密着し、今にも襲いかかろうと迫っている。そのさまが鑑賞者に奇妙な、なんとも居心地の悪い印象を抱かせるのだろう。

しかし、ここで立ち止まってみよう。そのようにわれわれが感じるようなものを、なぜ芳年は「作品」として表現したのだろうか。ここに、芳年が欲望していたことを知る手がかりが隠されているのではないだろうか。

図 4-3 『托塔天王晁蓋』

この問題を考えていくうえで、『一魁随筆』が制作された時期の社会背景を確認しておくことは欠かせないだろう。黒船の到来を契機として、欧米列強に開国を迫られた日本は、その後近代的国民国家を形成するため全精力を注いで邁進していった（安丸 1994）。だが、「近代国家、近代社会の形成に際し、文明化や近代化は日本の人民の価値意識や生活体系にきわめて重大な改変を迫り、文明や近代への対応は階層や地域によって一様ではなく、国民国家的な枠組みや資本主義的な経済原理にたいして、容易には和解しがたい対抗も生み出していた」（鶴巻 1994, p. 217）。一般民衆にとって、多くの場合、明治国家の政策は伝統的生活様式の抑圧と編成替えの強要を意味していたのであり、そこに生じた大きな亀裂＝「断絶」との葛藤があったのである（安丸 1994）。また、その際、「文明的なものと非文明的なもののあいだに明確な分割線がひかれて、民族的次元は非文明にくくられて抑圧の対象となって没落しはじめ、またそこに様々のトラブルや不信が生まれて、そうした対抗は歴史の表層から見えにくいところでその後も長く抗われていった」（安丸 1994, p. 44）。すなわち、時代の変遷のなかで、人々はその「断絶」と「連続性」の間の葛藤に身を置きながら、みずからを主体化していくように迫られていたのである。その葛藤は、父なる「江戸」との間で葛藤する「明治」としての息子の関係に比されるものでもあったのかもしれない。そのような状況下において、この作品は世に出されることになった。

芳年は、この作品が人々に評価されなかったことに対して、「ああ、盲千人だ、盲千人だ」と語ったという。この語りは、単に作品が評価されなかったことに対する恨みをこめたものであったのだろうか。それだけではなかったのかもしれない。「盲千人」という言葉には、人々が何かに気づいていないことに対する芳年の憤りを感じさせるものがある。とするならば、この語りの意味を、「これだけの苦悩を抱えながら、私は『断絶』の意味をもう一度問おうと努力しているのに、なぜおまえたちはわからないのか」という叫びであったととらえることはできないだろうか。フロイトが述べているように、メランコリー者の訴えは「告訴」することでもあるのである（Freud, 1917a, p. 434〈邦訳 p. 280〉）。

また、この『托塔天王晁蓋』は、師国芳が描いた『国字水滸伝』を参考にした作品でもある。両者には違いがあり、師国芳の画では妖怪を次の頁に離して描かれているが、芳年のそれは1枚の絵にすべてを含みこんで描かれている。すなわち、自他未分化に描くということは、師国芳への同一化の問題とも深い関わりがあった可能性がある。このことは、父との関係における「去勢」の問題をめぐる芳年個人の苦悩もまた、作品構造全体に影響を与えていたことを示しているのではないだろうか。

これらの点を踏まえたうえで、作品へと目を戻してみよう。画面において、主人公と妖怪は継ぎ目ない状態で、連続して描かれている。これは、たしかに芳年の躁うつ病の症状であったのかもしれない。対象喪失をめぐり外的な対象からリビードを撤退し、ナルシシズム的な関係において対象を位置づける状態を表現するとしたら、このような構図になるのだろう。しかし、重要なことは、そのような自他未分化な状況を作品化することで、鑑賞者（第三者）に奇妙な印象を抱かせ、「断絶」の意義を問いなおすという欲望を引きだそうとしたことにあったのではないだろうか。それは同時に、芳年自身の「断絶」＝「去勢」の問題をもう一度位置づけたいとする欲望と重なり合うものでもあったと考えられるのである。

芳年の苦悩は、まさに時代の「断絶」とみずからの幼児期との「断絶」が重なり合ったことにあり、両者における「論理的な飛躍」を位置づけるという問題を自分ひとりの責任として受けとめようとしていたことにあったのではないだろうか。芳年は、盲目的に時代の流れに動かされている社会（人々）に対する「告訴」を通して、社会だけでなく自分の存在そのものをしっかり位置づけなおしたいと欲していたと考えられるのである。同様の傾向を晩年の作品『新形三十六怪撰』（1889～1892）にも見いだすことができることから、このような構造の生成が芳年にとって重要な意義をもっていたことがわかる。

このように芳年のなかで社会と父がつながる点と関連して、フロイトが『トーテムとタブー』で述べていたことを思いだしてみよう。「個々の人間についての精神分析の研究は特に力を込めて、各人にとって神は父親にそってイメージされ、神に対する人格的関係は生身の父との関係に依存しており、それに従って動揺し変化するのであり、神とは根本において高められた父にほかならない、と教える」（Freud, 1912, p. 177〈邦訳

pp. 188–189〉)。

フロイトが「原父殺害神話」を提示した後に次のように述べているのは、この前提を踏まえてのことである。「エディプス・コンプレックスがあらゆる神経症の核を形成していることを精神分析は確認してきたが、この確認とまったく一致する形で、宗教も、倫理も、社会や芸術もともにエディプス・コンプレックスから始まっているのである。諸民族の心の生活をなすこれらの問題が、父との関係という具体的な一つの論点から解決可能となるというのは、私には非常に衝撃的なことであるように思われる」(Freud, 1912, pp. 188–189〈邦訳 pp. 200–201〉)。

このようなフロイトの言葉を踏まえるならば、芳年もまたエディプスコンプレクスにまつわる問題を軸として、父との両価的な関係性、つまり父に依存し、あるいは動揺する関係性のなかで、作品制作を試みていたと考えられる。先に述べたような作品制作を通して「断絶」を位置づける試みは、そのひとつの側面ととらえることができるだろう。

「断絶」を位置づける試みはまた、「血の盟約」を更新する試みでもあったのかもしれない。フロイトによれば、原父殺害によって生みだされた社会は、共同で行った犯罪(原父殺害)に対する共犯関係にもとづき、組織されることになる。その罪意識にもとづく絆が、あらゆる「血の盟約」の基礎となっている(Freud, 1912, p. 167〈邦訳 p. 177〉)。そうであるならば、トーテム社会がいけにえ饗宴という物的過程によって血縁共同性を反復して更新する必要があったのと同様に、芳年が生きた時代の社会もまた、なんらかのかたちで更新を行う必要があったのではないだろうか。

先に取り上げた一連の「血みどろ絵」に、このような絆を更新しようとする社会の流れと芳年の関係を見いだすこともできるのかもしれない。時代の変革によって流された血はいけにえの血でもあり、そのような血を再摂取するかのように作品化を試みた芳年は、絆を更新する必要性を問う者としてあったと考えられるからである。いけにえとして供された同胞を食す姿が描かれた作品『魁題百撰相』(『佐久間大学』)(図4－2)は、この関係を如実に表しているように見える。[*6]

時代の変革は、「断絶」を必然的に生みだし、その時代の人々にそれを強制的に押しつけるものであったのだろう。芳年もまたそのひとりとして、そのような「断絶」を目のあたりにすることになった。当初は時代に並行して、その「断絶」をつくろうことができていたが、時代が変わり、人々がその「断絶」を抑圧する方向へと向かいはじめるのと反比例して、芳年はその「断絶」をより推し進めて位置づけようとしたのである。『一魁随筆』は、その試みを実現する意図をこめた作品だったのだろう。だが、結果的にそこに生じたずれが発症を招くことになった。換言すれば、「告訴」する主体として、「断絶」の問題をひとりで背負いこむことになったのである。

だが、そのような時代の流れはまた、芳年に新たな可能性をもたらすものでもあったのかもしれない。時代の変革による「断絶」を人々がもう一度位置づけたいと欲する、まさにその地点に、芳年の創造性がふたたび必要とされる何かがあったからである。その何かとは、芳年がその後、「歴史画」の創造、そしてすでに失われたものとしての「江戸」をもう一度取り戻そうとする作品の創造へと傾倒していったことと深い関わ

＊6　この佐久間大学の像は、織田信長の家臣であり、桶狭間の戦いの前哨戦となった九根砦に立て籠もり、今川軍の攻撃に敗れ戦死した佐久間盛重と、一橋徳川家の家臣で彰義隊士のひとりであった相場翁助が重ね合されて表象されたものである。佐久間盛重は、信長の父信秀の時代から織田家に仕え、父(信秀)と息子(信長)を媒介する存在であったとされる。一方、相場翁助は、結城における幕府軍と官軍側の戦いの最中に戦死している。その戦いは、上野戦争の前哨戦とでもいえるものであった(町田市立国際版画美術館 2011, p. 42)。

りがあるようである。あえて精神病理学的な用語で語るならば、芳年は、幻想構造においてみずからは精神病的な水準に生きながら、同時代の人々に対しては、作品の制作を通じて時代的断絶の苦しみを訴えるという神経症的な理解の余地を残しておいたのではないだろうか。

3　時代と主体を結ぶもの

「歴史画」制作と父－子関係

芳年の人生と作品をめぐるこれまでの考察において、芳年を「血みどろ絵」の創作に駆り立てていたのは、前の世代と肉体的に混じり合い連続性を保とうとする欲動と、その連続性を基盤とすれば自己の主体性が確保されるという幻想であったことがうかがわれた。そうした欲動の動きと幻想の構築は、一見異様で残虐に見えても、時代の精神的断絶を生き抜こうとする主体にとっては不可避であったと考えられる。

1873年（明治6年）、芳年はようやくうつ状態から脱し、また、現実への回帰は「歴史画」への傾倒とともになされた。それらの絵は、これまでの肉体性を介した連続性ではなく、精神性を介した連続性を追求しているように映る。この時期の代表的な作品として、『大日本名将鑑』、『大日本史略図会』、『皇国二十四功』などがあげられる。ここでは、『大日本史略図会』に含まれる『崇徳天皇』（図4－4）を取り上げてみよう。この作品は、保元の乱に敗れて讃岐に流された崇徳天皇（画面中央）の様子を描いたものである。頭髪は伸び放題に乱れ、爪は伸び、陰影を施して表現された崇徳天皇の顔は憔悴しきった様子である。御簾もなく、上畳もなく、座しているのは擦り切れた古畳一枚である。このような「歴史画」を描くことは、芳年にとってどのような意義があったのだろうか。

菅原は、明治政府の求める「正史」に則った略伝がこの「歴史画」に付されている点に注目し、芳年の「歴

図 4-4 『崇徳天皇』

史画」が明治政府の「正史」を位置づける動きとともにあったことを指摘している（菅原 1996, p. 69）。つまり、明治政府の意図した歴史の再構成の問題を、芳年はみずからの作品に取り込み、そのうえで作品化を試みたのである。その際、菊池容斎の『前賢故実』から受けた影響は大きかったという。おもに、①技法や画面構成の学習を含む図用の借用、②主題、特に神話——当時における「正史」に登場する人物の選択、③歴史上著明な人物の肖像に略伝を記す、などの点を踏襲している（菅原 1996, p. 67）。このような国策に則った「歴史画」を浮世絵として描きだしたのは芳年が初めてであり、以降さまざまな浮世絵師が追従を試みていった（菅原 1996, p. 73）。

ところで、ここに描かれた崇徳天皇の生活の様子は、芳年がうつ状態を呈していたときの生活状況と、あまりにもよく似ていないだろうか。作品制作がまったくならず貧窮のどん底にあった芳年は、床を日々の燃料として使うほどであり、その家の土間は露出していたのである。すると、芳年は無意識的に自分を崇徳天皇に見立てて、作品化しようとしたのだろうか。この作品を描いた真の目的が、明治政府の歴史を再構成する動きに、みずからの歴史性の問題を重ね合わせ、互いを再構成していくことにあったとするならば、次のように考えることもできるのかもしれない。すなわち、躁うつ病という病理を通して

「告訴」する主体であった芳年は、社会が歴史の再構成を行おうとしはじめた、まさにその地点で、ふたたびみずからの創造性を介して現実と向き合う結節点を手に入れることになった。それがゆえに、芳年は他の浮世絵師に先んじて「歴史画」を手がけることになり、それがまた社会全体の歴史を再構成する欲望に拍車をかけることにもなったと考えられるのである。その後、芳年は明治政府の「正史」という枠を飛びこえ、独自の再構成の問題をさまざまな「歴史画」のなかに表現していくことになる（菅原 1996, p. 69）。その時期が、芳年独自の様式の完成期でもあったことは興味深い。

1885年（明治18年）に描かれた『一の谷の合戦』（図4－5）は、そのような芳年独自の特徴を示す作品のひとつである。『平家物語』の一場面であり、熊谷直実と平敦盛を描いたこの作品は、縦長の画面を活かし、従来の縦継絵や柱絵には見られない、余白を効果的に使った画面構成となっている。また、はるか海上を行く敦盛の姿を極端に小さく描くことで距離感を表現するとともに、繁雑な点景事物を排除して描きだすことで、鮮明にその歴史的事象を浮かび上がらせている。このような作画傾向は、師国芳の描くものとは異

図 4-5　『一の谷の合戦』

なり、芳年独自の様式の確立を示すものとして高く評価されている（古川 1995, p.9）。

では、芳年が浮かび上がらせようとした歴史的事象とは、いかなるものであったのだろうか。結果的にその試みが芳年独自の様式として評価されたにせよ、芳年にとっては、その歴史的事象を浮かび上がらせて描くことそれ自体に、なんらかの意義があったと予想される。注目すべきは、直実と敦盛の関係である。直実は、一騎打ちの相手であった敦盛に息子小次郎の姿を重ね、一瞬首をとるのを躊躇したが、泣く泣く打ちとった。後年直実はそのことを悔い、供養のために出家したとされる。ここに、父と息子の関係をふたたび見てとることができるのは、偶然ではないのかもしれない。これまでの議論を踏まえるならば、芳年にとって、「歴史画」制作を介して歴史のなかに埋もれた父－子関係を浮かび上がらせて描写することもまた、その「断絶」を位置づけるうえで、なんらかの意義を有していたとも考えられるからである。

この観点をもとに、先の『崇徳天皇』（図4－4）を振り返ってみると、画中に付された略伝にまた別の次元の問題が織り成されていたことに気づかされる。その略伝には、「鳥羽上皇　其子体仁を愛するの余　故なくして帝を廃し　体仁を立て帝を讃岐に流す」（菅原 1996, p.69）とある。鳥羽上皇の第一皇子として生まれた崇徳天皇であったが、父である鳥羽上皇には疎んじられた。[*7] 鳥羽上皇は崇徳天皇に譲位をせまり、寵愛していた弟の体仁親王（近衛天皇）を帝に即位させたとされる。讃岐に流されたのは譲位後15年経ってからのことであったが、この略伝では同じ流れのなかで語られている。このように、ここでもまた父と息子の関係が浮かび上がってくる。先に確認したとおり、この作品の制作は、疎んじられた息子である崇徳天皇を歴史

＊7　『古事談』によれば、崇徳天皇は、白河法皇と中宮藤原璋子が密通して生まれた子であり、それがゆえに、鳥羽上皇は崇徳天皇を「叔父子」と呼んで忌み嫌ったとされる。

の表舞台へと呼び戻し、ふたたび父（天皇）の系列に連ねようとする明治政府の意図と並行してなされていた。ここに、芳年とその父との関係の重ね合わせも見てとるならば、『崇徳天皇』は、父 - 子関係が三重化して表現された作品であることがわかるのである。

「ひとつ家」物語と妊娠幻想

ここで、芳年が反復して描き続けた歴史画である「ひとつ家」物語に注目することで、また異なる側面からこの問題に接近してみよう。その最も有名な作品として『奥州安達がはら、ひとつ家の図』（1885）（図 4 - 6）があげられる。芳年は、他にも『一魁随筆』『月百姿』などのさまざまな作品において、「ひとつ家」物語を描き続けた。[*8] その反復性は、芳年の無意識における重要な問題を指し示しているように思われる。

『奥州安達がはら、ひとつ家の図』では、逆さづりにされた妊婦の腹をいままさに裂こうとする老婆の姿が生々しく描かれている。江戸時代に改作された「ひとつ家」物語の筋にしたがえば、この後に老婆は妊婦の

図 4-6 『奥州安達がはら、ひとつ家の図』

腹を裂いて良薬とされる胎児を取りだすが、その妊婦が実は自分の娘であったとわかり、狂気に陥ることになる。芳年は、そのような事態が引き起こされる寸前を、なんともいえない緊張感とともに描きだしている。同様のテーマを描いた他の作品においても、妊婦の腹を裂く前の緊張感を伝える点に、作品の主眼がおかれている。

興味深いことに、この作品の構図は先に取り上げた『英名二十八衆句』の『稲田九蔵新介』(図4-1)ととてもよく似ている。流血はないものの、吊るされた女性を刃物で攻撃しようとする点は同様である。しかし、ここでは刃物を持つ存在が、男性(稲田九蔵新介)ではなく、女性(老婆)へと変換されており、吊るされた女性は妊娠している。

次のようなフロイトの指摘は、この変化のなかに芳年の無意識を読み解く手がかりを与えてくれるかもしれない。「男の子が、父の愛情の獲得をめぐって女性と争うためには、自分自身の男性性器の破棄つまり去勢することが条件と理解するやいなや、父に対する女性的な態度が抑圧の下に置かれることになる。女性的な態度の拒絶は、つまり去勢に対する反抗の結果であり、またこの拒絶は、通例では、父を去勢し女性にならわせようとする反転した空想の中に強く発現することになる」(Freud, 1923, p. 336〈邦訳 pp. 212-213〉)。

芳年にとって、父との関係を失った悲しみや高まる追慕の念は、長い間抑圧されてきた妊娠幻想を再活性化させてしまうほど強いものであったのではないだろうか。この再活性化した妊娠幻想に対して、芳年は作品制作、さらには作品の中での父の卑小化(「父を去勢し女性になりかわらせようとする」)によって、自分

＊8 笹間(1992)によると、「ひとつ家」物語は浅茅が原ひとつ家物語と安達が原ひとつ家物語の2つの形式があり、後者は前者の発展形の様相を帯びているとされる。本章では後者をおもに扱うが、芳年は前者の形式の「ひとつ家」物語も描いている。その代表的な作品が、『浅茅が原の一ツ家　尾上菊五郎の芝居絵』や『偐紫田舎源氏』である。

自身を守らなくてはならなかったのかもしれない。先に指摘した変化が、こうした幻想、すなわち子を産む母に同一化することで父からの意思を受けとり、歴史的連続性を保とうとする幻想から生じてきたのであるとするならば、芳年は「ひとつ家」物語の作品を反復して制作することで、また異なる側面から、父－子関係を位置づけようと試みていたとも考えられるのである。[*9]

ここでの去勢を受け入れることへの反抗が、ラカン（Lacan, 1981）の述べる「排除」の機制と重なり合う点を確認することで、芳年がなんらかの原因で「父の名」の欠如を有していた可能性を指摘することもできるのかもしれない。その場合、「父である」という基本的なシニフィアンが欠けていたために、芳年は自分を女性として想像せざるを得ず、「父である」という機能を実現するのに必要な部分を、妊娠によって実現せざるを得なかったと想定することになるだろう。だが、芳年の場合、「父である」というシニフィアンを構成するうえで不可欠な親子関係が完全に排除されていたのではなく、むしろなんらかの原因により途中で挫折してしまったがゆえに、余計に心のなかで強烈な超自我となり理想化されていたと考えられる。芳年が前の世代との肉体性を介した連続性のみならず、精神性を介した連続性を追求するために、父－子関係（親子関係）をテーマとする作品を重層化して描きだそうと試みたことは、この挫折を補う意味があったのかもしれない。その場合、芳年独自の様式は、こうした独特の補塡形式と結びつくことで確立されたといえるだろう。芳年は、個人のレベルではその幻想構造において精神病的な水準にありながらも、作品制作を通じて同時代の人々との接点を生みだすことができるような、神経症的な理解の余地を残していたと考えられるのである。後にふたたび病状が悪化した際、芳年は「殺される」という被害妄想に苛まれるとともに、紅したたる血達磨を描き続けていたという（宗谷 1975, p. 205）。この血達磨は、腹を裂かれた妊婦の中から出てきた胎児であったのかもしれない（このとき、老婆（＝芳年）は発狂していることになる）。「歴史画」制作は、芳年が現実との接点を構築しながら補塡を確立するうえで、重要な役割を担っていたのである。

「失われたもの」をめぐって

1885年（明治18年）以降、芳年は急激に江戸への回帰を強めた作品を制作すると同時に、それまで比較的作例が少なかった美人画の佳作を多く残している（菅原 2008, p. 141）。このような傾向は、芳年にとっていかなる意義をもっていたのだろうか。

菅原によると、この時期の代表作であった『風俗三十二相』（1888）は、芳年が生まれた天保年間以降の女性風俗に最も多くの枚数を割いており、彼自身がかつて目にしたみずからの記憶のなかの「江戸」の女性たちを描いている可能性があるという（菅原 2008, p. 141）。また、そのなかのひとつ「かいたさう」に「嘉永年間おかみさんの風俗」という題が付されていることから、描かれたのは芳年自身の別れた母と重なるイメージではなかったかと指摘している（菅原 2008, p. 145）。これらの指摘はもちろん推測の域を出るものではない。だが、フロイトが指摘しているとおり、去勢を受け入れることへの反抗が原因で、父を思慕し続けることが難しくなった場合、母親の像に救いと助けを求める可能性がある（Freud, 1923, p. 337〈邦訳 p. 213〉）。この点を踏まえるならば、芳年が幼年期を過ごした「江戸」への回帰を試み、そこに母の像を探し同定しようとしたことは、父－子関係、去勢をめぐる葛藤のなかにあって、母－子関係にその救いを求め、みずからを支えよ

＊9　このような妊娠幻想は、躁うつ病に特有なものではなく、他の病態においても認められる。例えば、新宮（1988）は心因性排尿障害を主訴とする患者との夢分析を用いた精神療法の過程において、「女性として父親を受け入れて自己の再生産としての子どもを宿す」とする妊娠幻想が、転移を介して父の次元を導入し、患者がみずからを死すべき者として構成する契機をもたらしたと報告している。

図 4-7 『風俗三十二相』より

図 4-8 『月百姿仲麿』

うとしたことの現れであったと理解できるのかもしれない。『風俗三十二相』のなかに、一枚だけ母－子関係を描いたもの（図４－７）があるが、この作品はそうした芳年の無意識の現れであったのではないだろうか。

　このような回帰の流れのなかに、『月百姿』（1885–1886）の意義を問うこともできよう。『月百姿』の制作は、この時期の芳年のライフワークであったとされる。タイトルが示すとおり作品数が百ある大作であり、それらすべてが月に関係して描かれている。この作品もまた、「歴史画」的な要素を色濃く併せもっており、『月百姿仲麿』（図４－８）はそのひとつである。この作品に描かれたのは政治家としての仲麿ではなく、ついに日本に帰れなかったひとりの人間としての仲麿である。また、全体の暗い色調と、最小限の事物のなかに座る寂しげな仲麿の横顔が陰影を施して描かれることにより、見る者をして慕る「望郷」の思いを感じさせる作品となっている（菅原 1996, p. 70）。

『風俗三十二相』において母の像を探し求め、みずからを支えようとしたのと同様に、「望郷」という概念をもとに「失われた対象」を同定し、封じこめようとする試みもまた、芳年自身の「断絶」=「去勢」との関係を再構成し、そこから新たな主体を立ち上げなおそうとする傾向を示すものであったのかもしれない。もちろん、こうした傾向の背景に、この時期の人々の風潮としてあった、過去のものとして失われた江戸時代へのノスタルジーが強く働いていたことを忘れるわけにはいかないだろう（町田市立国際版画美術館 2011, p. 11）。社会全体が「失われた江戸」へのある種の退行、取り込みを通して、そうした失われた対象の断念を可能にしようとしていたのである。そのなかにあったからこそ、芳年は人々とともにみずからのメランコリー的なものの昇華をなしとげることができたのかもしれない。

「歴史画」と伝承の問題

ところで、古川は、芳年の「歴史画」制作の変遷に関して、後年になるにつれ歴史主題へと関心を寄せながらも、次第に和歌や俳諧、謡曲、歌舞伎、講談など広い意味での口承文芸への関心がより勝った作品が見られるようになると指摘している（古川 1995, p. 9）。先に取り上げた作品を例にとっても、『一の谷の合戦』は謡曲『敦盛』から題材を得たとされ、『月百姿　仲麿』には『古今和歌集』に収められた和歌「天の原ふりさけみれば春日なる三笠の山にいでし月かも」が、画中の色紙型に記されている。

このような傾向が上記の過程と並行して存在していた点を踏まえると、われわれは次のようなフロイトの言葉を思いだすことができる。「伝承は、歴史記述にとっては、補完であると同時に抗言でもあった。伝承は、歪曲せんとする秘められた意図の影響力に屈服することが少なく、多くの場面では、おそらくこれを完全に回避しており、そのため文字で固定された報告よりも多くの、強固な真理をうちに含みえた。伝承の持つ信頼性は、しかし文書よりも移ろいやすく、不安定で不明瞭であるという宿命のもとにあり、口承によってひとつの世代から別の世代へと伝えられるとき、多様な変更および変形に曝されざるをえなかった。この性質を帯びている伝承がたどる運命はさまざまであった。最も容易に考えられるのは、伝承が文書によって圧倒され、打ち負かされ、文書と対等の存在理由を発揮できなくなって、だんだんと影のようなものになっていき、ついには忘却されてしまう、という運命であろう。【中略】しかしながら、われわれがいまここで直面しているのは、このような伝承が時とともに力を失っていくのではなく、幾世紀もの時の流れのなかでだんだんと力強くなり、後年に修正を受けた公的報告のなかにまで侵入して、ついにはこの民族の思考と行為にまでも決定的な影響力を振るうほど強靭になってしまった、という実に奇妙かつ注目すべき事実なのである」（Freud, 1938, pp. 172-173〈邦訳 pp. 86-87〉）。

フロイトは、このような「伝承は芸術家にとっては格別に刺激的なものである」（Freud, 1938, p. 176〈邦訳 p. 90〉）と述べているが、芳年においても口承文芸に含まれる伝承の問題は刺激的なものであり、みずからにとって本質的なものを導くものであったのではないだろうか。時代の変革期において、強制的に押しつけられた「断絶」を前にして、芳年は歴史記述としての「歴史画」をこえて、前の世代（江戸）から次の世代（明治）へと受けつがれていくべきもの、いうなれば民族の思考と行為に大きな影響を及ぼす伝承という「連続性」を含むような「歴史画」を描こうと試みたと考えられるのである。それはまた、社会が歴史記述のなかに埋没させてしまおうとする何か、換言すれば「明治」という息子が「江戸」という父から受けつぐべきものを探し求め、それをもとにみずからの再構成をも試みようとした芳年の苦悩の軌跡でもあったのだろう。さらに、『月百姿　仲麿』に着目するとき、父としての「唐」と息子としての「日本」の関係を問うことから、父との関係の樹立を図ろうとした芳年の姿をも見いだすことになるのである。

この点を踏まえると、神田による次のような指摘はたいへん興味深い。「現在我々が近代文学史の中で極端に、あるいは嫌悪され、あるいは美化され、その真の形を歪められてしまった『江戸』なるものの、断末魔の姿を捉える上で、その最後の姿を理解する上で、芳年芸術は、もう一度見直されるべき重要なキーワードを内包しているといえるだろう。近代の先駆となり、無惨な礎ともなったこの近世の末路を振り返ることから芳年の存在を見つめ直す時、そこには、三島由紀夫の如き特殊な意味での讃美者でない真の芳年理解者が生まれ、そこから芥川と芳年の如き現代作家と彼との関係が成り立ち、新しい現代文学の可能性も開かれてくる」（神田 1977, p. 88）。芳年が伝えようとしたものは、確実にその後の文学のなかに継承され、それがまた次の世代へと送りだされることで、われわれの思考や行為にも影響を及ぼしているのである。[*10]

Ⅲ　主体の欲望と社会の欲望

以上、芳年の作品構成の変遷と病理との関係性を精神分析的な観点から考察してきたが、その関係性は、芳年が社会といかなる関係を取り結ぶかという問題に大きく影響を受けていた。江戸から明治にかけての時代の「断絶」と、芳年個人の幼児期との「断絶」とが重なり、両者が共鳴し合うことで、芳年の創造性は育まれ、一方で押しとどめられたのである。

時代の「断絶」によって生じた「論理的飛躍」を位置づけたいとする社会の欲望が、抑圧されずに芳年の作

＊10　芥川龍之介は、短編『開化の良人』の中で、芳年の浮世絵について書いている。また、芥川は『英名二十八衆句』を所持していたが、そのあまりの凄惨さに耐えかねて手離したとされる（神田 1977, p. 88）。

品を通して省みられるとき、作品は評価された。そのように作品が評価されるという関係性をもとに、芳年もまた、みずからの幼児期との「断絶」を埋め合わせることができていた。一連の「血みどろ絵」「歴史画」「ひとつ家物語絵画」などの制作をもってして確立された芳年と社会の関係性は、父との同一化や失われた対象の再構成の問題を共通項として、支えられたのである。そのような共通項をもとに「生」と「死」の問いを構築していく試みは、原父殺害によって生みだされた社会をふたたび更新し、歴史的連続性を保とうとする（「断絶」を結びなおそうとする）社会全体の目的に沿うものでもあったのかもしれない。それゆえに、「断絶」を位置づけるために必要とされたこれらの要素は、エディプスコンプレクスと分かちがたく結びついていたのだろう。

だが、上記のような均衡が芳年と社会において保たれている間は、両者を結ぶ関係もまた安定した状態で支えられていたが、社会が「断絶」の問題から目を逸らし、抑圧しはじめたとき、芳年はみずからが躁うつ病という病理を通して「告訴」する主体となり、その関係を維持していかざるを得なくなった。芳年は、盲目的に時代の流れに動かされている社会（人々）に対する「告訴」を通して、社会だけでなく、みずからの存在そのものを位置づけることを欲したのである。2度の病状悪化前における作品群『一魁随筆』、『新形三十六怪撰』には、この欲望をめぐる痕跡が刻まれていた。芳年の苦悩は、まさに時代の「断絶」とみずからの幼児期との「断絶」が重なり合ったことにあり、両者における「論理的な飛躍」を位置づけるという問題を自分ひとりの責任として受けとめようとしていたことにあったのである。

このように、作品構成の変遷に注目することにより、作品を制作する主体が社会といかなる接点を有しているかを知ることができる。また、その接点の構成の仕方を分析することは、主体の病理の問題、さらには主体が属す社会全体がいかにして構成され、そのために何を抑圧しようとしているかを知る手がかりを与えてくれるのである。しかし、ここでひとつの疑問が浮かび上がる。作品を制作する主体とその時代の社会との関係性を超えて、執拗に反復してくるものの存在をどのように考えるかという問題である。芳年の場合、それは、社会が歴史記述のなかに埋没させてしまおうとする何かを聞きとり、それを作品のなかに表現しようとする試みに現れていた。このような通時的な伝承を含む要素は、主体の病理やその存在への問いと分かちがたく結びつき、またそれがゆえに主体の再構成を根本で支える何かをもたらすものであると考えられる。

＊＊＊

このように見てみると、主体性（主体の構造）は、個人のなかに確固たるかたちで存在しているというよりも、常に社会との関係性のなかに位置づけられるものであるといえよう。両者がどのような力動のもとに作用し合うことで主体性（主体の構造）が維持されるのか、そのとき描画における「生」と「死」の問いがどのような役割を果たしうるのかについて、次章でも統合失調症との関係を踏まえながら考えてみたい。

第5章 統合失調症における「死」と創造性

何かを創造するとき、人はいかなる力に突き動かされているのだろうか。この問いに対する答えのひとつとして、主体の病理の問題をあげることができるだろう。病理は常に主体の「死」と密接に関わるがゆえに、煩悶のなかで創造を育む契機を主体に与えるものであるように思われる。そのなかで、創造は主体を支える役割を担うだけでなく、社会との関係において日々かたちを変えながら、主体の存在することへの問いを表現するものとしても機能するかもしれない。

本章では、ひとりの日本人画家・佐伯祐三に焦点を合わせ、その「創造」と「病理」の関係性を「死」を仲立ちにして考察してみたい。佐伯祐三は、精神病という病理を抱えるなかで、常にみずからの「死」を位置づけることを問題にしながら、創造し続けた人だと考えられるからである。

I　佐伯祐三の幼年期と生涯

佐伯祐三（以下、祐三と記す）は、1898年（明治31年）、父祐哲、母タキ（後に八重野と改名）の次男として、大阪の浄土真宗光徳寺に生まれた。祐三には、3人の姉と2歳年上の兄祐正、3歳下の弟祐明、7歳下の弟祐光がいた。

父は祐三を熱愛し、「秀丸（幼名）々」と言ってはかわいがった。祐三もそのような父を愛し、父が言ったことは常に厳格に守っていたという。特に、父から殺生を戒められていたためか、生き物に対する憐れみは強かった。淀川で魚を釣ってもその場で逃がしてやり、虫を殺すこともせず、鼠を退治するようなときは、ふとんを頭からかぶって息を殺していたという。この優しさが、ときに極端な怖がりに転じて、大きくなっても「庫裡の奥の便所に入ると、そこにもう一人の僕がいるんや」と気味悪がり、ひとりで便所に行けない面も見られた（朝日 1991, p. 109）。

母は身だしなみもよく、勝気で、責任感の強い賢夫人型の女性であった。祐三もこの母を慕っていたらしく、母のためによく台所の魚や野菜を描いた（阪本 1970, p. 68）。また、幼少の頃は、母のかわりの乳母もいた。その乳母は、祐三が糞便をする際に、「しーこいこい　しいこいこい　ほい　富士さん見えるやろ　富士さん見えたるやろ」と歌うのが癖だったという。そのためか、後年絵を描くと常に便を催し、その後脱糞の様子を事細かに説明するという性癖が生まれた（山田 1980, pp. 47–48）。

中学時代のあだ名は、ずぼらの「ずぼ」であり、特に服装に関しては無頓着であった。周囲をあまり意識しない傾向は他のさまざまな面においてもみられ、生涯続いたという。中学4年のときから、画塾に通いはじめた[*1]。当初、父は医者になってほしいと考えていたため、祐三が絵を学ぶことに反対したが、最終的には許可した。しかし、父の望みを断念させて画家への道を歩んだことに対する罪悪感は、一生続いたようである[*2]。後年の妻米子の次のような言は、この点を示唆するものだろう。「佐伯はお父さまに可愛がられておりましたので、きっとお父さまに捧ぐという気持ちで描いていたのではないかと思うのです」（朝日・中島 1980,

p. 146)。

その後、研鑽を積み、1918年(大正7年)、東京美術学校西洋画科に入学。この入学に先立つ合格発表日、「もし合格していたら、美術学校の正門から上野桜木町の四つ角まで逆立ちして歩く」という賭けをし、友人が止めるのを聞かずに約束どおり逆立ちを続けた(朝日 1994, pp. 75-76)。冗談を冗談として受けとれない面があったようである。

在学中の1920年11月(大正9年)に先の妻米子(旧姓池田)と結婚。祐三は、妻米子のことを「ヴィナスだ」と友人にのろけていたという。しかし、片足が不自由で、しかも一歳年上の米子を、人一倍かわいい息子の嫁にすることに、当初父は反対した。最終的に、1920年9月、父の死の直前に、同じく反対されていた兄とその許婚である大谷菊枝との結婚とともに許された[*3]。大谷菊枝と米子は親しい間柄であり、兄と菊枝の交際をモデルにして、祐三と米子の交際がはじまったようである。しかし、ようやく結婚を許されたはずの菊枝は、自分が佐伯家に快く迎えられていないと思い悩み、その月の28日に自殺している。祐三は父祐哲のデスマスクをスケッチしたが、菊枝のデスマスクもスケッチしている(朝日 1994, p. 95)。

翌年(1921年)の3月には弟祐明も結核のため亡くなり、この頃から祐三はみずからの死への恐れを意識しはじめている。そのときの心情を祐三は一通の手紙に書いている。「けれど親の死を考へると自分は恐ろしい。弟の死を考へると私はたへられない。あまりにたへられない苦しい恐ろしさのために矢張り自分を楽しみます自己主義が人間の本性か。なる可く父や弟の病気や死から離れ様とする。強ひてわすれ様とする自分が極く近頃の私なのです」(朝日 1994, p. 93)。また、この手紙の最後の部分には、「今自分が死ぬとあまりに淋しい。一枚ものこしたい画のない自分を考へて見ると―今死ぬ位ならみんな焼きすててしまひたいと思ったりします」(朝日 1994, pp. 93-94)と書いており、死への恐れと作品の制作とを関連づけている。さらに、弟祐明の死後約半年間、祐三は体調を崩して休学し、病床に臥す日々を送った。夕方になると微熱が出る症状が見られたという。この間、蓄膿症の手術を受けており、初めての喀血もあった。病床に臥すなかで突如住居の増築を思い立ち、軽快後みずからの手で行いはじめる。この増築中に、みずからのライフマスクを制作している（朝日 1994, p. 109）。

１９２２年２月（大正11年）、娘弥智子が生まれる。祐三はこの娘を溺愛したという。しかし、弥智子は祐三の没後１カ月もしないうちに、わずか６歳という若さでこの世を去ることになる。祐三と同じく結核であった。

１９２３年（大正12年）、東京美術学校を卒業。関東大震災が起こった同年秋、パリに向けて出発。パリに到着後、グランド・シュミエール画塾の自由科に通う。翌年の夏に、里見勝蔵にともなわれて、ヴラマンク宅を訪問。自作の批評を請うたが、「このアカデミズム！」と一喝される。この訪問を機に、祐三の画風が変わっていく。その後、ユトリロに近い作品を描きながらも、独自の画風を確立していく。１９２５年（大正14年）、サロン・ドートンヌにおいて作品が入選。翌年の１９２６年、祐三の健康面（結核）に対する母の不

＊1　父祐哲の兄慈雲の息子憲雄（祐三からすると従兄弟）が水彩画を描く人であった。この憲雄と兄祐正、祐三の３人はよく水彩画を描いて遊んでいたという。祐三が絵画に興味をもちはじめた契機のひとつである（朝日 1994, p. 53）。また兄祐正は、新しい時代の宗教活動に興味をもつ傍ら、美術や西洋音楽に対する造詣が深かった。兄祐正の愛読書であった『白樺』から祐三が受けた影響も大きかったという（朝日 1994, p. 66）。

＊2　祐三自身、父の死を前にして次のように述べたという。「満足するような絵を描かないうちには死なないでほしい」（朝日 1991, p. 115）。

＊3　父祐哲は、厳格な面と曖昧な面を併せもつような存在だったようである。

安や経済的な理由もあり、渡仏してきた兄に促されていったん帰国。帰国後、「1930年協会」を立ち上げるも、日本での制作は思うように進まず、翌年ふたたびパリへと向かった。

第2次パリ滞在は健康にも恵まれず、翌年8月に死に至るまでの、1年に満たない期間であったが、ヴラマンクやユトリロの影響を脱し、東洋的性格を帯びた祐三独自の様式を生みだした（東京国立近代美術館他 1992）。また、この創造の背景には、結核とともに精神病の病理が隠されていたと考えられている。事実、1928年3月頃から日増しに顕著となっていった病状悪化を受け、友人で精神科医の阪本三郎が祐三を見舞い、精神分裂病と診断している。その後、祐三はブローニュの森で行き倒れるという失踪事件を起こし、パリ郊外のエブラール精神病院に収容された。そこでの診断書によると、抑うつ状態、拒食、自殺念慮、被毒妄想、罪業妄想が見られ、夜間になると不安症状が顕著になり興奮するという状態であったという（岩田 2002）。また、失踪事件後の祐三の様子を友人は次のように綴っている。「佐伯の顔はこわばって仮面のように凹み、ガラス玉のように虚ろで、…水の入ったコップを前にして、両の手を合わせて拝んでいる。頭が狂った」（山田 1980, p. 182）。また、友人が祐三の病室を見舞った際、父の形見として与えられた「南無阿弥陀仏」の布の護符を両手で胸に当て懺悔を請うたという（山田 1980, pp. 195-196）。父に対する関係が、祐三の精神病発症に深く関わっていたことがうかがえる。

1928年（大正17年）8月26日の昼前、収容されていた病院の床で祐三は30歳の若さでこの世を去った。

Ⅱ 「創造」と「病理」はいかにして結びつくのか

1 佐伯祐三の創造に関する先行研究

佐伯祐三の創造と病理の関係性に関して病跡学的見地からなされた研究を概観すると、大きく分けて①祐三の精神病的状態が、結核とともに独立して存在しており、それが創造に大きく影響を及ぼしたとするもの（小見山 1982）、②結核によって精神病的状態が引き起こされ、それが創造と結びついたとするもの（武正・岩田 2002）、③娘弥智子に自身の結核を感染させてしまったことに思い悩んだゆえに引き起こされた心因反応が、創造と結びついたとするもの（岩田 2002）、がある。いずれも、創作活動に密接に精神病的要素が関係していたとする点、また第2次パリ滞在前後において精神病的徴候が現れはじめたとする点では一致している。また、病理と創造の変遷を、そのときどきの現実的な病理現象と結びつけて論じている点は非常に興味深い。しかし、すでに見てきたように、祐三の生涯には、精神病として病理が結実していくなかで、それを補うかたちで創造が生まれていくような動的な構造の変遷過程が存在しているように思われる。祐三の「生」という連続した構造変動を踏まえながら、もう一度祐三の創造と病理の関係性を問うてみることで、両者の新たな結びつきを浮き彫りにできるのではないだろうか。先行研究による知見を踏まえながら、この観点にもとづき考察を進めていきたい。

では、このように考えたとき、何を手がかりに考察を進めていったらよいのだろうか。人間と言語という決して切り離しえない関係のなかに、考察の基盤を定めてみてもよいだろう。ラカンにおいて、主体は大文字の他者の領野にシニフィアンが現れる限りにおいて生まれ、同時に主体はそのシニフィアンとの関係によって穴の空いた主体となると考えられている（Lacan, 1973, pp. 180-181〈邦訳 pp. 264-265〉）。この論理を絵画制作の場に移すならば、主体は絵画に自己を表象しようとするとき、この穴、いいかえれば表象不可能性に直面することになる。祐三が残した自画像の特異性のなかにこの論理の具体化を読みこみ、あわせて父との同一化による自己像確立の危うさの問題を関係づけてみたい。

2 「自画像」へのこだわりと主体の構造の穴

1924年、第1次パリ滞在時のヴラマンクによる叱責後に描かれ、奇異な印象を抱かせる『立てる自画像』（図5－1）は、われわれの問いに対するひとつの糸口を与えてくれる。そこに描かれた「自画像」は顔が黒く塗りつぶされており、みずからを支える何かが崩れようとしている状態を、創造によってなんとか補おうと試みているように見えるからである。事実、妻の米子は、ヴラマンク訪問後から祐三の様子に変化が起こりはじめたことを次のように述べ、ヴラマンクとの出会いが祐三に及ぼした影響の大きさを伝えている。「オーベルから帰って来てから、フォービスムに変わるんですが、その時はとても苦労していたらしくて、気持の点でもフォービズムになっていくのと同じく荒々しくなってきたように思えました」（朝日・中島 1980, p. 143）。

図5-1 『立てる自画像』

朝日によると、祐三は生涯を通して人物画を47点描いており、そのなかの数点は、「自画像」であった（朝日・中島 1980, p. 44）。それらはおもに、このヴラマンクによる叱責後の第1次パリ滞在期、これに先立つ父祐哲、弟祐明の死後に多く描かれている。[*4] また、第2次パリ滞在期は、風景画が多く描かれているが、山田（1980）が述べるように、描く媒体は変わったにせよ、それらは「自画像」の意味合いをもち続けていたと思われる。そのなかでも特に「モラン連作」は、その意味合いが濃かったようである（朝日 1994, p. 458）。つまり、奇妙にも祐三には、「自画像」へのこだわりを強く示す時期が生涯に3度あった。

藤縄（1974）は精神病者が病的状態にあるとき、自己の鏡像に対して一貫性、自明性、親近性を失うため、それを補うかたちで「自画像」を描き続ける点を指摘しているが、そのことを思いだしておくことには意義があるだろう。また、この点を鑑みるならば、『立てる自画像』は祐三が「自画像」へのこだわりを強く抱いた理由を示す作品のひとつでもあるといえる。では、このような絵を生む契機となったヴラマンクとの出会いは、佐伯を支える構造にどのような揺らぎを及ぼしたのだろうか。

この謎を解くためには、この『立てる自画像』が描かれる3年前、つまり父祐哲の死の直後からはじまった、「自画像」へのこだわりを強めた第1の時期における「自画像」のひとつに着目する必要があるだろう（図5-2）。それもまた、描かれたみずからの顔を消去するかのように斜線で上書きされており、『立てる自画像』との反復性が見られる。さらにこの絵には、「父ニ報ヒヨ」という言を含む次のような文がそえてある。「汝目覚メヨ（中略）俺ヲナグル者ハ俺ヲ偉大ニスル者也　父ニ報ヒヨ母にムクヒヨ兄弟ニ報ヒヨ万人ニ

*4　朝日によると、人物画47点の制作時期の内訳は以下のとおりである。渡仏前24点、第1次パリ滞在期11点、下落合時代6点、第2次パリ滞在期6点（朝日・野見山 1998, p. 105）。

報へ　死ハ我ニ何ヲアタフヤ」。終わりの部分には、「人間ニ涙アル間　人類ハ彼ヲ愛シカバフ」（朝日 1994）と記されている。この文面から、祐三のなかでは父に報いることが絵を描くことであり、「万人」としての社会と結びついていくうえで父との関係性が重要な位置を占めていることがわかる。つまり、絵画という媒体を通して祐三と父との関係性が構築できたとき、初めて自分という存在が肯定されるだろうという予感をこの文面は物語っているように思われる。しかし、『自画像（1921）』それ自体には斜線が引かれ、あたかもまだ父との関係性を構築できないために、象徴的な関係性に沿ったかたちでみずからの存在を維持できないという不安があることをもまた、告白しているかのように見える。

図 5-2 『自画像（1921）』

ラカン（Lacan, 1981）は、精神病の構造について、フロイトの述べた「排除」の規制に言及しつつ、「父の名」の欠如にその前提を置いて議論している。それによると、精神病構造にある主体は、父の機能の象徴化がなされなかったため、理想的な父の役割を果たす他者への想像的同一化により、みずからの存在を支える者としてとどまることになる。そのため、象徴的なレベルで父の機能を問われる状況におちいると、主体はみずからを想像的同一化で支えようと試み、危うい動揺を繰りかえすことになる。

ヴラマンクとの出会いがその後の祐三の創造を新たな局面へと推し進めていくことになるのであるが、それはそれまで「想像的な杖」により維持していたみずからの存在を、絶えず新たな創作により埋め続けるという、果てしない試みのはじまりを告げるものであったのではないだろうか。父祐哲の死後描かれた『自画像（1921）』と『立てる自画像』との反復性を踏まえるのであれば、ヴラマンクとの出会いは、祐三にとって芸術的な導き手としての理想的な父との出会いでもあり、同時に「父とは何か」という問いを突きつけてくるものでもあったのだろう。ヴラマンクと出会った夜、祐三は寝室に入る前に友人に対して「ゴッホの幽霊が見たい」と言ったという（朝日 1994, p. 206）。この何気ない言葉は、後期印象派への傾倒をひとつのモデルとして、それまで築き上げてきた父との関係性をふたたび問いなおす必要があること、そしてそれをみずからの問題として祐三が引き受けようとしていたことを意味するのではないだろうか。

このように見てみると、祐三は父の死を埋め合わせる理想的な父との同一化を目指し、みずからの瓦解を補うかたちで作品を創造し続けていたのだろう。また、祐三があくまでもパリでの創作活動にこだわったのは、同様の理由からだったのではないだろうか。つまり、日本という直接的に父との関係性を問われる場から逃避し、パリという地で新たな関係性を模索することこそが、祐三にとっては、「父 - 子」関係を位置づけ、みずからの存在の安定性を築く試みであったと考えられるのである。しかし、それはある意味「死の欲動」に突き動かされ、絶えずみずからの「父 - 子」関係をこの世の外側で象徴化しようとし続ける、盲目的な動きの断片であるかのようである。

さらに興味深いことに、ヴラマンクの叱責後の翌年、祐三は2度彼を訪ねている。その際、ヴラマンクは「非常に色彩が生きてきた。君はこんなに色彩家であったのに以前はどうしていたのだ」と祐三を褒めた。これを受け、彼は上機嫌で帰途についたが、その途中でおもむろに傍らの叢《くさむら》に入りこみ、友人を待たせて恍惚として脱糞していたという（山田 1980, p. 115）。この性癖は、先に述べた幼年期に糞便をした際の思い出と結びつくだろう。幼年期に乳母が、祐三が糞便をする際に、「しーこいこい　しいこいこい　ほい　富士さん見

えるやろ　富士さん見えたるやろ」と歌うのが癖だったという思い出である。その後、祐三は絵を描く際は常に便を催し、その後脱糞の様子を事細かに説明するという性癖が生まれた。それは祐三自身によると、「わしはなぁ、すごいいい景色を見たら、もよおすねん！」という、主体に対して圧倒的に迫りくるものとの関係によって生じる衝動性と結びつくものでもあった（山田 1980, p. 47）。その迫りくるものに近づきすぎることになんらかの不安があり、糞便をすることで一定の距離をとろうとする傾向が、ここからうかがわれる。絵を描くこと＝糞便をするという図式が成り立ち、同時に、先に見たとおり、絵を描くことが父への報いと結びついている点に鑑みるならば、衝動的に糞便をするという行為もまた「父－子」関係の行動化のひとつとして見てもよいのかもしれない。また、フロイトが述べるように、無意識において糞便＝子ども＝ペニスという関係性が成り立つのであれば、その根底には「父の子を生す」という幻想が横たわっており、絵画を描くということが、同時に絵画（自分）を産むという関係の行動化を示すものと考えられるだろう。[*5] つまり、糞便をすることによって、迫りくるものとの関係を「父の子を生す」というかたちで幻想的に実現しようとする傾向が、祐三には見られるのである。

また、この点は、幼年期のもうひとつの思い出と対を成しているように思われる。それは、「庫裡の奥の便所に入ると、そこにもう一人の僕がいるんや」というものである。この思い出は、糞便をする＝父の子を生す＝父となり自分を生む、という一連の図式に当てはめて考えてみると、より重要な意味をもちうるのではないだろうか。

ラカンは精神病的構造にある主体が、「父の名」の欠如により身体のまとまりを保てないため、常に対象の喪失を恐れる点を指摘している（Lacan, 1981, pp. 230–231〈邦訳 pp. 80–81〉）。つまり、精神病的構造にある主体は、本来であれば諦めなくてはならない、かつての自分であった「対象ａ」を、いまだに自分の身体の一部としてとらえてしまうのである。この点を踏まえ、あらためて祐三の思い出を振り返ってみると、そこには身体のまとまりの欠如の兆しを見てとることができる。便所にある糞便が糞便としてではなく、自分の一部としてある不気味さがそこには存在していたのである。また、このように考えるならば、主体に対して圧倒的に迫りくるものに、糞便を催すかたちで応じようとするその衝動性の背景には、言語との関係を構築する以前の原初的な享楽へと主体を誘うものから、みずからを守ろうとする傾向を見てとることができるだろう。[*6]祐三は、糞便をする＝父の子を生す＝絵画を創造するという一連の図式をもとに、大文字の他者へとみずからをつなぎとめる方法を模索し続けていたのである。

以上の観点からもうかがえるように、作品を通じて常に「父 - 子」関係が問われるなかにおいても、第1次パリ滞在期までの創作は、比較的落ちつきを感じさせるものが多い。それは、「父の子を生す」という幻想がヴラマンクという理想的な父親像のもと、創作活動というかたちで実現されていたからに他ならないのではないだろうか。ヴラマンクとの出会いは、根底から「父 - 子」関係を揺るがしはしたものの、それを崩壊させることはなかったようである。

＊5　フロイトは、無意識の産物（思いつき、空想、症状）において、糞便（金銭、贈り物）、子ども、ペニスという3つの概念は区別しにくく、相互に混同されやすい印象を与えると述べている（Freud, 1917b）。

＊6　ラカンは次のように述べている。「父の名は、法、すなわちシニフィアンのある一定の秩序における分節化―つまりエディプス・コンプレックスあるいはエディプスの法、母親についての禁止の法―があるという事実を基礎づけるシニフィアンです」（Lacan, 1998, p. 147〈邦訳 p. 215〉）。また、ミレールは次のように述べている。「父の名の機能は、最終的には原初的な享楽に斜線を引くことです。ある意味では言語こそが、享楽に斜線を引く機能を果たしているのです」（新宮 1996, p. 257）。

3　「故国の概念」をめぐる作品の変遷

しかし、皮肉にもこのような安定は、作品が評価されることにより崩れはじめていくように思われる。換言すれば、作品の評価がみずからの瓦解と引き換えに高まっていくという軌跡が見えてくるように思われる。

１９２５年（大正14年）、サロン・ドートンヌにおいて『コルドヌリ』（図５-３）、『煉瓦屋』の2作品が入選する。祐三はみずからが独自のモチーフの発見をした喜びを感受したという。残念ながら『煉瓦屋』は作品写真も残っていないため、どのような作品であったかを知ることはできない。しかし、『コルドヌリ』と同時期に描かれた他の作品と見比べてみると、そこにはある共通点が見いだされる。[*7] ①壁に面した扉が開かれたかたちで描かれている、②扉の先には暗い空間が広がっており、その先には人らしきものが描かれている、③壁には文字が描きこまれている。つまり、「壁（空間を囲むもの）―扉（空間の内部へと導く境界）―文字（文字のようなもの）」の3者構造を示す作品が、この後反復して描かれ続けていくのである。そして、このような構造の作品が、より高い評価を受けている。はたして、この構造の創出は何を意味するのだろうか。この点は、後にあらためて取り上げたい。

図5-3 『コルドヌリ』

ところで、サロン・ドートンヌでの入選はある意味、「新しい次元を切りひらいた者」としてみずからが父となることを要請される出来事でもあったのではないだろうか。先に述べたとおり、精神病的構造にある主体が「父とは何か」という問いに直面させられたとき、今までの安定は瓦解し、不安定な関係性のなかに追いこまれていくことになる。その契機のひとつが、この入賞にあったのではないだろうか。また、ラカンは、精神病発症の際の「父のような人 Un-père」との出会いに関して述べているが（Lacan, 1966, pp. 577–578）、ちょうどこの時期に、それに近い様相を帯びた人物が、祐三の前に現れることになる。それは、１９２５年の晩秋における最愛なる兄祐正の来訪である。[*8] イギリスのセツルメントの見学の帰りにやってきた兄の訪問には、同時に祐三の身体を心配する母による「早く帰国するよう」という要請が含められていた（山田 1980, p. 137）。それは、パリの地にてようやく築き上げた西洋絵画の父的存在と自分、そして自分と作品との関係を「切断する者」として、祐三の目には映ったのではないだろうか。兄にしたがい、苦悩の末ようやく帰国することになるが、「日本へ留学するつもりでいってくるよ」という言葉からは、その葛藤が伝わってくる（山田 1980, p. 138）。

また、この頃から、祐三はそれまであまり描くことのなかった静物画を何点か描いている。そのなかには、その後の祐三の創造を暗示するような文字に関する要素が垣間見られる。『ポスターとローソク立て』（図５－４）という作品は、そのひとつである。この作品において、ローソク立てはその下に敷かれたポスターの文字を分断するかたちで描かれている。これにより、文字が「ことば」としてではなく「文字」の存在そのものとして表現されることになる。今橋（1997）は、この点に関して、ピカソやブラックなどのキュビス

＊7　『デュメニル・ビール』（1925）、『レ・ジュ・ド・ノュル』（1925）はその一例である。
＊8　祐三一家の生活費は、兄祐正が賄い仕送りしていた。経済的に見ても、祐正は父の位置にあったと考えられる。

図 5-4 『ポスターとローソク立て』

ムの画家たちに先立つ発見であるとして高く評価している。

このような文字が「ことば」としてではなく文字そのものとして描かれる特徴は、後の第2次パリ滞在期に顕著に現れてくる。作品全体との関係においてこの特徴がどのような意味をもつのかについては後に触れることになるが、この特徴がそのものとして、言語新作的要素をもっている点は興味深い。というのも、象徴的な関係性から位置づけられる「ことば」ではなく、独自のつながりから意味を獲得するに至る言語新作への移行が、先に述べてきた祐三自身の主体化の問題と重なり合うように見えるからである。新宮（1996）は、「（精神病の）患者が自己認知の重大な困難に直面したとき、自己の位置付け、あるいは自己の姿を表現する言語を獲得すべく、新しいことばの世界が作られてゆく」と述べているが、まさにこの意味において、祐三はみずからの存在を位置づけなおすために、作品のなかに文字を描きこみ、その文字に自分自身を重ねて省みようとしていたのではないだろうか。後に祐三は、里見勝蔵宛の手紙のなかで、「最初字か画かわからぬ様なものをかこうと思って三週間程かかったが、よくセイコウしなかった」と書いているが、この言は新たな絵画の次元を模索することの困難さを意味するだけでなく、自己と大文字の他者との関係を位置づける試みの困難さを示したものでもあったのだろう。「主体は、大文字の他者の領野にシニフィアンが現れる限りにおいて生まれ、まさにこの事実によってシニフィアンへと凝固する」（Lacan, 1973, p. 181〈邦訳 p. 265〉）のであり、そのシニフィアンを探して同定するこ

図 5-5 『滞船』

とが、祐三には必要であった。「父 - 子」関係を通して立ち現れてくる大文字の他者との関係においてみずからの存在を問われるとき、常に回帰できるような参照点を、祐三は探し求めていたのである。

帰国後の祐三は、友人への手紙に「この頃自分がちっとも落ちつかない、日本にいるときまれば落ちつくのだが、昨今つまらない生活をくりかへしています」（朝日 1994, p. 336）と書き綴っているように、日本での生活に落ちつかなさを感じながらも、それを補うかのように執拗なまでに創作へのこだわりを見せていく。みずから「制作メモ」を作り、体調を崩しながらもほぼ1日に1枚のペースで何かに追われるように強迫的に描き続ける。[*9] また、『滞船』（図5 - 5）という作品にも表れているが、この時期の作品には異常なほど垂直面の強調が見られる。それはあたかも、「父とは何か」という問いに直面し、瓦解をはじめたみずからをなんとか維持しようとする試みにも見える。「父 - 子」関係は、先に述べたように「父の名」の象徴化という隠喩的な機能を位置づけることによって安定を得ていくことになる。画面の構成を支え

＊9　制作メモが、みずからの存在を位置づける第三者的な役割を果たしている点は興味深い。

る垂直軸の強調は、換喩的な平面の移行を支える力の弱さを逆説的に表すもの、つまり「父－子」関係の揺らぎという構造の穴を補完する役割を担うものだったのではないだろうか。

4 作品のなかに現れる文字の役割

束の間の日本滞在の後、1927年にはふたたびパリへと戻り、祐三はせきたてられるように創作を開始する。そして、先に取り上げたような「壁（空間を囲むもの）―扉（空間の内部へと導く境界）―文字（文字のようなもの）」の3者構造を示す作品を、その特徴をよりあらわにして描き続けていく。小見山が指摘するように、それらの作品には相貌的体験が如実に描きだされており、精神病の発症にともなう迫害感のようなものがより顕著に現れ出ている（小見山 1982, p. 81）。それは特に文字が壁から浮き上がるというかたちで見いだされる。『広告貼り』（図5－6）と題される作品は、そのひとつである。

図 5-6 『広告貼り』

フロイト（Freud, 1911）は、シュレーバー症例を考察するなかで、男性パラノイアの葛藤の確信を、男を愛したいという同性愛的妄想の否定の表現として位置づけている。そのなかで、迫害妄想は、次のような機制により成立すると述べている。つまり、迫害妄想は、「私（ひとりの男性）は彼（ひとりの男性）を愛している」という命題に対して、「私は彼を愛していない――それどころか私は彼を憎んでいる」→「彼が私を憎んでいる」というかたちで反論を試みる機制により成り立つのである。

　この図式をもとに、祐三の場合を考えてみよう。すでに指摘したとおり、祐三には「父の子を生したい」という無意識の欲望があったと推測され、それは父との同性愛的欲望の表れであると考えることが十分に可能だろう。つまり、この時期から描かれはじめた迫害感の根底には、常に父との同性愛的欲望の問題が隠されていたのである。また、このように考えたとき、作品を取り巻く「壁—扉—文字」の3者構造もまた、父と子による同性愛的欲望を阻止する意味がこめられていたといえるのではないだろうか。原初的な享楽へと誘われる力とそれを押しとどめようとする力の拮抗が、そこには感じられる（新宮 1996, p. 257）。そして、文字が圧倒的な威圧感をもちながら作品を彩るのは、祐三自身の想像的な世界（自我）での相貌的体験という次元を印すものであると同時に、「父－子」関係にもとづく祐三自身の構造の穴を指し示すものでもあったのだろう。空間内部を囲む壁、その空間へと導く扉、空間と一定の距離を保つために押しつけられるかたちで表現される文字という、3者構造の関係性を描くことこそが、祐三の主体を構造化し続けるためには必要だったのである。[*10] それらが音楽に関する文字であったことは、精神病者の幻聴の問題ともなんらかの関わりがあるのかもしれない。[*11]

＊10　精神病者に対する描画療法のひとつの手段として、この3者構造を導入することは意義のあることのように思われる。
＊11　一例として、『カフェのテラス』中に見られる「ＰＡＲＡＤＥ」という文字をあげることができる。祐三自身ヴァイオリンを演奏していたため、音楽への関心が強かったことは考慮する必要があろう。また、朝日は絵画のなかに表現される音楽的要素に関して次のように述べている。「制作試行、造形表現の原点には、意外に、ヴァイオリン、音楽—からも引き出そうとした、貪欲な線の質への多様性、色彩のハーモニー、オーケストラとしてのバランス、心理的模索がからみついている」（朝日 2001, p. 264）。

また、このような3者構造が内在する絵を描き続けていくなかで、次第にそのような押しつけられる文字の集積のなかに、みずからのサインを混在させるかたちがとられていく。それは、父と自分の同性愛的欲望を、文字の「交じり合い」というかたちで表現したものであったのかもしれない。また、フロイトが「芸術家として創造行為をおこなう者は、自分のことを作品の父と感じるものである」(Freud, 1910, p. 192〈邦訳 p. 77〉)と述べているように、「作者(父)→作品(子)」の観点から見るならば、サインを独立して描くことができないのは、父の位置に対する困惑を示すものでもあろう。つまり、サインを作品のなかに埋没させるというかたちで、祐三は父との関係を同性愛的に享楽すると同時に、その関係性を必死に位置づけようと試みていたのである。

5 創造の途絶と発症

結核による体力減弱にもかかわらず、祐三は死の直前まで、みずからの構造の穴を埋めるべくさまざまな方法を用いて創作活動を続けた。そしてついに、創作活動を継続することが難しくなったとき、祐三は精神の破綻をきたす。もちろん、その背景には結核という病理、そして娘弥智子の結核感染の問題が、なんらかの影響を投げかけていたのだろう。しかし、それまで創造というかたちで補っていたものがそれらの要因により妨げられ欠落したことが、最終的に精神の安定を損なう結果を招いたのではないだろうか。事実、祐三は絶筆である『黄色いレストラン』(図5-7)を描き終えた後、妻米子に次のように話した。「これで僕の仕事は終わった。描くべきものは描いたよ…」(阪本 1970, p. 189)。これより後、祐三はひどくいらだって「僕は死ぬ」と言いだし、次第に異常な徴候が現れるようになっていった。

ラカンは、創造行為が「父の名」のシニフィアンの代理をすることで、象徴界、想像界、現実界の3つの輪

図 5-7 『黄色いレストラン』

が繋ぎとめられる点を指摘している（Lacan, 2005）。つまり、創造行為が「サントーム」というかたちをとることで、精神病の発症が抑えられるのであるが、それと同じ役割を祐三の創造行為は担っていたといえるのではないだろうか。絵を描き続けるかたちで「父－子」関係を位置づけること、まさにそれが祐三にとってサントームの役割そのものであったのかもしれない。

祐三は死の直前に、先に述べた『黄色いレストラン』、『扉』の2枚の絵を描いている。そして、友人にこれらの絵は絶対売らないでくれと頼んだという（山田 1980, p. 10）。どちらの絵にも描かれた重厚な扉は、享楽することから祐三自身をなんとか支える最後の砦でもあったのだろう。

Ⅲ　作品に表現される主体と社会の関係性

最後に、作品とそれを取り巻く社会との関係性について少し触れておきたい。祐三が作品を通して「父－子」関係を位置づけようとする試みが、ある程度の成功を収めていた背景には、その時代の社会の流れがあることを忘れてはならないだろう。

日本は、明治のはじまりとともに、西洋のさまざまな文化を急速に輸入し、受容してきた。つまり、日本の近代化は、まさに西洋化そのものを意味していたといえる。美術界においても、同様の流れのもとにあった。明治の初期、西洋の油絵は対象を本物そっくりに再現する技術として学ばれた。しかし、西洋の美術が対象の再現だけではなく、ひとつの自立した世界の創造に向かうにあたって、日本の美術界もその新しい表現を積極的に吸収しようと試みた（東京国立近代美術館 1994）。具体的には、後期印象派、フォービズムといった流れを追いかけるかたちで展開された。しかし、1930年前後には日本の美術界もある程度の成熟期を迎え、西洋の模倣ではない独自の表現というものの可能性を模索するようになった（大谷 1999）。そして、祐三は、そのような西洋文化と自国の文化との関係性を模索する芸術家の先駆けであったと考えられる。[*12]

このような社会の流れのなかで、祐三は創造行為を行い、そのなかでみずからの「父 - 子」関係を打ち立てていった。先に述べたように、西洋絵画の父的存在（西洋的なもの）と自分（日本的なものの導入）の間に子（作品）を生すという枠組みを通して、創作活動が進められたのである。また、それはみずからが主体化していくうえで必要な参照点でもあるシニフィアンを模索していく試みでもあった。

祐三が没した後、日本はファシズムの台頭のなかで、表現の自由が抑圧され、ナショナリズムへと閉塞していく時代へと突き進むことになる（東京国立近代美術館 1994, p. 12）。つまり、日本という国自体が世界との参照点を見失い、さまよいはじめる時代へと傾いていく。祐三が行った大文字の他者と主体の結節点の探索そのものが、その後の日本社会の方向性を左右する問題へと、この点で結びついていくことになるのであれば、このとき祐三の欲望は、まさに日本の美術界を越え、日本の社会全体が求めていた欲望と同じだったのかもしれない。社会の欲望と祐三の欲望が重なり合うとき、その作品は評価され、またその評価が祐三自身を支えると同時に、動揺させてもいたのだろう。また、この点において、芸術とは、集団が常に回帰し、みずからが主体化するに至った点を参照しなおす何かを生みだす装置であると考えることができるのではないだろうか。芸術が主体の幻想を促すものであると同時に、主体の幻想を切断するものである可能性が垣間見られるのである。その際、その創造を主体に押しつけてくるものとして病理は機能しているのかもしれない。

Ⅳ　主体の構造の穴と創造性

以上、佐伯祐三の創造と病理の関係性をもとに、いかに両者が関わり合いながら結実していくのかを精神分析的な観点から考察した。そこから導きだされたことは以下のとおりである。

創造は主体の構造の穴をめぐり構造化される。その際、病理は症状として作品と等価な位置にあると同時に、創造を主体に促すものである。また、精神病的主体の場合、作品はより顕著なかたちで、主体が原初的な状態において享楽することを促すと同時に妨げる役割を果たす。換言すれば、作品は主体と社会的規範の関係にある一定の安定性を構築すべく機能している。

祐三の場合、その創造は、自己表象の不可能性を父子関係の表象とシニフィアンとで埋め合わせるとともに、その不可能性を表現しようとする行為としてあった。これらの関係性は、創造行為の方法（絵画の構造）のなかにも同じ構造を保つかたちで表れていた。主体の構造の穴を埋めるというひとつの目的に向かい、主体と他者が出会い作品が創造されること、そして作品内部における創造行為の方法が、まるで「入れ

＊12　例えば、土方（1971）は、佐伯の後期の作品のなかに水墨画の要素が含まれている点を指摘している。また、佐伯自身、パリより一時帰国する際、「日本の古い宗教画を見たいから、日本に帰る決心がついた」と手紙に書いている（朝日1991, p. 123）。

子の構造」であるかのように、同じ関係性を反復するのである。この意味では、病理とは構造の穴を埋めようと押しつけてくる何かといいかえてもよいのかもしれない。また、祐三が創造し続けた時期は、西洋の父的なものという迫りくる力を新たな父として受け入れるか否かをめぐって、日本が混乱していた時期でもあり、祐三の病理はこの流れに大きく影響されていたと考えられる。

＊＊＊

描画を介して「生」と「死」の問いを構築する試みが、主体の「生」を紡いでいくうえで重要な役割を担うことが示唆された今、われわれはふたたび現在の臨床実践に立ち返り、描画を用いて治療を進めていく意義を問うことになるだろう。次章では、この問題意識のもと、描画と夢、そして症状が治療場面においてどのように結びつくかを検討したうえで、治療において描画を用いることの意義を問いなおす。それはまた、主体が描画を介してみずからの出自をたどり、父との関係性をもとに、〈他者〉との関係を位置づけなおす過程を明らかにするものでもある。

第6章

描画・夢・症状
――主体と言語との関係に注目して

フロイトは、『夢解釈』のなかで次のように述べている。「夢工作の特性と、精神神経症の症状へと至る心的活動との間の完璧な同一性に接することで、われわれは、ヒステリーがわれわれに強いた結論を、夢にもまた転移させてみることを、妥当であると考えるようになる」(Freud, 1900, p. 603〈邦訳 p. 400〉)。

夢工作の原理を踏まえ、その工作過程を逆にたどることで、夢が無意識の欲望をいかにして表現しようと試みていたのかを知ることができる。それは、症状を通して患者が何を欲望しようとしているのかを知ることと同じことである。つまり、症状を理解するためには、夢工作の原理にしたがい、表面的な病状の背後に隠された無意識の欲望を明らかにしていくことが求められる。

このような観点にもとづいて考えるならば、夢と同様に治療の場の力動に左右され、紡がれる描画もまた症状と等価なものとしてとらえることができるだろう。描画を通して、主体はみずからの無意識の欲望を歪曲したかたちで表現していると思われる。では、描画、夢、そして症状はどのような関係性を構築しながら、主体の無意識の欲望を表現しているのだろうか。また、治療のなかでそれらの関係性を意識しながら扱うことにどのような有効性が隠されているのだろうか。ラカンが指摘するように、人間の欲望は〈他者〉の欲望であると考えるとき、症状は常に主体の属する社会（言語体系）との関係においてその意義をもつことになる。この点は、描画、夢、症状と主体の関係性を考察していくうえで欠かせない視点だろう。

本章では、ある醜形恐怖症（身体醜形障害）の事例を通して、これらの論点を明らかにしてみたい。また、その際、フロイトが『夢解釈』のなかで述べた夢工作の原理の一部をあらためてまとめなおし、描画を読み解く新たな方法の糸口となるものを同時に考えてみたい。

I　事例の概要

1　醜形恐怖症に関する先行研究

醜形恐怖症（dysmorphophobia）は、1886年のモルセッリの報告以来、みずからの身体の形態に関して、他覚的に認められる以上に、その一部または全部が醜い、あるいは奇異なかたちをしていると訴える病態として報告されている（石川 1982b）。昨今では、わが国で大きな問題となっている引きこもりと併発して報告される機会も多くなっており、その点から現代的な病理を反映するひとつの徴候として見ることもできるだろう（斉藤 2007）。ある研究によれば、美容整形の需要増加の背景には、醜形恐怖症の問題が密接に関わっているとも考えられている（鍋田 1997）。本章で取り上げる事例は、後に述べるように性的外傷体験の象徴化と並行して症状が発現しているが、引きこもりの問題とも結びついており、同様の傾向を有しているとも考えられる。

このような症状の治療に関しては、重症対人恐怖症や思春期妄想症の範囲でとらえる立場（村上ら 1993）や、強迫神経症との関係から「本当の自分が見えてしまう苦悩」としてとらえる立場（鍋田 1997）、さらには分離個体化過程の発達上の問題として精神分析的な観点からとらえる立場（手塚・吉野 1993）など、各々の立場から研究が進んでいる。描画を用いた治療法としては、鏡を見ながら自画像を描き、「見られる自己」と「見る自己」の調和を進める研究（平林ら 1996）や、オートポイエーシス理論を援用し、描画を用いて患者自身の身体をドラマ化していく方法などの研究（花村 2001）が報告されている。いずれの研究も、歪んだ身体イメージを修正・変動させていく試みとしては興味深い。しかし、後に考察するように身体は言語との関係において初めてその支えを得るものであり、常に両者の関係を意識しながら治療を進めていくことにこそ意義があると思われる。そこで、本章ではこれらの先行研究を踏まえながらも、また異なる観点から考察を進めていきたい。

2 事例の概要

報告する事例は、守秘義務の観点から考察に歪みをもたらさない程度に変更を加えている。また、ここでは、醜形恐怖症の事例をもとに描画、夢、そして症状の関係性を検討することを目的としているため、その目的に沿うかぎりで事例を提示したい。

大学を中退し、その後はあまり外出をせず自宅に引きこもり続けていた20代の男子。主訴が外出をすることへの恐怖や将来に対する不安であったことから、全般性不安障害と診断された。筆者との初回面接から、鼻に違和感があるという訴えが報告されており、醜形恐怖症の問題も同時に見られた。

3人同胞の末っ子として生まれた。中流階級型の5人家族。父は会社員、母はClが幼い頃から家事とパートを両立。抑うつ傾向が見られ、心療内科にて治療を受けていた。父は、ギャンブル、酒を好み、ときには母を殴ることもあった。Clは、両親の不仲をいつも気にしながら育った。長女は会社員、次女はすでに結婚し、家を出ていた。2人の姉はすべてのことに如才なく、Clはよくそんな姉たちと比較され、嫉妬心ややるせなさを常に感じていた。

小学校、中学校、ともに成績はよかったが、中学生のとき友人から性的な暴行を受けたのを契機にして、「死にたい」と考えはじめ、その後はいつも漠然とした不安を抱えながら生活するようになった。両親に勧められ、仕方なく大学に進んだが、なぜ通わなくてはならないのかがわからなくなり、中退した。常に両親の言うことを聞きながら自分の道を選んできたため、自分が何をしたいのかまったくわからなかったという。

大学を中退後、自分の夢をなしとげるために上京したが、すぐに体調を崩し帰郷した。その際、まったく食事がのどを通らず、「本当に死ぬのではないか」という不安に襲われた。その後、3カ月間自宅に引きこもる。その間、将来への不安から何度か死のうと試みている。外出時は、他者の視線が気になって仕方がなく、極度の発汗が見られた。状況を心配した両親の勧めもあり、筆者の所属する病院に来院。上京前、鼻に対する違和感から、一度鼻の形成外科手術を受けている。

予備面接の後、薬物療法と週1日の面接を行うことが決定した。面接は、精神分析的な観点を用いたかたちで行われ、自由連想法をもとに進められた。はじめの頃は、筆者の顔色をうかがいながら自分の話を進めていく様子が見られたが、症状の改善とともに次第に主体的に語れるようになっていった。また、面接の内容は、鼻の違和感をもとにした語らいにより紡がれた。形成外科の医師に対する反発、攻撃性、鼻が他者にどのように見られているのか、そして父との関係性など、常に鼻を中心に語らいが構築されていった。それらの要素はまた、筆者との転移関係においても再現されていた。つまり、鼻がClを取り巻く世界を構築するある種の道しるべのようなものとなっていたのである。

II　事例の考察

1　描画・夢・症状の関係性

鼻に漠然とした違和感をもちはじめたのは、大学中退後、自分の夢を叶えるべく上京を決意したときからであった。形成外科手術を受けようと思い立ったきっかけは、俳優を目指すという現実的な理由もあったが、「自分の決意の程を家族に見せつけたい」（かぎ括弧内はClの語り。以下、同様）という想いが強かったからでもあった。今までの自分を変えたいという気持ちが大きかったようである。形成外科の医師は、特にClの鼻が醜いと判断できなかったため、手術には賛成せず、思いとどまるように勧めたという。しかし、最終的には本人の意思を尊重し、簡単な手術を行った（筆者との面接が進むなかで、再度手術を行ってもとに戻すことになったが、ほとんど変化は見られなかった。筆者の印象では、Clの顔は整っており、手術の必要はまったく認められなかった。この点は、醜形恐怖症に見られる典型的な特徴〈鍋田 1997〉を示しているといえる）。

手術後に上京したが、体調を崩しすぐに帰郷。その後、鼻に断続的な違和感を抱くようになり、常に鼻のことが気になり何もできなくなった。外出時は、誰かが自分の鼻を見ているのではと不安になり、過呼吸などの不安発作を起こすときもあった。また、家に一人でいるときも、鼻を見られるのではないかという不安があり、落ちつかなかった。具体的にどのような違和感を抱くのかという点に関して、Clは「張ってきてい

『人物画』

る」のではと心配になると話していた。つまり、鼻のかたちそのものよりも、次第に「張ってきている」状態を他者に見られることに不安を感じていたのである。Clは、「このような鼻の張りがあるから、就職することができない」と話していた。さらに、「このような鼻にした形成外科の医師が許せない。新たに訪れた病院の形成外科の医師が、鼻がおかしいことをわかってくれない」と繰り返し主張していた。形成外科の医師の話題は、しばしば父や姉の話と結びついて語られた。

このような状況を踏まえ、Clに1枚の「人物画」を描いてもらった。並行して、Clは自発的に次のような夢を語った。

> 鏡に映る自分の顔（鼻）を見ていたら、次第に崩れていく。母と姉がそれをネタにして、近所の人とこそこそ話している。そこに、父が急に帰ってくる。「何かあったのか」と聞かれる前に、自分の部屋の窓から外に飛び降りようとした。

夢からの連想（1）「鼻で笑う」シニフィアンと父 - 子関係

この夢からの連想として、まず「起きたとき汗がひどかった、見たくなかった」と語られた。「汗がひどい」ことは、外出時に鼻を見られる不安によって引き起こされる症状のひとつである。次に、「中学時代に友人から性的な暴行を受けたときと夢のなかの状況が似ている」と語られた。先の生育歴の部分でも触れたが、この事件以来、Clは「死にたい」と考えはじめ、漠然とした不安を常に抱くことになった。「相手が親友であったこと、家族がこの一件が起こったことにまったく気づいてくれなかったこと、特に後者がショックだった」と語られた。続いて、父とのことが語られた。「夢のなかの父はまったく頼れない感じだった。日頃の父の姿そのものだ。他人の話を聞かず、自分の話だけをする。父はいつも話しはじめるとき、鼻で笑う。自分の間違いを認めようとはしない。意味がわからない。自分のことをいろいろと話しすぎた。両性が好きになれることなど。これからずっとそういう目で見てくるのではないか。自分も昔から演じきっていたところがある。夢のなかでは、知られたことで、死んでしまおうとしている」。

「両性のことが好きになれる」という点は、この夢が報告される以前に語られていた。しかし、それは性的行為に結びつこうとすると、極度の嫌悪感を引き起こすものであり、同性愛的傾向は見られるものの、性倒錯といいきれるほどではなかった。また、面接開始の数週間前に、中学のときと同じように、親友から襲われるという出来事があった。つまり、Clは同じ状況を反復していたのである。先の連想によると、その反復は父との関係に結びついていることがわかる。

父は「話しはじめるとき、鼻で笑う」という部分に見られた、「鼻で笑う」という表現は、Clが父との関係を話す際によく用いられる言い回しであった。広辞苑によると、「鼻で笑う」は相手を見下して、冷淡にあざけり笑うという意味である。「父は自分のことを鼻で笑う、まったく相手にしてくれない、ちゃんと話を聞いてくれない」。ここに、エディプス的な問題に介入しきれない父の姿を見いだすこともできるだろう。暴力的だが、息子との関係構築において必要な問題を直視することを避ける父の姿が、さまざまな連想において語られた。それはまた、父自身のエディプス的葛藤の表れでもあった。父は幼くして両親を亡くし、父の兄が親がわりに父の面倒をみていたという。

他方、「鼻で笑う」はまさに症状との関係性を暗示している。夢のなかの鏡に映る自分の鼻が次第に崩れていく表象は、夢工作の原理「呈示可能性への顧慮」にしたがうと、「鼻で笑う」というシニフィアンの視覚化として表現されていることがわかる。描画では鼻の位置が大きく右にずれているかたちで表されているが、これは同様のものを示していると見てもよいだろう。[*1]「鼻で笑う」のは父であり、父はClの「鼻で」笑う。また、Clは、父のことを「鼻で笑いたい」。そこには、父に対する攻撃性が隠されている。症状もまた、たしかに他者から「鼻で」笑われることを恐れるかたちで現れているが、その背景には父に対する攻撃性という無意識の欲望の満足が隠されているのである。

夢からの連想（2）　姉への憧れと嫉妬

次に、「母と姉がそれをネタにして、近所の人とこそこそ話している」の部分はどのように解釈できるのだろうか。この部分に関して、Clは次のような連想を語った。「母や姉は、自分の携帯をいつの間にか盗み見ようとする、いじろうとしていた」。携帯電話は複雑な機械であり、夢の象徴にしたがえば、男性性器を表す〈Freud, 1900, p. 361〈邦訳 p. 100〉〉。つまり、「ネタ」は性器をいじることと結びついていることがうかがわれる。この夢の連想のなかで、中学時代の性的外傷体験についてClが語っていたことを踏まえるならば、「ネタ」とはそのときの状況を指し示すものでもあることがわかる。Clが述べるように、現実的には性的外傷体験が起きたとき、家族はそのことにまったく気づいてくれなかった。しかし、夢のなかでは家族が気づき、Clにとってその体験がどのようなものであったかを語ろうとしてくれている。また、「携帯電話をいじる」という連想からは、性的外傷体験を母や姉との関係に結びつけて理解しようとしている傾向が読みとれる。

「携帯電話（性器）をいじる」姉は、かつてClを誘惑しようとした姉を表すのかもしれない。というのも、子どもの頃は、一人だけ男の子だったこともあり、姉によく容姿などをからかわれたという。Clは「姉は常に自分よりもうまくやっており、嫉妬心を感じる対象でもあった」と語っていた。父は姉とClをよく比較し、Clが劣っている点を叱咤した。また、姉は母と女同士で集まっていることが多く、小さい頃からClはどことなく男であることにより生じる疎外感を感じていた。「姉と母の3人で色んなことを話していた。自分だけ男なので、『あの子大丈夫』と」。姉に対する両価的な連想がよく語られたが、そこには姉への憧れと嫉妬の両面が含まれていたと考えられる。

ところで、描画における男性か女性か判別しがたい姿は、何を意味しているのだろうか。フロイトは、夢のなかの人物像を分析する際、表面的に現れている関係性は何か別の関係性を抑圧したため結果的に生じてきたものであり、その点を注意して分析する必要があると述べ、次のような例をあげている。「Aは自分に敵意を持っているが、しかしBもそうだ」と言うかわりに、夢はAとBとを合わせて、一人の混成人物を作り上げる。あるいはBの特徴であるような行動をとるAの姿を描きだす。つまり、混成人物を作り上げることで、夢は検閲をすり抜けて、敵意というひとつの関係性を表現できることになる（Freud, 1900, p. 326〈邦訳pp. 57–58〉）。この点を踏まえるのであれば、まさに描画においても姉と自分の混成人物を作り上げ、姉に対する憧れと嫉妬を表現することを試みていると考えることもできるだろう。

＊1　新宮（2007）は、描画と夢を比較して考察するなかで、描画がその背後から聴覚的―言語的規定を受けている可能性を指摘している。

父との関係の再構成から、性的外傷体験の象徴化へ

フロイトは、夢における混成（縮合）の別の方法を述べている。A、B、Cの要素が混成されたものを仮にDとする。この場合、夢に現れるのはDという表象のみである。混成の方法を逆に読み解きDを詳細に分析すると、AとBに共通する関係性が実はCにも存在するということがわかる。つまり、A、B、Cの混成物Dを作ることにより、夢はCという要素と結びつく無意識の欲望を、検閲をすり抜けて表象できる。では、われわれが扱っている描画においては、どのようにこの方法が用いられているのだろうか。この点は、夢と結びつけて考えることで、自ずと明らかになるだろう。

夢では、場面の転換により、姉や母→Clの関係が父→Clの関係へと移行している。この移行は、姉との関係が、次第に父との関係に移行していったことを意味しているのではないだろうか。Clとともに男である父は、ギャンブルなどにより家を留守にすることが多かったようであるが、Clの唯一の仲間でもあった。夢のなかで、帰ってくる父は、このような関係を暗示するものでもある。「何かあったのか」という会話からの連想は、「現実において父がよく言う言葉である」というものであった。「この言葉を聞くと、何かわけのわからないことを言われるのではないかと怖くなった」という。「叱られるのではないかと不安になり、そうなる前に部屋に引き上げることもあった」。夢のなかでも、この言葉を聞き、窓から逃げだそうとしている。しかし、さまざまな連想において、「父から逃げだしたい」という訴えには、父から愛されたいという欲望が隠されていることが垣間見られていた。また、「叱られるのが怖い」と言いながら、わざと叱られるように仕向ける傾向もうかがわれた。これらの点を踏まえるならば、夢のなかで父から逃げだそうとしている部分には、父から受動的なかたちで愛されたいという欲望を認めることができるのではないだろうか。フロイトもま

た、夢のなかに現れる「逆転」について論じるなかで、抑圧された同性愛的衝動によって起きている夢において、「逆転」の関係が頻繁に用いられる点を指摘している（Freud, 1900, p. 332〈邦訳 p. 65〉）。つまり、愛されたい→逃げだすという「逆転」が、夢のなかで生じていたのである。それは、かつて姉との間に構築された関係と結びついたものでもあったのだろう。描画では、このような隠された関係性が混成人物像として表現されている。Aとしての自分、Bとしての姉、そしてCとしての父を描画において混成することで、Clは父との隠された関係性を抑圧して表現できていたのである。

実際、この夢が報告された後、治療が進むなかで、子どもの頃の父との記憶が想起された。それは、風呂場で父が笑いながらClの性器を触ってくるというものであった。「最初はただのスキンシップだと思っていたが、『ちゃんと体の洗い方がわかるか』と言って、触ってきた。あるとき、『本当は一緒に入りたくない』と言おうとしたが、言えなかった」。「でも、父と一緒に風呂に行くのは、父との唯一のコミュニケーションでもあった」。この語りを踏まえるならば、夢のなかで逃げだそうとしている家は風呂場の遷移された表象であり、まさに性器を触ってくる父との関係の葛藤を表すものであったことがわかる。しかし、それだけではない。現実世界において、友人との間で反復していた性的暴行もまたこのような父との関係を反復していた点に鑑みるならば、夢のなかで鼻が次第に崩れていき、それに対して母や姉がこそこそ話している場面は、先に述べたようにまさに性的暴行を受けた場面の遷移されたものであり、「何かあったのか」と語りかけてくる父は、Clのそのような状況の象徴化を促す役割を担う存在をも表しているのである。事実、友人から受けた性的暴行と、父との風呂場でのやりとりは似た状況にあった。

この風呂場での記憶は、面接場面に遷移されていた。この時期の面接において、Clは大きなタオルを持ちながら「暑いので服を脱いでもいいですか」と質問し、上着を脱いでから語りはじめていたのである。描画自体もまたこのような関係性を反復する役割を担っていたのだろう。Clが描画を描き、筆者に見せようとするとき、筆者はClの性器に笑いながら触る父の位置に置かれる。そのとき描画は全体としてClの性器となり、Clの無意識の欲望を体現する場を構築する媒体として機能していたのである。

以上を踏まえると、先に論じた「鼻で笑う」が、また違った意味を有していたことに気づかされる。ここにも、「逆転」が生じている。鼻と性器が、上下を逆にしたかたちで表現されていたのである。また、Clは、形成外科の医師と父を同じ関係性のなかで語っていたが、形成外科の医師に手術される、触診されることは、父に受動的に愛されることを含意していた可能性が考えられる。

「鼻で笑う」は、この夢において、夢の潜在的な夢内容がさまざまなかたちで結びつく、結節点のような役割を果たしている。だからこそ、フロイトが「言葉というものは多層的な諸表象の結び目として、それ自体がいわば宿命的な多義性である。神経症（強迫表象、恐怖症）は、縮合と偽装にかくも有利に働く言葉というものの利点を、夢に劣らず臆することなく活用する」（Freud, 1900, p. 346〈邦訳 p. 81〉）と述べているように、鼻を主とする醜形恐怖症の症状が生じたのだろう。父に愛されたいという受動的な態度、つまりClの最終的な性目標が抑圧され、そのかわりに、父親に対する不安が、鼻を主とする醜形恐怖症として現れてきたのである。そして、このように考えたとき、「人物画」の顔には、Clと父との関係性の葛藤が表現されていたことがわかる。それはまた、性的暴行を受けた状況とも重なるものであった。「人物画」の顔は、Clと父の隠された関係性を縮合したかたちで表現し、同時に性的外傷体験の象徴化を促す場となっていたのである。

描画内容と治療空間との関係性

さらに、フロイトは、夢における混成（縮合）の方法として、先にあげた2つの方法以外に、次のようなもうひとつの方法をあげている。「混成人物の形成が失敗に終わることもある。そうした場合には、夢の場面は一方の人物に任せられ、もう一方の人物――決まってそちらのほうが重要なのだが――は、傍観者的な脇役として姿を見せている」（Freud, 1900, p. 326〈邦訳 p. 57〉）。この場合は、縮合のみならず遷移の夢工作が利用されている。描画を介して、Clと筆者が関係性をもつとき、フロイトが述べたこの方法が、描画が描かれる場において存分に利用されていると見ることもできるだろう。また、表面的には2者以上の人物が描かれ、それらの間にある関係性が表現されている場合でも、それはまた異なる関係性を抑圧した結果として現れてきたものであるという観点を、常にもっている必要があるだろう。[*2]

これまで述べてきたような観点から描画の解釈を行うためには、夢を解釈する場合と同様、表象されたものを表面的にとらえるのではなく、無意識の欲望と結びついた表象されなかった関係性を隠すために表象されたものが作られたと考える視点が求められる。表象されたものは抑圧された関係性を引きだす要素としてあるのであり、そのもの自体に意味を求めようとすると、その重要性を取り逃がしてしまうことになる。表象されたものはかたちを変え、視点を変えながら、ある関係性を反復しているのである（第1章参照）。このような解釈が行われるとき、描画が描かれる面接における語りの構造（描画に関する注釈や意見を含む）[*3]、描画の全体的な構造、描画の細部の構造が、入れ子構造のように反復しながら、主体の抑圧された無意識の欲望を表現しようとしていることに気づく。通時的な平面と共時的な平面の双方において、同じ構造が反復されているのである。

＊2　家族画などの解釈においても、この点を一度省みる必要があるのではないだろうか。描画法の発展は、自我に重きを置く精神分析の発展とともに進んできた。このような歴史的経緯をあらためてとらえなおす必要が考えられる。

2　ファルスの交換体系と描画

以上のように、Clは父との関係において鼻＝性器＝ファルス＝自分を位置づけようと試みていたが、それはまた中学時代に経験した性的外傷体験を再構成する試みでもあった。このことを示すかのように、後にClは「叔父が性器を触ってきた。それは、家系のなかで自分が唯一の男であるということと関係しているかもしれない」と語った。また、父との風呂場での体験を語るなかで、「父の兄も父と一緒に自分のことを汚らわしい、気持ち悪いと言ってくる」と語った。現実的にClは家族のなかで唯一の男子であるだけでなく、家系のなかでも家を引きついでいく役目を担わされる位置にあった。一方で、Clはこのことに対立するかのように「自分の名は母方から受けついでいる。母は三という部分が気に入って、自分の名前をつけたらしい」と語っていた。Clの名にはウ冠のなかに三というかたちが入った文字が含まれていた。この事実にClは母と自分の関係を結びつけていたのである。フロイトが指摘しているように、「三」とはファルスの象徴であり（Freud, 1900, p. 363〈邦訳 p. 103〉）、それがウ冠である家の中に入っているということは、「自分は母のファルス（欲望の対象）である」ということを意味している。

この点を踏まえるのであれば、Clにとって鼻＝性器＝ファルスを触ってくる、見てくる、非難してくることは、「自分は母のファルスである」という状態にしがみつこうとするClに去勢を迫り、父方のファルスを受けとって「ファルスを持つ」者として生きていくことを促すものでもあったことがわかる。換言すれば、Clが「父は小さい頃からまったく自分のことを認めてくれなかった。一言でいいから『あれがんばったな』と褒めてほしかった。もしそうだったら変わっていたと思う。でも、父には期待できなかった。それなら自分でやるしかないと思ってきた」と語るように、父が去勢者として十分に機能できなかった面を自分で想像的に補おうとしたイメージが、父との風呂場でのやりとりからはじまる、鼻をめぐる一連の幻想だったのである。また、このようなかたちで父との関係を再構成していくなかで、結果的にClは外傷体験をも再構成していくことができたのではないだろうか。この点に関して、ラカンは「ファルスであるのか、ないのか」という問いから「ファルスを持つのか、持たないのか」という問いへの移行に際して、エディプスの結節点があると指摘している。その結節点をいかに乗り越えるかが、その後の主体の構造を決定することになる（Lacan, 1998, pp. 185–186〈邦訳 pp. 271–274〉）。

このように考えたとき、描画は、主体がファルスの交換体系をめぐり、いかにみずからを位置づけるかという問題を再構成する場であると考えることができる。[*4] 主体がどのように社会（言語体系）へと接続されているのかを描画はまざまざと示し、主体に問題を語りかけるのである。

3　1枚の描画を治療のなかで反復して用いること

描かれた1枚の「人物画」が、面接のなかで何度も繰り返し取り上げられた点について触れておきたい。

＊3　例えば、フロイトは次のように述べている。「夢に関する注釈、つまり夢に対する一見他意のない意見は、夢見られたことの一部を巧妙な仕方で覆い隠すのにしばしば役立つのであるが、一方では、そうした注釈や意見が、むしろその一部を洩らしてしまうことにもなる」（Freud, 1900, pp. 337–338〈邦訳 p. 71〉）。例えば、「ここで夢が拭き去られていきます」という表現は、ある人が排便後に尻を拭いている様子をひそかにうかがっていた幼児期の記憶の名残を意味するものとして、フロイトは指摘している。

＊4　ファルスの交換体系とは、主体と〈他者〉との関係を示している。〈他者〉とは、主体に関して現前しうるほどの事柄を何から何まで支配しているシニフィアンの連鎖が位置する場のことであり、主体は、そのような〈他者〉の領野にシニフィアンが現れるかぎりにおいて生まれると考えられる（Lacan, 1964）。

この点は、本事例の特徴のひとつでもある。一般的に、治療のなかで描画を扱う場合、そのときどきの変化を踏まえ、Clに新たな描画を描いてもらい、必要に応じて解釈を行うという形式がとられるだろう。筆者もまた、Clとの面接を開始した当初はそのような考えをもっていた。しかし、ある面接を境にそのような考えを変えるようになっていった。

ある面接時、Clは鼻の問題を語るなかで、「そういえば、あの絵はまだありますか。何となく気になったもので」と言い、以前描いた描画について尋ねてきた。そこで、筆者は描画をカルテから取りだし、Clに見せた。一見すると自然な流れで生じた行為であったが、このような行為は自由連想法の流れのなかで生じたものでもあった。つまり、この行為自体が父とClとの関係性の筆者への転移、もしくは行動化でもあったのである。Clは筆者が取りだした描画を見て、特にその内容に対して語ることはなかったが、ほっとした表情と同時に困惑した表情を見せた。筆者が「いま何か考えましたか」と問いかけたところ、先に述べた風呂場での父との思い出、それに結びつく幼少期における父との思い出が語られたのである。それは治療の新たな展開を示す語りでもあった。

また、面接が進むなかで、Clの語りにおいて何が現実で何が幻想なのか、筆者が戸惑うことがしばしばあった。それはClが感じる世界観でもあったのかもしれない。そのようなとき、この1枚の描画を取りだし、描画をもとにClの語りと症状を結びつけることで、ある種の道しるべを得ることができた。このとき、描画は現実と幻想の結び目として機能し、2者関係を支える役割を果たしていたのである。つまり、治療のなかで1枚の描画を何度も反復して用いることで、その1枚の描画は描画自体がもっている意味を超え、あるときはClと筆者という2者関係を支える第3項として機能し、またあるときはかつてのCl自身を示すものとして存在していたのである。そして、このようなかたちで描画を扱うことで、先に述べたように「縮合」

されていたものが次第に明らかになり、その隠された関係性をあらわにしていくことができた。描画は、それ自体の不変性にもかかわらず、面接の流れのなかでClにとってはまったく異なる意味をもつものへと変化し続けていったのである。

最終的に、Clは約2年間の面接期間中に鼻をもとに戻す手術を行い、鼻との関係とは異なるかたちで父との関係性を樹立し、社会のなかでの主体の再構成を試みていった。このとき、この1枚の描画はClの症状を表すものであると同時に、ファルスの交換をめぐる主体の問題の象徴化を促す媒体としても機能し続けたのである。

Ⅲ　描画を治療へと導入すること

以上、ある醜形恐怖症の事例を通して、描画、夢、症状の関係性を考察し、同時にそれらの関係性を意識しながら治療を進めていく意義を明らかにした。

描画を治療に導入するなかで、夢分析を並行して行うことは、描画自体のもつ表層的な意味にとらわれることなく、Clが無意識において何を欲望しようとしているのかを知るうえで有効な手段である。表象されたものは、無意識の欲望と結びついた表象されなかった関係性を隠すために作られたものであり、その点を注意しながら描画を解釈していくためには、主体の語りに注目する必要がある。夢を用いることで、そのような語りに厚みをもたらすことができるだろう。

また、このような観点で治療を進めていくことで、描画が描かれる面接において現れるさまざまな関係性の構造すべてが、入れ子構造のように反復しながら、主体の抑圧された無意識の欲望を表現する場として構築されていることに気づくことができる。描画という媒体が、Clと治療者間のさまざまな力動のなかで、その役割を変化させつつ隠された関係性を象徴化するために機能し続けるのである。このとき、描画はClと社会（言語体系）がいかなる接点をもつのかをも指し示す可能性がある。さらに、夢とは異なり、描画が「もの」として存在していることは、このような関係性を構築していくうえで意義のある点でもあろう。特に、本事例のように身体の次元を扱う際、描画の有する「もの」という性質が問題になるかもしれない。この点に結びつくかたちで、Clみずからがもう一度すでに描いた描画を見せることを求めた意義、またそのことから結果的に描画を反復して治療の場で扱うことになった意義は大きかった。しかし、1枚の描画を治療のなかで反復して用いることにどのような意味があるかについては、もう少し踏みこんで考察する意義があるように思われる。

＊＊＊

本章を含め、われわれはこれまで、描画における「生」と「死」の問いが、主体を再構成していくうえで重要な役割を担うことを明らかにしてきた。それらは、おもに、主体が「どのように生きるか」という問題を考えていく営みとしてもあった。そこで、次章からは逆に「どのように死んでいくのか」を考える営みのなかで、人間の創造性がいかに機能するかを検討してみたい。

まず、かつてわが国において、妊娠・出産にまつわる対象喪失に直面した女性が熊野比丘尼たちとともにその喪失と向き合った過程を考察し、上述の問題についての検討を進める。

第7章 「絵解き」の技と喪の病理

ここに、一枚の絵がある（図7-1）。1805年（文化元年）刊、山東京伝による『近世奇跡考』「歌比丘尼」の項に収められた挿絵である。大名屋敷の奥女中と思われるところで、立派な身なりをした女性3人に、

図 7-1 『熊野比丘尼絵説図』

絵巻に描かれた閻魔王庁の場面を広げ、「絵解き」している黒頭巾の比丘尼（熊野比丘尼）が描かれている。3人のうちのひとりは、何か身につまされることがあったようで、手ぬぐいで顔を覆って泣いている。比丘尼はこの人と何か話をしているようである。残りの2人は、食い入るように絵巻をのぞきこんでいる。京伝は、この挿絵にそえて、「脇狭し文匣に巻物入て、地獄の絵説し、血の池のけがれをいませ、不産女の哀を泣する業をし」と書き記している。

現在においても、妊娠・出産にまつわる対象喪失に直面した女性がさまざまな症状を呈する症例が報告され、各方面からの検討が進められている（蛭田 2009：中村ら 2009：岡野 2000：新宮 1988）。本章では、図7－1の絵が示す意味とその文化的背景を精神分析的な観点を用いて検討し、かつて妊娠・出産にまつわる対象喪失に直面した女性が熊野比丘尼たちとともにどのようにその喪失と向き合い、みずからの再構成を試みていたか、またその際、「絵解き」という技をもとに創設された「対象喪失の問題を再構成する場」とはいかなるものであったかを明らかにする。

Ⅰ　熊野比丘尼と絵解き

熊野比丘尼とは、熊野権現の慈悲を説くために、地獄や極楽の描かれた絵画を絵解きしながら全国各地をめぐり歩いた女性宗教家のことである。勧進比丘尼、絵解き比丘尼とも呼ばれた彼女たちは、中世末期から近世初期にかけて活躍し、おもに『熊野観心十界曼荼羅』（以下、『熊野観心十界図』と記す）を絵解きの対象とした（林 1994）。

近世初頭の成立とされる『住吉神社祭礼図』（図7－2）には、実際に熊野比丘尼が絵解きを行う様子が描かれている。「祭礼で賑う摂津国一の宮・住吉大社の太鼓橋に向かって右の橋詰めに、女子供を相手に『熊野観心十界図』を掲げて絵解きする比丘尼は、髪が隠れる白頭巾を被り、白小袖に白帯を前結びにした出で立ちで、左膝を立てた格好で絵に向かう。その口元は半ば開き、右手に持った楚《しもと》の先は、紐で棒に結び付け、吊るされた掛幅絵の中心部よりやや上部の『心』字を指しており、絵解きの熱演ぶりが伝わってくるようである」（林 2004, pp. 77–78）。

図7-2　『住吉神社祭礼図』

1659年（万治2年）刊の中川喜雲の『私可多咄』には、熊野比丘尼が行った絵解きの語り口を知るうえで重要な記載がある。「むかしくまのびくに絵をかけて、是は子をうまぬ人、死で後とうしみ[*1]をもちて、竹のねをほる所なりといふをきく、おなご共なみいだをながし、さてゐどきすみて後びくに丶とふやうは、子をうみてもそだ丶ぬものは、うまずとおなじ事かといへば、比丘尼こたふるは、それはうまずよりすこしつみあさし、さればとうしみはゆるして、たけのねをいがちにてほらするといふた」（林 2003, pp. 155-156）。

さらに、1687年（貞享4年）刊の艸田斉の『龍耳』巻四・二「地獄沙汰銭」には、次のような記載が見いだされる。「くまの比丘尼地獄の躰相をゐにうつし、かけ物にしてゐときし女わらへをたらす、かのうまずの地ごく両婦ぐるひのぢごくは、たやすくゐときせぬを、女どもなき聞たがりてしよもふすれば、百廿文の灯明銭をあげられよ、ゐときせんといへば、われもわれもと数珠袋のそこをたゝき、銭をだしあわせて

＊1　灯心のことである。

きけば、又血のぢごく針のぢごくなど、云事をいひきかせ、女の気にかゝるやうにゑときして、ひたと銭をとる、これよりぢごくのさたも銭といふ也」（林 2003, p. 155）。

このように、熊野比丘尼が「絵解き」を行っていた様子を、近世の絵画や文献からうかがい知ることができる。ここから判断すると、熊野比丘尼の絵解きが、次のような3つの特徴をもっていたことがわかる。①おもに女性を対象にして絵解きを行っていたこと、②絵解きの中心的なテーマとして、子どもを産むことやその喪失に関わる問題が扱われていたこと（その結果、絵解きのなかで取り上げられる地獄も限定されていた）、③絵解きを進めていくにあたって金銭をとっていたこと、である。

では、そもそも絵解きとはどのようなものであったのだろうか。徳田によると、「絵解きは、脳裏に収めた出来事の始終を、ことばを発してつむぎだしていくとき、場に見合った言い回しに替えたり、地域の伝承を新たに取り入れたり、比喩を当代的なものに差し替えたりすることができる」（徳田 1997, pp. 199–200）ものであった。すなわち絵解きは、画面指示をしながら、ストーリー展開を三人称で構築し、一人称で登場人物のセリフを発唱して、場面を作り上げていく営みであり、文献をよりどころとした場合でも、自由な演唱をする余地に恵まれたものであった。また、絵解きの空間において新たな語りが生みだされていくにあたり、画中詞を絵画に散らし書きする、絵解きの語り口の一部であった和歌を記した紙を画面に貼って言語テキストと絵画テキストの一体化を促す（萩原 1983）、さらには、そのような変容を経て新たな台本が生まれた場合は絵画そのものを描き変える、といったことが行われた（徳田 1997, p. 201）。「いったん完成した物語が絵画化されて享受、流伝する時、そこに別系統の叙述が付加し、それが新しい本文として定着する状況【中略】、その人為的な作用がまさに絵解きであった」（徳田 1997, pp. 211–212）のである。

このような絵解きのもつ意義と先に取り上げた3つの特徴をあわせて考えるならば、そこにひとつの可能性を見いだせるだろう。熊野比丘尼の絵解きが、その時代に生きる女性、特に妊娠・出産にまつわる対象喪失の問題に直面した女性にとって不可欠である、「対象喪失の問題を再構成する場」を提供していたのではないかとする可能性である。勧進という大きな目的が背景にあったにせよ、熊野比丘尼が聴衆との間で、対象喪失をめぐる語りと絵画を組み合わせ、一回性の話芸としての絵解きを成立させていたことの意義をもう一度問うてみることで、そこから何かを学べるのではないだろうか。

Ⅱ 『熊野観心十界図』の構成と内容

1 『熊野観心十界図』成立の背景とその地上世界

熊野比丘尼たちが常に所持し、絵解きの台本とした『熊野観心十界図』（図7-3）とは、どのようなものであったのだろうか。

『熊野観心十界図』は、『円頓観心十法界図』を基本としながらも、一連の独自な図像が布置されることによって、きわめて特異な構図をもつに至った「観心十界図」のことである（黒田 1989）。『円頓観心十法界図』は、天台の根本思想の具体的世界観である「十界互具」・「一念三千」の考え方を象徴的かつ視覚的に再現した図であり、一般的に大円輪の中心に「心」の小輪が、その周囲に、仏界、菩薩界、縁覚界、声聞界の「四聖」と天界、人界、修羅界、畜生界、餓鬼界、地獄界の「六道」が配置される。それは、「十界」が「一心」にそなわっていること、人々が平常もち合わせている「一心」・「一念」のなかに、全宇宙の有様としての「三千世間」がそなわっていることを表すものである。『熊野観心十界図』は、そのような『円

図 7-3 『熊野観心十界図』

頓観心十法界図』を中心にそえて描きだすことで、この基本的思想を全体で表現している。*2

では、このような基本的思想を背景に宿しつつも、その特異性を生みだすうえで付加された一連の独自な図像とは、どのようなものか。先に示した熊野比丘尼の絵解きに関する絵画や文献からも、これらの図像が絵解きに深く関わり、そこでの語りを促す要因となっていた様子が見いだされる。

ひとつは、「心」の文字の上に描かれている半円形の「山坂」と、その上を歩む子ども・男女・老人の姿を描いた図像である。この図像は、「老いの坂」と呼ばれるものであり、人の一生を象徴的に示している。「老いの坂」の登り口である鳥居の右側には、人生の出発点、またはその後の生活の基盤となる「家」が描かれている。立派な檜皮葺のその「家」には、貴族的な姿の一組の夫婦がいる。妻の前には産湯に入れるたらいがあり、その中に赤ん坊が浸かっている。この光景は、当時の女性にとっての理想化された「家」の光景でもあった（黒田 1989, p. 236）。その赤ん坊が、裸のまま這いだし「老いの坂」を登っていく。成長にともない、幼年・少年時代の姿が描かれていくが、その時間の流れが、季節を表す樹木と対置されている。この時期の樹木は、梅と柳である。成人期になると、人は夫婦姿として描かれ、樹木は桜となる。

杉や松などの常緑樹が描かれる人生の頂点に立ったとき、夫婦が特有の仕草をする様子が描かれている。その仕草には2つのパターンがある。夫が扇をかざして後ろにいる妻を振り返っている場合と、夫が扇をかざして後ろにいる妻が振り返っている場合である。黒田は、この特有な仕草のなかに、妻へのいたわりや女性にとっての人生の上り坂に対する複雑微妙な感慨を読みとっている（黒田 1989, pp. 239-240）。実際、熊野比

＊2　西山（1994）は、「施餓鬼図」のモティーフに注目し、『熊野観心十界図』が李朝中期の『甘露図』をもとにしている可能性を指摘している。

丘尼が絵解きする際に詠んだとされる和歌「老いの坂登りのぼりて跡見れば　あとのとふとさ先キのちかさや」が、この部分に貼られた『熊野観心十界図』も残っている。*3

人生の頂点は一時であり、すぐに下り坂がはじまる。それにともない、季節は夏から秋、冬へと移り変わっていく。老いの姿の象徴は、杖や孫に手をとられた腰の曲がった姿である。そして老いの先に待っているものは、避けることのできない「死」である。人生の出口である鳥居を出ると、そこには中世的な墓地がある。「絵解きの巧みな『語り』によって、聞き手は、絵画世界の人物に自己を投影・同一化させて『山坂』を登り下りし、象徴的に『人生』を体験していった」（黒田 1989, p. 242）のである。

しかし、ここで絵解きが終わるわけではない。「老いの坂」である人生の入り口と出口にある鳥居は「六道」諸世界の門・出入り口であり、「『山坂』の半円形が地下世界を構成する四つの鳥居の描く半円形と結びついて、民衆がたどるであろう『輪廻』の円環をなしている」（黒田 1989, p. 236）。また、鳥居の下で「死」を迎えるのは尼である女性であり、したがって地下世界の遍歴も、女性のまなざしを強く感じていくことになる（黒田 1989, p. 242）。

女性にとっての「生」と「死」を考えるにあたって、地上世界と地下世界は、ある種の論理的関係性を画面上に構築しようとする。この論理構成の仕組みは、宗教的な文脈を取り除いたうえでもなお、われわれの関心である妊娠・出産にまつわる対象喪失の問題と重なる何かを提示しているように思われる。この視点を導きの糸としながら、地下世界に描かれた一連の独自な図像を次に検討してみたい。

2　地下世界の諸図像とその意義

地下世界は、修羅道、餓鬼道、畜生道、地獄道という「四悪道」によって構成されている。「熊野比丘尼の絵解きは、こうした悲惨・凄惨な地下世界＝「四悪道」を巡っていく」（黒田 1989, p. 252）ものであった。また、「『熊野観心十界図』には、女・夫婦・母子という、女性にとっての基本的な有様と関心事とが『亡者』像の布置によって示されており、そうした図像布置＝装置にそって絵解きがなされた」（黒田 1989, p. 259）。「血の池地獄」「不産女地獄」「賽の河原」「刀葉林地獄」「両婦地獄」の各図像は、その代表的なものである。

「血の池地獄」の図像は、『血盆経』の普及とともに出現した、女性の堕ちる地獄を描いたものである。『血盆経』では、「血の池地獄」は出産の血の穢れゆえに女性が堕ちていく地獄とされた（武見 1988, p. 156）。この図像からは、血の池に堕ちた女性がもがき苦しんでいる様子が読みとれる。それは、血と強い関わりをもつ女性の苦しみを表現しているともいえる。[*4]「不産女地獄」の図像は、赤ん坊を産めなかった女性が堕ちる地獄を描いたものである。6本ほどの竹が生えている景色を背にして、2人の女性が赤い台の上に向かい合って座り、泣きながら灯心で竹の根を掘っている。子どもが産めない女性の苦しみが、灯心で竹の根を掘るという表現にこめられている。

「賽の河原」は、死児のおもむくところである。小石を積んで地蔵菩薩に供えることによって、罪障が去り、死児たちは無事三途の川を渡れるとする思想をもとに、「賽の河原」の図像は描かれている（中村ら 1989,

---

＊3　後藤家本のことである（萩原 1983）。

＊4　近世以降、女性は五障三従の罪深い存在であるという考え方が前面に押しだされるに至り、女人往生の思想は、次第に出産のみならず月経の血の穢れをも含めて発展していった。しかし、女人往生を説くおもな教典として、「法華経」「無量寿経」「転女成仏経」などがあげられるが、経典のなかに見られる女性に関する記述はあくまでも常套的なものであり、特に女性だから救われないというものではない。この思想は、男女ともに関係する「生」の問題と深い関わりをもっているのである（元興寺文化財研究所 1994, p. 22）。

p. 303）。16人もの夭折した子どもたちが石を積み上げている図像に、わが子の姿を重ねる母があったとするならば、その苦しみはいかほどのものであっただろう。この図像は、母親と子の結びつきの深さを示すゆえに、絵解きにおいて重要視されていた（黒田 1989, p. 260）。

「刀葉林地獄」「両婦地獄」の図像は、両者ともに男女や夫婦間の愛欲・嫉妬の問題を表現している点で、母子関係にまつわる問題を包含するような女性たちの苦しみや享楽と結びつくものであった。[*5] 一人の青ざめた男の「亡者」の体に両側から2人の蛇身の女性が巻きついている「両婦地獄」の図像は、そのさまを端的に表している。

「血の池地獄」「不産女地獄」「賽の河原」の図像を中心に、妊娠・出産にまつわる対象喪失の問題が含まれている点を踏まえるならば、熊野比丘尼が一連の図像を介して、「対象喪失の問題を再構成する場」の創設を促していた可能性が考えられる。[*6] では、熊野比丘尼は、どのように「対象喪失を再構成する場」を作りだそうとしたのだろうか。

熊野比丘尼は、一連の図像をもとに絵解きする際、聞き手である女性たちが「亡者」にわが身を、わが子を、そしてわが夫を投影しながら、新たな語りを紡いでいくように促した（黒田 1989, p. 260）。すると、聞き手は自己を図像のなかに投影することで、他者の視点から自己をとらえる可能性を得ることになる。それが同時に、すでに亡くなった父母や先祖の姿、夭折したわが子に自己を重ね合わせる試みでもあるならば、聞き手は、かつてわが身の一部であったがすでに喪失してしまったものに、その空間を介してもう一度出会うことになるだろう。そのとき、先祖、自分、失われた対象であるわが子という三重化された投影空間が創設され、同時にその空間内では世代間の時間的差異が消失するという特性が生みだされることになる。

次に、熊野比丘尼は、そのような空間に救済者としての第三者を投じる。それは、地獄の過酷な苦しみに苛まされている「亡者」たちを救済する者の存在を浮き立たせ、空間にひとつの裂け目を生じさせる試みでもある。「血の池地獄」における如意輪観音、「賽の河原」における地蔵菩薩、「三途の川」にかかる橋の上に佇む地蔵菩薩、の3者がそれにあたる（黒田 1989, p. 262）。

「血の池地獄」中の、蓮華や蓮の葉の台上にいる白衣の女性は、如意輪観音から『血盆経』を授かることで、救済され成仏した姿を表している。「賽の河原」における地蔵菩薩は、錫杖を子どもに振りかざすことで救済をなしとげている。石を積み続けるという永遠性に終止符を打つ地蔵菩薩は、そこに「死」という隠喩を導入する存在でもあるだろう。救済としての「死」は、失われたわが子の「死」であると同時に、先祖たちの「死」、そして自己の「死」でもある。「三途の川」にかかった橋の上の地蔵菩薩は、白衣の貴人夫婦を地獄の出口へと導く救済者としてある。

これら3人の救済者は、各々の図像内において空間に裂け目を生じさせるだけでなく、『熊野観心十界図』全体に裂け目を生じさせる効果をも担っている。「三救済者の布置されている位置は、画面中央と左右であ

＊5　フロイトは、女性の嫉妬に関して次のように述べている。「たとえペニス羨望はその本来の対象を断念したとしても存在をやめず、嫉妬という性格特徴において若干ずらされて生き続ける。むろん嫉妬は一方の性にのみ固有なものではなく、より広範な基盤に基づいている。しかし、私は、嫉妬は女性の心の生活において遥かに大きな役割を果たす、と言いたい。なぜなら、女性の嫉妬は逸らされたペニス羨望という源泉から非常に強い力を受けとるからである」（Freud, 1925b, p. 25〈邦訳 p. 210〉）。

＊6　この点に関して、渡邊は次のように指摘している。「女性には月経の穢れとか、不産女や胎児や嬰児の死亡（水子供養）の罪の重いことを「血盆経」や「地蔵和讃」などによって説かれる、男性には聞かせたくない、その独特の信仰や風習がある。「不産女地獄」や「血の池地獄」などは、適齢期の女性を対象に比丘尼が語ったものであろうと考えられる」（渡邊 1997, p. 354）。

り、崩れてはいるが、垂直線軸を中心とした救済の三角形をなしている。それは、水平軸より上における、『心』の小円を中心とした二つの整った聖なる三角形、すなわち『仏』と『釈迦如来』・『閻魔大王』のかたちづくる聖なる三角形、ないし『仏』と『心』の文字の左右に配された両『菩薩』のかたちづくっている聖なる三角形と対応している図像配置」（黒田 1989, p. 264）なのである。

『熊野観心十界図』における各々の三角形構造が入れ子状に組み合わされ、空間全体に裂け目が生じるとき、「対象喪失を再構成する場」における語りの構造にも同様の作用が及んだのではないだろうか。救済としての「死」の隠喩をめぐり、絵解きの空間全体が共鳴しながら対象喪失の再構成を促すという論理的な図式を、ここに読みとることができる。

Ⅲ　熊野比丘尼の絵解きと精神分析

1　対象喪失と「喪の作業」

ここで、精神分析的な考え方を取り入れることで、熊野比丘尼の絵解きの仕組みをより深く検討することができるだろう。「対象喪失の問題を再構成する場」の創設と、フロイトが指摘した「喪の作業」は、非常によく似た関係を有している。

フロイトは、「喪の作業」に関して、次のように述べている。「現実吟味が、愛された対象はもはや現存しないことを示し、この対象との結びつきからすべてのリビードを回収せよ、という催告を公布する。これに対して当然の反逆が起きる。というのも、あまねく見受けられることだが、人は一つのリビード態勢から進んで立ち去ろうとはしないからだ。たとえ代替物がすでにその人を待ち受けている場合でもそうである。この反逆が非常に徹底したものとなり、幻覚性の欲望精神病によって現実からの背反と対象への固執とを全うすることとさえある。通常は、現実に対する尊重が勝利を保つ。だが、現実による指図は即座に実現されることができない。この指図は時間と備給エネルギーとの多大な消費をともなって一つ一つ遂行される。そしてその間、失われた対象の存在は心的に維持される。リビードがその中で対象と結ばれていた想起や期待のすべてについて、その一つ一つに的が絞られ、過剰備給がなされ、リビードの引き離しが執行される。どうして現実の命令をつぶさに遂行するという妥協の実行がそれほどに途方もない苦痛を伴うのか、その経済論的な根拠を示すのは今なお容易なことではない。奇妙なことに、私たちの目にはこの苦痛にみちた不快が当然のこととして映る。だが事実、自我は喪の作業が完了したのちに再び自由で制止を免れた状態に戻るのだ」(Freud, 1917a, p. 430〈邦訳 pp. 275–276〉)。「喪の場合、現実吟味の命令をつぶさに遂行するためには時間が必要とされ、その作業が済んだ後に自我はそのリビードを失われた対象から自由にしてもらえる」(Freud, 1917a, p. 439〈邦訳 p. 286〉)。さらに、フロイトは次のようにも述べている。「どのような経済論的手段によって喪はその課題を解決するのかということさえ私たちは言えずにいる。だが、おそらくここで一つの推測が当座をしのぐ助けになるだろう。リビードが失われた対象に結びつけられていることを示す想起や期待の状況の一つ一つに現実が介入し、それらのすべてに対象はもはや存在しないという評決を周知徹底させる。すると自我は、いわば汝はこの運命を共にすることを欲するやという問いに直面させられ、そして、生きていることから受け取るナルシス的な満足の総計を考慮に入れて、無に帰した対象へのみずからの拘束を解除するという結論を甘んじて受け入れる。私たちは例えば次のように想像することができる。すなわち、この解除は非常に緩慢に、一歩一歩進展するので、その作業が終了したときには、そのために必要とされた費用もまた散逸してしまっている、と」（Freud, 1917a, pp. 442–443〈邦訳 p. 289〉）。

アブラハムは、このようなフロイトの指摘を踏まえたうえで、「喪の作業」におけるリビードの口唇的段階への退行と取り入れの過程を支持し、また2つの過程の密接な連関を実証した。「愛の対象の取り入れは体内化の過程であり、この過程はリビードが食人段階に退行していることに照応する」（Abraham, 1988, p. 420〈邦訳 p. 20〉）のである。また、アブラハムは、強迫神経症とメランコリーの比較を通して、対象喪失と早期の肛門サディズム段階における喪失と絶滅の傾向との関連を指摘した。「喪の作業」を推し進めていくうえで、両者の連関を踏まえ、対象への両価性を再構成していくことが欠かせない。

クライン（Klein, 1984）は、両者の研究をさらに推し進め、正常の喪における現実の検討と幼児期の心的発達過程との間に密接な関連があることを明らかにした。そのなかで、クラインは、幼い子どもを亡くしたある女性の症例を取り上げている。

その女性は子どもの死後1週間、あまり泣くこともなく、現実の喪失に対する否認を続けていた。分析のなかで、ある夢が語られ、それが幼いころにある少年へ向けられた死の欲望を表すことがわかった。しかし、それは同時に、兄に向けられた死の欲望、さらには息子の喪失によって罰と対象の剝奪を母親に科したいという欲望を示すものでもあった。躁的防衛によって内的対象に対する支配が強化され、自分自身の不幸と悲嘆は内在化した母親の不幸と悲嘆に置き換えられたのである。[*7] その後、分析の進展とともに、その女性は息子を失ったのはほかならぬ自分であることを無意識のなかで受け入れていった。その過程は、両親の子どもたちを殺してしまったという幻想に対して償おうとする試みでもあった。そうすることで、息子の死は両親に反抗した自分に科された罰であるという恐怖感は弱まり、息子が死という手段で自分を失望させ、罰を科したという気持ちも和らいだのである。「憎しみと恐怖感がこんなふうに和らぐと、悲哀そのものが絶頂に達することを妨げるものはなくなる。不信と恐怖感が増すと、内的対象によって迫害され支配されるという感じが強まるので、対象を支配する必要が高まってくる。このすべてが、内的関係と感情の硬化―すなわち、躁的防衛の増大―となって現れたのである。自分自身と他者が優しく善良であると信じる気持ちが強まって、躁的防衛がまた減少し、恐怖心が薄らいだならば、哀惜する人は、自分の感情に十二分に浸り、現実に喪失したものを真底嘆くことができるのである」(Klein, 1984, p. 359〈邦訳 pp. 141-142〉)。

さらに、クラインは躁うつ病者と正常の喪の比較を通して、次のようにも述べている。「躁うつ病者と喪の作業に失敗した人は、防衛の面で両者の間に大きな違いはあるものの、両者とも、幼児期早期に内的なよい対象を確立することができず、したがって自己の内的世界に安心感がもてないでいる、という共通点をもっている。彼らはこれまで一度も幼児期の抑うつ態勢を真に克服したことがなかった。しかしながら、正常の喪においては、幼児期早期の抑うつ態勢―これは愛する対象の喪失によって復活したものであるが―は、再び緩和され、幼児期に自我が用いたのに似た方法で克服される。その人は、実際に失った、愛する対象を復元しているのであるが、それと同時に、自分の中に最初の愛する対象をも再建しているのである。―この最初の愛する対象は、結局はよい両親であり、現実の喪失にあった時、この最初の対象も同時に失ってしまうのではないかと恐怖を感じたものである。その人は、最近失った人物とともによい両親をも自分の中に復元することによって、さらに破壊され危険な状態にある自らの内的世界を再建することによって、悲嘆を克服し、安全感を自分のものとし、そして真の調和と心の平和に達するのである」(Klein, 1984, p. 369〈邦訳 p. 155〉)。

＊7　分析時、女性の母親と兄はすでに亡くなっていた。

2 「対象喪失の問題を再構成する場」の創設としての絵解き

以上のような精神分析の知見を踏まえ、熊野比丘尼の絵解きの方法をあらためて検討してみたい。

第1に、聞き手である女性が『熊野観心十界図』中の「亡者」にわが身を投影できるように促したことは、わが子を失った女性がその現実を否認している状態、換言すれば失われた対象からリビードを解放できない状態を、絵解きの空間内に転移させ、客観的にそこでの問題（無意識の葛藤）を扱える余地を生みだすものであっただろう。このとき、各図像は、聞き手の失われた対象への愛と憎しみを表現するものになる。「血の池地獄」における、血の池のなかに身を浮き沈みさせながらさまよう女性の図像は、口唇的な両価性の問題を、また「賽の河原」における石を積み続ける子どもの図像と、「不産女地獄」における灯心にて竹の根を掘り続ける女性の図像は、肛門的な両価性の問題を想起させたと予想される。

しかし、熊野比丘尼は、聞き手である女性自身だけでなく、失われたわが子を、そしてすでに亡くなっている父母や先祖の姿をも、「亡者」に重ね合わせて投影することを促した。この方法は何を意味していたのだろうか。上述のクラインの症例を踏まえるならば、各図像は世代間の言語伝承における葛藤を縮合したものでもあり、熊野比丘尼が絵解きを介してその縮合を解《ほぐ》し、新たに再構成できるように促した可能性が考えられるだろう。絵解きを構成する重要な要素のひとつであった、新たな語りを聞き手とともに作り上げていく行為のなかに、この作業が含まれていたのかもしれない。聞き手自身と失われたわが子との関係を位置づけることはまた、両親（先祖）と自分との関係を再構成していくことでもあったのである。また、熊野比丘尼が、新たな語りの生成を促す際に、地域の伝承を取り上げたり、比喩を当代的なものに差し替えたりしていた点を思いだしておきたい。妊娠・出産をめぐる対象喪失の問題を再構成していくためには、その主体の属す社会との連関を語りのなか、特に伝承や言い回しのなかに見いだしていく必要があったのである。

次に、熊野比丘尼は、絵解きの空間のなかに救済者としての第三者を投じ、それを新たに再構成された語りと結びつけた。おそらく、この方法において、熊野比丘尼の絵解きの本来の目的である勧進が実を結ぶことになったのだろう。それまでに十分想起され、新たな語りとともに再構成されたみずからの罪悪感（無意識の葛藤）を、阿弥陀如来が救済してくれるというかたちで、帰依が促されたと考えられるからである。

では、阿弥陀仏が救済してくれるであろうとする欲望を引き起こす、原動力となったものは何であったのだろうか。クラインは、詩人が「自然の女神は悲しむ人と悲しみを共にする」とうたっていることを取り上げ、そこでの「自然の女神」が内的なよい母親を意味していると述べている（Klein, 1984, p. 359〈邦訳 pp. 141–142〉）。この指摘をもとに、阿弥陀仏に内的なよい母親を重ね合わせて考えてみることもできるだろう。犯した罪（無意識的なものでもある）を償いたいという欲望は、阿弥陀仏に帰依するというかたちで成就させられるのである。

しかし、熊野比丘尼が救済者としての第三者を投じることには、先に述べたような、絵解きの空間全体に裂け目を生じさせ、「死」の隠喩を導く要素も含まれている。それは、必然的に絵解きの空間で紡がれた語りにも作用したと考えられるが、この点はどのように理解できるのだろうか。この問題をより具体的に考えるためには、熊野比丘尼の絵解きに欠かせなかったもうひとつの要素を検討する必要がある。それは、「串刺しの母」の図像である。

3　「串刺しの母」の図像の絵解きを介して『熊野観心十界図』から蘇ること

『熊野観心十界図』において、「串刺しの母」の図像（図7-4）は、「地獄の大釜」で鬼に鉾で串刺しにされ

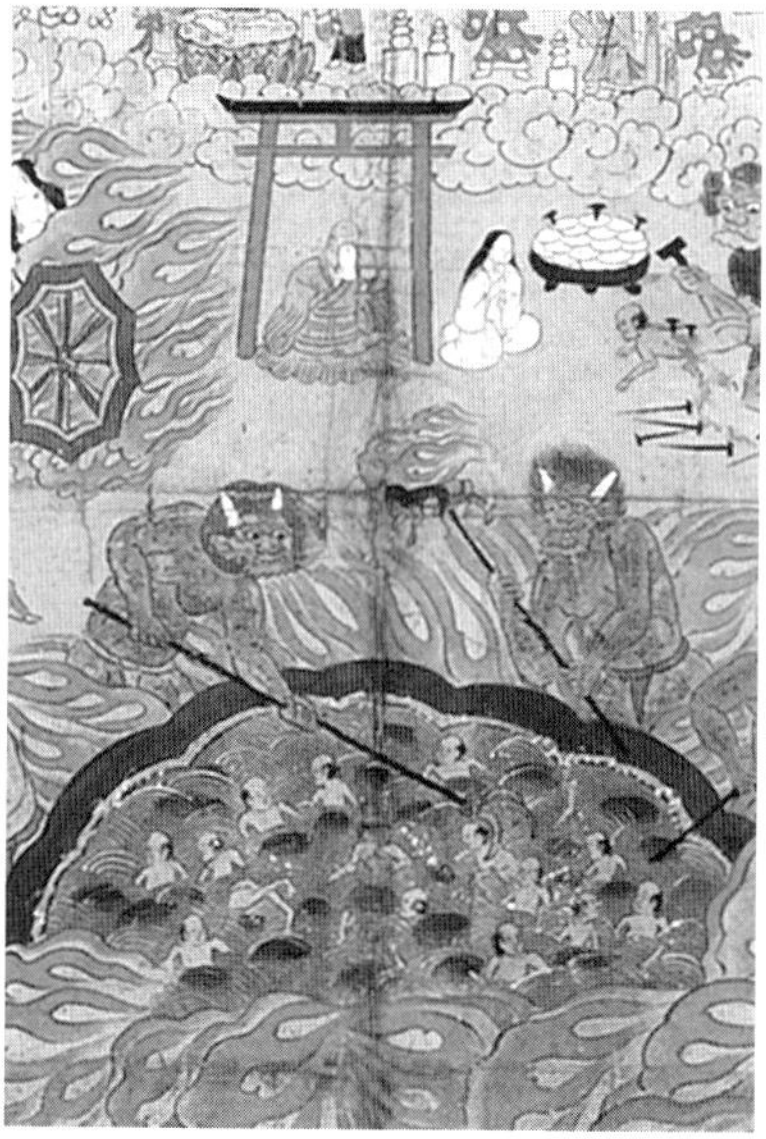

図 7-4 「串刺しの母」

た目連の母と、その姿を見て嘆き悲しむ赤い鳥居下の目連の図像として、画面の垂直線上に布置されている（黒田 1989, p. 268）。また、この「串刺しの母」の図像と対になるかたちで、釈迦如来とその前で手を合わせている目連の図像も、『熊野観心十界図』の中心よりやや右側に描かれている。それは、地獄に堕ちて苦しんでいる母を救う手立てを、釈迦に尋ねている姿である。

この2つの図像は、『目連救母経』、『三国伝記』、『もくれんのさうし』などに見いだされる目連救母説話から派生したものである。地獄に堕ちた母を救う目連の説話は、奈良朝の『盂蘭盆経』の受容とともにわが国に根づき、中世に『三国伝記』や中国の俗文学の影響を受けてわが国独自の形式（『もくれんのさうし』以降）へと変容しながら、明治時代に至るまで語り継がれた。

わが国固有の特徴を色濃く反映するようになった『もくれんのさうし』は、以下のような説話である。

天竺の転法輪王には浄飯王《じょうぼんおう》・斛飯王《こくぼんおう》・白飯王《はくぼんおう》・甘露飯王《かんろぼんおう》の四人の息子があり、釈尊は浄飯王の太子、阿難尊者は白飯王の子、目連尊者は甘露飯王の子である。拘尸那国《くしなこく》甘露飯王の妃は一人息子の王子を溺愛していたが、ある時、招いた羅漢から一子の出家に勝る功徳はないと聞き、王子が十二歳になったら出家させる約束をしてしまう。王子が十二歳になると約束通り羅漢が迎えに来る。母は気丈にも立派な法師になるまで帰ってくるなと諭し、涙の別れをする。王子は羅漢のもとで、母を慕いつつ母の言葉を励みに必死に学問修行する。母も子を想いつつ月日を過ごすが、王子が十五歳になった時、病に臥してしまう。急を聞いた王子は、母の言葉を守るため、師の羅漢に頼み込んで出家させてもらい、目連尊者となって母のもとへ急ぐが、一足違いで母はすでに亡くなっており、埋葬されたばかりだった。目連は亡母が息子のために手ずから縫ったという形見の衣を着て、母の胸に阿字を書くなどして懇ろに供養する。そして、寺に帰り、亡き母を偲びつつ再び学問修行に励み、二十七歳でとうとう釈迦十大弟子の一人神通第一の大目連となる。その後、三十七歳の時、目連は拘尸那城で行法を勤めていて頓死し冥土に赴く。広い野を行き、高い朱門・剣の山・死出の山路・三途の河を見て、初七日の秦広王から次々に送られて五七日の閻魔王の前に出る。閻魔王は自分が招いたのだと言い、目連は請われて説法する。王は莫大な黄金の布施を用意するが、目連はそれを断り、亡母との再会を願う。王は始めは拒絶するが、目連の孝道論を展開しての必死の訴えに折れ、冥官を呼んで調べさせると、母は黒縄地獄に堕ちていることが分かる。目連はすぐさま地獄へ赴く。地獄の門が開いた時、地獄の猛火で、袈裟の掛からない部分の衣が、母の形見として執心していたために焼けてしまう。地獄に入り獄卒に母の存在を尋ねると、湯の中より亀甲紋のある亀を取り出し、やがて亀に生まれ変わるべきおまえの母だという。目連が元の姿で遭わせてほしいと頼むと、甲を引き離して釜へ投げ込み、また探しているので、目連が胸に阿字を書いたことを伝えると、獄卒はそれを目印に探し出して鉾に貫いて差し出した。見ればまるで炭のようである。母は息子を思うがゆえに、慳貧の罪を犯して餓鬼道に落ち、驕慢の罪を犯して魔界の苦患を受け、意業の五逆罪を犯してこの地獄に堕ちたと言い、目連が救済法を尋ねると、法華経の書写供養を頼み、さらに何かを言いかけたところで再び地獄の釜へ投げ戻されてしまう。目連はやむなく閻魔王宮に戻り、そこから娑婆に帰る。目連は三月二十五日に冥土に赴き、四月一日寅の刻に蘇ったのである。この間顔色も変わらず身体も温かかったので埋葬せずにいたと弟子たちは言い、衣が焼けている理由を目連に尋ねるので、目連はすべてをありのままに語った。そして、母のために耆闍崛山《ぎしゃくつせん》より八千人の羅漢を招いて供養し、跋堤迦《ぼうだいが》より取り寄せた瑪瑙《めのう》に法華経を書写し、富楼那《ふるな》尊者を導師として供養したところ、母は忽ち善所に転生することができた。その後、目連は拘尸那国に帰り、仏の教えに従って、七月十五日に、百味の飲食を調え、万灯を点し、三世の諸仏を招じ、過去七世の父母に手向け、僧を供養し、母の出離生死《しゅつりしょうじ》・頓証菩提《とんしょうぼだい》を祈ったところ、母は仏になることができた。七月十五日の盂蘭盆斎《うらぼんさい》は天竺より始まったのだ。目連の母の形見の焼け衣は、その後唐に渡ったのを弘法大師が持ち帰り、今は平等院の宝蔵に納められている。これに結納すると、死んだ親にもう一度会えるということだ。

（下線は引用者[*8]）

『熊野観心十界図』における「串刺しの母」の図像が、この『もくれんのさうし』の一場面を表していることがわかる。「『目連尊者』の図像は、（『熊野観心十界図』の）垂直軸と水平軸に乗って描かれ、その図像によって、盂蘭盆会と施餓鬼の由来とその意義についての、説得力に満ちた絵解きがあった」（黒田 1989, p. 268）。つまり、熊野比丘尼は、目連の立場にも聞き手を投影するように絵解きを行ったのである。[*9]

議論を明確にするために、今まで検討した点を整理してみよう。熊野比丘尼は、絵解きの空間内で聞き手に、「両親（先祖）―聞き手自身」の関係をもとに「聞き手自身―亡くなったわが子」の関係を再構成することを促していた。加えて、熊野比丘尼は聞き手に、前者の関係を「目連―地獄に堕ちた（亡くなった）目連の母」との関係からもとらえなおすように促すのである。[*10] これら3つの次元は、地獄におもむくために一度死に、地獄を遍歴し、また蘇るという大きな流れのなかで、同時に再構成されることになる。

では、目連はどのように亡くなった母との再会を果たし、その死を受け入れていったのだろうか。行法を勤めている最中に頓死した目連は、亡くなった母と「地獄の釜」の前で再会する。母は、湯の中から亀甲紋のある亀の姿で取りだされ、その後目連がもとの姿で会わせてほしいと頼むと、ふたたび甲を引きはがされて釜へ投げこまれる。目連が胸に阿字を書いたことを教えると、獄卒はそれを目印にして母を鉾に貫いて取りだす。その母は、まるで炭のようであった。その後、目連はふたたび蘇生し、亡き母を供養することで、母を地獄から救うことができたのである。

ここでの展開を細かく検討してみよう。第1に、目連と母との再会が反復されている。それは、「目連―母(亀)」「目連―母(炭)」としての2者関係の反復でもある。しかし、1度目の出会いと、2度目の出会いは様相が異なっている。前者は母を亀として差しだされての出会いであり、後者は母を鉾に貫かれた炭のような

---

*8　『もくれんのさうし』は室町時代に成立した御伽草子のひとつである。ここでは、渡(2003)による口語訳を引用した。

*9　黒田(1989)は、『熊野観心十界図』の垂直線と水平線軸の交わる中央部に布置された盂蘭盆の施餓鬼の図像に着目し、そこに描かれた喝食(少年)について次のように述べている。「今後の図像伝統の探索が不可欠だが、第一に、この『喝食』は母と死別した羅卜＝少年時代の『目連尊者』の姿だという可能性である。つまり、母親が亡くなった時に十五才だった目連の。第二の可能性としては、この少年は、『目連尊者』のように、父母(七世の父母)のために盂蘭盆会の施餓鬼をすべき者の象徴的な姿なのではないだろうか。母のために、両親・先祖のために、施餓鬼法要を怠らずに行うべき現世の『子ども』＝絵解きの『聞き手』の象徴的な姿である。つまりそれは、絵解きを聞いた一人ひとりが現世に蘇った後でなすべき仏事・法事を勤める、その象徴的な姿と見るべきなのではないだろうか」。

*10　厳密にいえば、聞き手は「串刺しの母(目連の母)」にも同一化する。その場合、失われたわが子が目連の位置にある。絵解きの空間内で聞き手は、失われたわが子の立場からも、自分の存在について問うのである。

ものとして差しだされての出会いである。また、後者の出会いは「阿字」という言葉を媒介にして可能となっている。第2に、説話の構成として、目連が「一度死んで地獄におもむく」→「鉾で貫かれた母と出会う」→「母の語った罪と向き合い、受け入れる」→「現世へと蘇る」→「現世にて母を供養する」→「母を救う」という流れがある。

ここで、先に取り上げたクラインの言及を思いだしてみたい。「正常の喪においては、幼児期早期の抑うつ態勢―これは愛する対象の喪失によって復活したものであるが―は、再び緩和され、幼児期に自我が用いたのに似た方法で克服される。その人は、実際に失った、愛する対象を復元しているのであるが、それと同時に、自分の中に最初の愛する対象をも再建しているのである」（Klein, 1926, p. 369〈邦訳 p. 155〉）。また、クラインはこのような最初の愛する対象の再建が、早期エディプスコンプレクスの中心的な概念である「結合両親像」の問題と関わることを指摘している。「結合両親像」へと向けられたみずからの羨望とあらためて向き合い、結果的に抑うつ態勢を緩和させることが、失われた対象との関係を再構成するうえで必要なのである。

目連は、失われた対象である母との関係を再構成するために、幼児期早期の愛する対象との関係を、もう一度位置づけようと試みたのではないだろうか。鉾で貫かれた母である「串刺しの母」の図像は、母のなかにある父親のペニス（両親結合像）であり、「串刺しの母」との関係から罪の問題を考えることは、第3項（言葉）との関係から自分と失われた母との関係を再構成することを促したのである。この点で、「阿字」という言葉が、「串刺しの母」の欲望を名指し、かつ目連と母との関係を分かつ機能を果たしていることは興味深い（鱗形屋本『目連記』〈図7-5〉では、「阿字」という言葉にかわって、「目連」の名がその機能を果たしている）[*11]。目連と「串刺しの母」とのこのような関係の再構築が、目連をして償いの欲望を喚起させ、「蘇ること」=「喪の仕事を終えること」へと導き、結果的に、目連と母の両者を新たな関係へとひらいたのである。

図 7-5 『目連記』より

熊野比丘尼は、妊娠・出産にまつわる対象喪失の問題を主体が再構成していく過程のひとつの道しるべとして、絵解きのなかに「目連救母説話」を導入したのだろう。各地獄の図像のなかで想起された罪悪感（無意識の葛藤）が、幼児期早期の愛する対象との関係の再構成を促す「串刺しの母」の図像と重なり合うとき、聞き手において新たな語りの展開が生じたのである。「血の池地獄」における成仏が如意輪観音から『血盆経』を授かることでなされること、「賽の河原」において地蔵菩薩が錫杖を振りかざすことで救済が起こること、「三途の川」における地蔵菩薩が白衣の貴婦人を地獄の出口に導くこと、さらには、それら地獄の3救済者が『熊野観心十界図』の画面に聖なる三角形と呼応した三角形を構成することのなかに、2者関係への第3項の導入という、「串刺しの母」の欲望を名指し、目連と母との関係を分かつ機能と同様のものが見いださ

＊11　鱗形屋本『目連記』では、目連と母との再会が次のように記されている。「その獄主に仰せけるは、『この地獄に仏の御弟子目連の母やあるか』と問はせければ、獄主聞きて、『探して見奉らん。この棒に御身の御名を書かせ給へ』とて、宝棒といふ八角の棒を差し出しければ、即ち、目連と書かせ給ふ。獄卒この棒を差し延べ、血盆池中を探しければ、労はしや、母上は宝棒に刺し貫かれて上らせ給ふ有様は、何に喩へん方もなし。目連御覧じ、なかなか御目を当て給はん様もなし」（渡 2003, p. 211　下線は引用者）。

れるのは、各々が論理的な同型性を保ちながら、絵解きのなかに（主体のなかに）「死」の隠喩を生じさせていたことを指し示しているのである。[*12]

『熊野観心十界図』には、地獄からの出口が用意されている。「三途の川」にかかった橋の上、地蔵菩薩に導かれ、白衣姿の貴婦人が歩む先が出口である（黒田 1989, p. 265）。この出口は、絵解きの出発点であった「家」とつながっている。ここで、絵解きの道程がふたたび振り出しへと戻ることになるが、厳密にいえば、決して振りだしに戻っているわけではない。「家」を出発したときは赤ん坊であり、帰ってきたときはその赤ん坊の親になっているという、世代間のずれがそこに生じている。とするならば、この「家」は、両親と赤ん坊である自分との関係をもとに、今度は自分が親となってわが子を育てるという世代間伝承の問題を内包している点で、クラインのいう「内的なよい両親」を表すものでもあるのではないだろうか。世代間の関係は決して連続線上に位置するものではなく、そこには決定的な断絶が存在している。その断絶を結び合わせるもの、それがエディプスコンプレクスである。

このような断絶としての「論理的飛躍」が、絵解きの空間内のみならず主体のなかに存在することをもう一度気づかせ、聞き手にその位置づけの再構成を促すこともまた、『熊野観心十界図』の絵解きのなかで重要な要素であり、かつその全体を構成するための前提だったのかもしれない。たしかに、われわれは「話す存在」となることで、自ずとこの断絶としての「論理的飛躍」と向き合い、受け入れながら生きていくことを強制される（Lacan. 1964）。しかし、それは〈他者〉の欲望をもとに、みずからの欲望を新たに作り上げる契機でもある。「串刺しの母」との直面、そしてそれに連なる、各地獄の図像内に布置された亡者と救済者との関係構築は、その契機としての「論理的飛躍」を聞き手に位置づけるうえで大きな役割を担ったのだろう。

『熊野観心十界図』の絵解きとは、「論理的飛躍」=「語りえぬもの」を、絵解きする熊野比丘尼と聞き手との関係のなかで再構成していく試み、すなわち、「どのように死んでいくのか」を考える営みを通して、熊野比丘尼と聞き手がともに喪失と向き合い、新たな「生」を切りひらいていく試みとしてあったのである。

Ⅳ　絵解きの空間と「他者の語らい」

最後に、熊野比丘尼の絵解きの技を介して創設される「対象喪失の問題を再構成する場」が、その時代の社会とどのように関わっていたかを確認しておきたい。このような空間は、社会を構造化するコスモロジーのなかにあって初めて機能しうるものであっただろう。

先にも触れたとおり、熊野比丘尼は熊野権現の信仰を担持して諸国を遊行した女性宗教家であり、彼女たちの活動の背景には、常に熊野という他界的性格をもつ地の存在があった。[*13]『日本書紀』において、火神を生むときに焼かれて亡くなった伊邪那美命が葬られた場所であると記されているように、[*14]「古代伝承のなかの『熊野』は、強大なクニと言うより、大和・河内の果て、仙界吉野のなお遠くにあり、巨岩奇岩の並ぶ不思議な地、死者の赴く『常世』に続く聖地と見られていた」（斎宮歴史博物館 1994, p.15）。また一方で、女神（伊邪那

＊12　クラインは、ラベルのオペラの一節を取り上げ、そこでの展開が男児の精神発達過程を表現したものである点を指摘している。「この劇の籠の中のリスと引っこ抜かれた柱時計の振子は、まさに母親の体中にあるペニスを象徴しているといえよう。それが父親のペニスであり母親との性行為の最中であるという事実は、壁紙の裂け目が『コリュドンとアマリリスを分かつ』と表現され、さらにそれが男の子にとって『世界という構造の裂け目』に変わったと書かれていることからも明らかであろう」（Klein, 1926, pp. 211-212〈邦訳 p. 255〉）。「結合両親像」（早期エディプスコンプレクス）との直面は、主体を「世界という構造の裂け目」へと誘う契機としてあるのである。

美命）の死は決して不毛の死ではなく、この世に豊穣をもたらす、まさに夫須美《フスミ》＝牟須美《ムスヒ》＝結びの神の一面を表すものでもあった。熊野は、死の国（黄泉の国）であったが、同時に夫須美神《フスミノカミ》がいる豊穣な生産を約束してくれる土地でもあったのである（永藤 1981）。

さらに、熊野は、浄穢不二の立場をとりながらも女人の登山を許し、厳重な精進の作法などを定める一方で、月水の穢れなどをはばかるに及ばないとした地でもあった（西田 1978, p. 268）。父子・夫婦一緒の参詣が特に顕著であったことからもうかがえるように、熊野は「父子・夫婦の祭神より成る、いわば亡き母の国・亡き妻の国・亡き父の国・亡き子の国」（西田 1978, p. 270）という面も有していた。つまり、「亡き母・亡き妻・亡き父・亡き子たちの祖霊の留在する、いわば山中他界」（西田 1978, pp. 270-271）でもあったのである。

このようなわが国における熊野の地に対する考え方を背景に宿しつつ、熊野比丘尼が絵解きを行う際、そのような絵解きの空間もまた、同様のコスモロジーと連接したかたちで構造化されていたといえる。絵解きの空間を介して、人々は先祖たちと出会い、その関係性のなかからもう一度みずからを再構成し、妊娠・出産にまつわる対象喪失の問題を乗り越えていったのである。絵解きの空間は、主体が先祖たちの死の集積である「他者の語らい」との接点を生みだす場であると同時に、〈他者〉の欲望をもとにみずからの欲望をふたたび見いだす場としても機能していたのである。

現代においてもなお、熊野比丘尼たちの痕跡を、各地に点在する椿の枝を持った八百比丘尼・白比丘尼の石像、和泉式部の墓や伝承などのなかに見いだすことができる（柳田 1998）。それらの痕跡は、口頭伝承というかたちで受けつがれるなかでその様相を変化させながらも、絵解きの空間内に創設されたようなわれわれの「生」と「死」の連結点を生みだす媒介として保存され、地域に根付いてきたのかもしれない。同時に、われわれは臨床の場で、その痕跡に出会うこともあるだろう。フロイト（Freud, 1938）が民族の歴史と個人の歴史との類似性に着目しようとした点を省みるならば、われわれはそのような痕跡としての伝承のなかに、みずからの「起源」と「死」への関係性の糸口を見いだすことになるのである。

＊＊＊

本章では、かつてわが国において妊娠・出産にまつわる対象喪失に直面した女性が、「どのように死んでいくのか」を考える営みを通して、熊野比丘尼たちとともにその喪失と向き合っていった過程を考察した。次章でも引き続き、「どのように死んでいくのか」を考える営みを通して、人間の創造性がいかに機能するかを、結核という病理を患いながらも必死にみずからの「生」と「死」を問い続けた俳人正岡子規の病いと夢の関係性を考察するなかで検討する。さらに、第6章でも示唆されたように、主体の見た夢を分析することはまた、同時期に描かれた絵の意味を知るうえでも欠かせない。次章で明らかにされる知見をもとに、終章では、子規が死の直前に描いた水彩画を通して、「どのように死んでいくのか」という問題を考えようとしていたかを検討する。このような一連の検討はまた、現代の「死の臨床」での問題を考える目的も含んでいる。

＊13　近世以降、熊野比丘尼のなかには、幕府による厳しい勧進規則によって熊野の統制から離脱し、売春行為を行うようになった者もいた。宗教的な背景を喪失した「生業としての勧進」を行わざるを得ない状況が生じたのである（曽根 1995）。ここに象徴化の可能性を奪われ、わが身を賭して「語りえぬもの」との関係を位置づけようとする比丘尼の苦しみが見いだされるとするならば、熊野比丘尼もまた、なんらかの対象喪失の問題に直面した女性だったとは考えられないだろうか。現在も、わが身を賭して対象喪失の問題に苦しむ女性が、数多く存在しているように思われる。

＊14　熊野の有馬村のことである（宇治谷 1988, p. 25）。奇岩「花の窟」は、伊邪那美命の墓とされている。

第8章 「死」と創造性

著しい科学の恩恵を受け、われわれは物質的な豊かさを手にする一方で、新たな問題を抱えている。そのひとつとして、みずからの「死」とどのように向き合っていくべきかという問題をあげることができる。例えば、不治の病いに侵されたとき、科学はわれわれに何を与えてくれるだろうか。肉体的な「死」を先進医学の力でいかに引き延ばしてみても、目前に控える「死」の不安はけっして癒されない。「死」の不安に苛まれながら、肉体的な「死」をとげるのをただひたすら待つ苦しみが、そこには存在しているのである。このような苦しみを解決すべく、尊厳死やターミナルケアなどの概念が誕生し、昨今の高齢化社会への危機感とともに注目されるようになってきている。しかし、その現状はいまだ手探りの状態であり、そこでは「死」に対するわれわれの戸惑いが露呈されている。

このような現状に対し、過去の人々の病跡に学ぶことによって、問題解決の糸口を探ることはできないだろうか。先人の「死」を省み、その「死」のあり方を分析することで、われわれの「死」へと適用することのできる何かを見いだせるのではないかと考えるのである。

本章では、不治の病いを患い、「死」に臨みながらも必死に生き続け、創作活動を絶やさなかった俳人正岡子規の夢（創造性）を分析し、「死」に面しての夢と幼児体験の関係性を検討するとともに、その際に見いだされる「死」を取り巻く無意識の構造を明らかにしてみたい。現在でもなお、子規の作品は高い評価を受け、強い影響を受け続けている者も少なくない。この点において、子規の「死」は、現代のわれわれの「死」と深い関わりをもっているといえるだろう。

Ⅰ　正岡子規の病歴

正岡子規（本名は正岡常規。後に升と改名）は、１８６７年（慶応3年）、四国の松山で生まれた。赤ん坊の頃はよく夜泣きをし、他の子どもよりも身体が小さく、言葉を獲得したのも遅かったという。また、幼少の頃から顔色も青く、身体も弱かった。そのうえ、5歳のとき、父常尚が亡くなるという不幸に見舞われている。しかし、大きな病気をすることなく順調に育ち、１８８３年（明治16年）、16歳のときに上京した。その翌年の大学予備門入学時の体格、体力はほぼ標準であった。

東京での生活がはじまると同時に、子規は転居を繰り返した。下宿、寄宿舎など、いずれもあまり上等なところではなく、衛生的環境もよくないうえに、満足な食事に恵まれない生活を送っていた。そのため、この東京での数年にわたる暮らしの間に、身体が衰弱して結核に感染したと考えられている。

初めて喀血したのは、１８８８年（明治21年）の夏、鎌倉江ノ島の小旅行中であった。その後、喀血はしばらくなかったが、翌年の１８８９年（明治22年）の5月、突然、ふたたび喀血する。喀血はその後1週間ほど続き、医師から「肺病」と診断される。その際、一回の喀血量は5勺くらいであったという。このときを境に、子規は「時鳥《ホトトギス》は鳴きしとき口わきさけて血いづるといえり」を受け、「子規」[*1]と号することになる。子規は結核に侵されたわが身を、「時鳥」になぞらえたのである（高橋 1998, p. 46）。

1895年（明治28年）、子規は病軀にもかかわらず、念願であった日清戦争に従軍する。その帰国の際、船中でふたたび大喀血を起こし、神戸病院に入院する。喀血は20日間も続き、高熱も発して危篤状態に陥ったが、奇跡的に回復した。このときの痰の検査では、結核菌陽性、開放結核という診断が下されている。

1897年（明治30年）、かねてより思わしくなかった腰痛が、リュウマチではなく、不治の病いであるカリエスであると診断され、腰部の流中膿傷の穿刺手術を受ける。しかし、手術の甲斐なく、病状はこの年を境に悪化していく。また、この頃から、歩行がほとんど困難な状態に陥った。行動力が旺盛であった子規にとって、この事実は病気の苦しみそのものよりも耐えがたいものであったに違いない。後に検討を行う夢は、この頃から見られたものであり、子規の病い、そして「死」に臨む者としての子規といかに深い関わりをもつものであったかを物語っているといえよう。

背中、腹、臀部などに蜂の巣のように穴が空き、そこから膿が流れたため、毎日包帯を取り替えた。終日身動きひとつできず、疼痛におそわれ、胃が痙攣するため食欲もなく、痔瘻《じろう》や下痢や便秘に悩みながらも、子規は耐えた。そして、このような苦しみをいつも側で介護したのは、母の八重であった。死に際して、子規と母は濃密な関係を結んでいたのである。次の資料1からは、この両者の関係がうかがえる。

《資料1》

母は枕元に黙って座っている。俄に精神が変になり煩悶が始まる。誰かに電話をかけたいが、電話をかけるところもない。そこで四方太[*2]に電報を打つことにする。母が電報を打ちに行かれたので一人きりになる。寝たまま、前の硯箱の中に四五本の禿筆にまじって二寸ばかりの小刀と千枚通しがあるのを見る。それらは電文を書く時から実は眼にチラついていたのだ。自殺熱がムラムラと起って来る。そこで自殺の方法を種々考えるが、しかし死に至るまでの苦しみの深さを思い自殺を断念し、しゃくりあげて泣く。

（正岡 1978b, p. 486）

しかし、このような苦しみとも別れるときがやって来た。1902年（明治35年）、9月19日の午前1時頃、子規はこの世を去った。

Ⅱ　正岡子規の夢（創造性）の精神分析的考察

1 「赤い」色と女性像

第1の夢は、先述のとおり、病状が次第に悪化の途をたどっていく際に見られている。[*3]

【第1の夢】

先日徹夜をして翌晩は近頃にない安眠をした。其夜の夢にある岡の上に枝垂桜が一面に咲いていて其枝が動くと赤い花びらが粉雪の様に細かくなつて降つて来る。其下で美人と袖ふれ合ふた夢を見た。病

＊1　「子規」は、「時鳥」の漢語的表現である。
＊2　子規の弟子の一人。
＊3　子規はこの夢を1898年（明治31年）12月末に見ている。

人の柄にもない艶な夢を見たものだ。

（正岡 1978a, p. 271）

フロイトは『夢解釈』のなかで、「女性性器は風景によって象徴される」（Freud, 1900, p. 370〈邦訳 p. 112〉）と述べているが、「ある岡の上に」の部分を、そのことに当てはめて考えてみよう。すると、次の「枝垂桜」の意味もより明確になるのかもしれない。また、「枝垂桜」は「岡」とその後の「其枝が動くと赤い花びらが粉雪の様に細かくなつて降つて来る」とを構造上結んでいる。このような「枝垂桜」を中心とする関係性の構造のなかに、この夢を解く手がかりが隠されているのではないだろうか。そこで、まずはこの部分を理解するために、子規の幼少時代を振り返ってみよう。

子規は2歳[*4]の頃、自宅が火事に遭う経験をしている。

《資料2》

吾が三つの時、母は吾をつれて十町ばかり隔りたる實家《じっか》に行きしが、一夜はそこに宿らんとてやや寝入りし頃、ほうほうと呼びて外を通る聲《こえ》身に入みて夢覚めたり。（ほうほうとは火事の時に呼ぶ聲なり）すは火事よとて起き出でて見るに火の手は未申に當《あた》りて盛んに燃えのぼれり。我家の方角なれば、気遣しとて吾を負いながら急ぎ帰りしが、我が住む横町へ曲らんとする瞬間、思いがけなくも猛烈なる火は我家を焼きつつありと見るや母は足すくみて一歩も動かず。其時背に負われたる吾は、風に吹き巻く炎の偉大なる美に浮かれて、バイバイ（提灯のこと）バイバイと踊り上りて喜びたり、とは母は語りたまひき。

（正岡 1978a, p. 255）

このように、子規は2歳のとき、火事を母の背中の上で目撃している。そして、この出来事が子規の母への想いと「赤」という色を分かちがたく結びつけることになった。[*5] その根拠として、子規が後の体験を次のように述べていることは興味深い。

《資料3》

年長じて後、イギリスの小説（リツトンのゴドルフインにやありけん）を読む。読みて将に終わらんとす、主人公志を世に得ず失望して故郷に帰る、故郷漸く近くして時、夜に入るふと彼方を望みて、丘の上に聳えし宏壮なる我家の今や猛火に包まれんとするを見る、の一段に到りて、心臓は忽ち鼓動を高め、悲哀は胸に満ち、主人公の末路を憐むと共に、母の昔話を思ひ出ださざるを得ざりき。

（正岡 1978a, p. 256　下線は引用者）

つまり、子規はその後もふとしたときに、「母の」昔話とともに火事のことを思いだすことになったのであ

＊4　資料では「吾が三つの時」となっているが、これは数え年である。

＊5　実際、子規は「吾幼児の美感」と題する随筆のなかで、火事の出来事を述べると同時に、その後自分が「赤い」色に執着するようになったことを述べている。例えば「七八つの頃には人の詩稿に朱もて直しあるを見て朱の色のうつくしさに堪へず、吾も早く年とりてあゝいふ事をしたしと思ひし事もあり、ある友が水盤といふものゝ桃色なるを持ちしを見ては其うつくしさにめでゝ、彼は善き家に生れたるよと幼心に羨みし事もありき」と述べている。また、異なる部分では、1枚のかるたに描かれた「曾根好忠の赤き扇は中にもうつくしく感ぜられて今に得忘れず」と述べている（正岡 1978a, pp. 255–259　下線は引用者）。

る。「心臓は忽ち鼓動を高め」の部分からは、その思い出が明確な記憶としてではなく、無意識に刻まれたものとして存在していたことがうかがわれる。子規は、火事が起こったときの記憶を反復していたのである。

この点を踏まえるのであれば、「其枝が動くと赤い花びらが粉雪の様に細かくなって降つて来る」の部分は、「赤い」という言葉によって連鎖する、母への想いと密接に結びついた火事の記憶の反復を表している可能性が浮かび上がってくることになるだろう。

では、子規の無意識は、なぜ火事の記憶にこれほどまでに執着するのだろうか。それは、2歳の子規にとって、火事の出来事は恐ろしいものというよりも、むしろ反対に、母との関係を引き離そうとする父の不在、そして母を独り占めにすることでこれ以上ない欲動の満足を得た瞬間であったという事実が存在するからではないだろうか。また、火事が起きた翌年、つまり子規が3歳になったとき、妹の律が誕生する。このときを境に、子規は母を独り占めできなくなったのである。

このように考えてみると、第1の夢に現れた「枝垂桜」は、女性性器を表すと考えられる「岡」との結びつきからも、母の姿を意味すると推定される。また、状況に対応関係があるだけではない。フロイトが、「夢の花象徴には、処女としての女性性、男性の象徴、そして暴力的な処女奪取への関係が含まれている」(Freud, 1900, p. 381〈邦訳 p. 125〉)と述べているように、「枝垂桜」はまさに、母が美的に象徴化された姿と考えられるのである。

しかし、火事の体験に結びつくこの「枝垂桜」は、ただ子規と母との密接な関係性のみを表しているのだろうか。上述の花象徴に関する叙述に加え、フロイトは、白い花が赤く染まることについて、その処女性が失われることを意味するとも述べている(Freud, 1900, pp. 353-354〈邦訳 pp. 90-91〉)。この点を踏まえるのであれば、子規と母との密接な関係性の背後には、何かが隠されている可能性があるのではないだろうか。

ここで、もう一度火事の出来事に視点を戻してみたい。子規にとって、火事の体験が母を最も間近に感じる瞬間であったことは、すでに述べたとおりである。だが、火事の体験は同時に、子規に対して母の背後に位置した父の存在、つまり母の語らいを通してイメージされうる父の像であり、「主体が父との同一化に到達するための攻撃性、同一化、理想化の水準にある」（Lacan, 1994, p. 220）ようなものとしての「想像的な父」の存在を気づかせる出来事でもあったのではないだろうか。

先に取り上げた資料2からも、この事実をうかがうことができる。母は「我が家の方角なれば、気遣いしとて吾を負いながら急ぎ帰」ったが、その際、何を「気遣」っていたのだろうか。火事が起きたとき、「我が家」には父がいたことを思いだすならば、「気遣いし」という母の欲望の先には、父の存在があったことがわかるのである。

このように、母を介して垣間見える「想像的な父」が、子規と母との密接な関係性に割って入るかのように存在している。ゆえに、「枝垂桜」は子規と母との密接な関係性を表すと同時に、その母の背後に存在する「想像的な父」をも含んでいるという意味において、「赤い花」たりえているのだろう。子規が母に対して抱いていた「処女性」が、「想像的な父」によって破られたことにより、「赤い花」としての「枝垂桜」がその関係性を隠喩するかたちで夢に現れたのである。さらに、母の名が「八重」であることも、この隠喩に影響を与えている可能性がある。「八重」桜は「枝垂桜」と同じく、赤い花びらをつける桜である。

ところで、外傷神経症者がその病状を引き起こすきっかけとなった出来事を繰り返し夢に見る症状に対して、フロイト（Freud, 1920）は「反復強迫」という性質を述べている。これは、母がどこかへ行ってしまったり帰って来たりすることを再現する、子どもの糸巻き遊び（糸巻きをベッドの向こう側に投げ入れ、満足そうな表情を浮かべながら「オーオーオーオ」（fort）と言っては、ふたたびその糸巻きを手繰り寄せ、「ダー」

（da）という言葉とともに迎え入れることを繰り返す遊び）にヒントを得て構想されたものである。ラカンはこの考えを推し進め、糸巻き遊びと反復強迫との関係のなかに言語獲得の機制を見てとった。

「主体は、自分に課せられた剥奪を、それを引き受けることによって制御する。しかもそれだけでなく、主体がそこで、己の欲望を二乗にまで高めもしているのだということを、今や我々は把握する。というのも、対象を出現させたり消失させたりする主体の行為は、その対象の不在と現前を先取り的に誘発することによって、この対象を破壊しているからである。そしてこの主体の行為は、欲望の力の場を負性化して、自分で自分自身の対象となりおおせる。この対象は、そのまま二つの要素的な発声の象徴的な対の中で形を取って、音素の二項対立が主体のうちで通時的に統合されたことを告げている。主体を取り巻き現存する言語活動が、その二項対立の共時的構造を提供し、主体はそれを同化する。そしてまた子どもは、まわりの語らいから受け取った音声を、自分なりのフォルト！の中でまたダー！の中で、多かれ少なかれ近似的に再生することによって、自分を取り巻くその綾成す語らいのシステムのうちに、自分を関わらせはじめてもいるのである」（Lacan, 1966, p. 319〈邦訳 pp. 129–130〉）。

主体は、自分に課せられた剥奪（母がいなくなること＝自分がなくなること）を、対象を出現させたり消失させたりする行為（糸巻き遊び）を通して制御していこうとするが、その際、この対象は「二つの要素的な発声の象徴的な対［fort-da］の中で形を取って、音素の二項対立が主体のうちで通時的に統合されたことを告げ」るものとなる。すなわち、主体は自己の生命を対象に託して消去するが、その消去されたものは反復してふたたび主体に迫り、その瞬間、主体はその場所で「私」の出自を示す対象と出会うことになるのである。そして、主体はこのような行為を繰り返す（反復する）ことを通して、自分を取り巻く言語活動のなかに、みずからを関わらせていくことになる。

このように、糸巻き遊びは、子どもが自分自身に対して言語を行使する能力を獲得していくことを示すものであるが、同時に、言語を獲得した瞬間、子どもが二度とそれまでの母とは出会えなくなることを印づけるものでもあるといえる。なぜなら、子どもはこれ以降、言語を介してしか母と出会えなくなるからである。しかし、子規は死の床に臥しながら、ふたたびこの「失われた母」との直接的接触を試みていたようにも見える。それはなぜだろうか。

子規は、言葉を身につけたのが遅かったという。

《資料4》

他の子供より身体も小さく言葉も遅かった。火事の後には何でも「ヤテタ、ヤテタ」と言い、髪置の儀で頭髪を剃った時も「ハンコ（奴頭のこと）ヤテタ」といったという。

（正岡 1978b, p. 17）

ここでの火事は、先に述べた火事を指している。フロイトが「快原理の彼岸」のなかで紹介した糸巻き遊びをする子どもは、1歳6カ月の男児であった。この点を踏まえるならば、次のように考えてみることもできるのではないだろうか。

子規は、資料の示すとおり、言語の発達が遅かったとされる。その子規が、自分自身の頭を指して「ヤテタ」と言っていたとするならば、子規にとって火事の「ヤテタ」という言葉は、fort-da に相当するものとしてあったのではないだろうか。火事の出来事は、子規の言語獲得の機制に密接に関わっている可能性が考えられるのである。

この観点から、夢の残りの部分を分析すると次のようになるだろう。「其下で美人と袖ふれ合ふた」は、前の部分「其枝が動くと赤い花びらが粉雪の様に細かくなつて降つて来る」を受け、言語獲得の際に失われた母との再会を意味しており、「美人」は母を指すと思われる。「袖ふれ合ふた」は子どもの頃の母との接触の再現を意味しているのかもしれない。そして、このような構造をもつ夢を見た後、子規が癒された気持ちになったという事実は、まさしく「失われた母」に包まれたことにより生じたものだろう。

また、ここにおいてもう一度、先に述べた「枝垂桜」の解釈を思いだしてみたい。「枝垂桜」は、子規と母との密接な関係性に「想像的な父」が見え隠れする関係性の隠喩と考えられた。この関係性は、上述の観点を踏まえるのであれば、子どもが母との想像的関係から抜け出し、象徴的な世界へと参入していく経緯を示すものでもあるのではないだろうか。

この点に関して、ラカンは次のようにのべている。「母に対する元々の位置においては、子どもは何ができたでしょう。そこでは、彼は快楽の対象でした。だから、彼は根本的に想像的な関係の中にあり、純粋に受身的な状態にありました。【中略】しかし、彼が現実的なものとしても実在している時期からでは、彼にとって選択の余地は多くはありません。この時から彼は、自分が望まれているものとは基本的に異なるものであり、想像的な領野の外に排斥され、母は自分に満足していない、と思うようになります」(Lacan, 1994, p. 243)。

子どもは、みずからを現実的なものとしてとらえると同時に、母の欲望の対象が自分の考えていたものとは異なることに気づく。この事実が契機となり、受身的な状態として成立していた子どもの想像的な世界に裂け目が生じ、結果的に子どもは、言語に根本から支配される存在となる象徴的な世界への入り口へと誘われるのである。「想像的な父」の存在によって生じた裂け目を介して、最終的に象徴的な世界に入ることにより、子どもは想像的なものに左右される存在としてではなく、言語の機能にしたがい、象徴的な掟を通してみずからを表象していく存在となる。

子規の場合、このような移行の契機が、火事にあったのではないだろうか。先に述べたとおり、火事の体験は子規にとって母を最も間近に感じる瞬間であったが、同時に母の欲望が自分に向けられているのではなく、我が家にいた父に向けられていることに気づかされた瞬間でもあった。子規は、火事の出来事を通して、母の背後の「想像的な父」の存在に気づいただけでなく、さらに父の象徴的機能を作動させて、みずからの存在（頭を叩く動作）と母の存在（枝垂桜）とを象徴化していったと考えられる。そして、これにより、想像的な世界から言語的分節化による象徴的世界への構造的変動が開始されたのである。つまり、この第1の夢のなかで、子規の無意識は「失われた母」を再構成しつつ、「言語獲得の際の記憶を再構成する」構造を反復しているのである。

では、これまで検討してきた夢の解釈をもとに、他の夢を見ていきたい。次に紹介する第2の夢は、1899年（明治32年）5月10日、「赤」という随筆のなかに書かれた白日夢である。[*6]

＊6　フロイトは、白日夢がもつ意味を次のように述べている。「心の作業は、何かある現時的印象、つまり、当人の大きな欲望のひとつを呼び覚ますことになった現在における何らかのきっかけにもとづいて始まり、そこから続いて、その欲望が成就されていたかつての―たいていは幼児期の―体験の想い出へとさかのぼり、そして最後に、その欲望の成就した姿としての未来のある状況を創り出すのでして、それがほかでもない、白昼夢ないし空想ということになります。したがって、この未来の状況としての空想には、現在のきっかけと過去の想い出の二つの出自の痕跡がしみついておりま す。すなわち、過去と現在と未来が、一本の欲望の糸につながれたように並んでいるということです」（Freud, 1908b, pp. 217-218〈邦訳 pp. 232-233〉）。

【第2の夢】

そこで余は一つの理想的の家屋を建築したいと思ふて居る。其家屋の装飾は人間的のくすんだ色で無く、天然的の派手な色を用いたい。例へば談話室は壁も天井も窓掛もテーブル掛も皆真白な色を用いて、テーブルの上に紅の牡丹を三輪活けて置く。書斎は壁も天井も紙も本の表紙も尽《ことごと》く濃き赤を用いて自分は白い著物著て其中に座つて居る。それから寝室は四方上下皆野外の緑を描いた畫《え》にしてしまふ、其野の一方には奥深い森があつて、赤い鳥居と赤い堂とを見込むやうになつて居る。此中へ這入つて横に倒れて居るといつか野外に草を枕として寝て居るやうな心持になる。やうやう眠気を催してうつらうつらとなる時、かんばしい風が吹いて来たと思ふて見ると、一人の女神が、赤の薄色のうすものを着て立つて居る。女神の手は余の手に触れたと思ふと、何だか心がぼーッとなつて自分のからだやら人のからだやら分からなくなる。それから女神が空の上の方で招くと見ると、自分の霊魂は自分のからだを離れた。そして段々に天に上つて行けば行く程、人間界が下の方に小さく見えて居る。やがて又下の方で女神が招くから段々に下りて来てもとのからだに這入ると、忽ち眼が覚めた。女神は影も形もなかつた。天井の雲に隠れたのか、お宮の中へ這入ってしまふたのかそれは分らぬ。此女神が赤の精霊である。

（正岡 1978a, pp. 296–297 下線は引用者）

この第2の夢でもまた、「赤い」色と女性像としての「女神」が現れている。第1の夢で検討したように、「赤い」色、そしてそれと関係をもつ女性像は、子規の言語獲得の時期と火事に源泉をもつことがわかっている。ここでも類似の構造が見いだされるということは、死に臨む者が見る夢には、言語獲得の時期、そして言葉を得ることによって永遠に失われることになった母を、再構成する特徴があるのではないだろうか。[*7]

ここであらためて、「大人たちは、例外的な生活状況に陥ったときには、とくにしばしば幼児型の夢を見るようである」というフロイトの言葉に立ち返ってみることも意義のあることだろう。「死」に臨む状態とは、紛れもなく「例外的な生活状況」といえるだろう。そこでは、「幼児型の夢」、つまり言語獲得の時期、そして「失われた母」を再構成する構造の夢が見られるのである。「死」に直面したとき、人は言語を獲得したときのことを思いだし、その危機に立ち向かうのである。「死」は言葉を超えている。われわれが生きているこの世界に存在する言葉では、「死」を語り尽くすことはできない。言葉を超えた世界、それは新たなる言葉で構成された世界かもしれない。だが、われわれはそれを知ることはできない。だからこそ、今使っている言葉を獲得したときの思い出を再構成し、その欠如を補おうとするのではないだろうか。

また、「失われた母」を再構成することで、われわれは言葉を超えた世界に対する恐怖を癒すことができる。つまり、言語獲得によってようやく抜けだすことのできた幼児期の「内的幻想の世界」のなかで、唯一救いの手を差し伸べてくれたもの、唯一光を照らしてくれたもの、それは「失われた母」以外には存在しなかった。今、その「内的幻想の世界」と同様の「死」の世界に直面するなかで、もう一度「失われた母」を再構成することは、唯一の支えを得ることへとつながり、その結果、現実世界のなかで夢主は癒されるのではないだろうか。

続いて、第3の夢を見ていきたい。この夢は、1901年（明治34年）に見られた、子規の初夢である。

＊7　フロイトは次のように述べている。「子どもはのちに、人生の様々な威力に対してわが身が実際に孤独で非力であるのを実感するとき、自らの境遇を幼児期のそれに似ていると感じ、幼児期に自分を保護してくれた力を退行的に更新することで、その惨めな苦境を否認しようとするのだ」（Freud, 1910, p. 195〈邦訳 p. 80〉）。

【第3の夢】

「成程これや御城山へ登る新道だナ。男も女も馬鹿に沢山上つて行くがありやどういふわけぞナ。」「あれは皆新年官民懇親会に行くのョ。」「それぢやあしも行つて見やう。」（向ふの家の中に人が大勢立つて混雑している。其中から誰れやら一人出て来た。）「おい君も上るのか。上るなら羽織袴なんどぢやだめだョ。この内で著物を借りて金剛杖を買つて来玉へ。」「そうか。それぢや君待つてくれ玉へ。（白衣に著更《きか》へ、金剛杖をつく。）サア君行かう。富士山の路は非常に険《けん》だと聞いたが、こんなものなら譯《わけ》は無いョ。オヤ君は爰《ここ》に寫生《しやせい》してゐたのか。もう四五枚出来てる?、それはえらいネー。もう五合目い来たのか。兎に角あそこの茶屋で休まうぢやないか。ヤア日本茶店と書てある。何がある。しる粉がある?。それならしる粉くれ。頻りに皆立つて行くぢやないか。なんだ。日の出か。成程綺麗だ。赤いもんがキラキラしていらア。君もう下りるか。それぢや僕も一緒に下りやう。成程砂をすべつて下りるとわけは無いョ。マア君待ち玉へ、馬鹿に早いナア。（急いで下りる積りで砂をふみ外して真逆様に落ちたと思ふと夢が覚めた。）

（正岡 1978a, pp. 491-498　下線は引用者）

この夢もまた、先の2つの夢と同じ構造を呈している。「赤い」色は、「赤いもんがキラキラしていらア」として現れている。また、女性像は若干不明瞭なかたちではあるが、「日本茶店」として現れている。その理由は、以下のように考えられる。

子規の父は大酒飲みで、子規が5歳のときに早世したが、酒で家を傾け、しかも酒で身を滅ぼした。「子規が酒を飲めなかったのは、生理上、習慣上に原因があったのではなく、むしろ父のようになってはいけないという心理上の強迫観念が、その原因であった」（高橋 1998, p. 118）と考えられている。こうした経緯から、子規は酒のかわりに「しる粉」を好んだ。つまり、子規が夢のなかで、「日本茶店」の店の者に「しる粉」を注文している背景には、父の否定と母への傾倒が隠されているのである。ゆえに、「日本茶店」があり、同時に先に見てきた夢と同様の「赤い」色としての「赤いもんがキラキラ」する背景には、母の姿があると考えられるのである。[*8]

このように、いかに子規の夢がこれまで述べてきた特徴に支配されているかを、この第3の夢も示唆しているのである。[*9]

＊8　現実世界において、実際に病床に臥す子規に食事を作ってくれていたのは「母」であった。

＊9　子規が自分の死後を空想し、書き記したものが残っている。この空想の中にも、この構造が現れている。「自分はもう既に死んでいるので小さき早桶の中に入れられてをる。その早桶は二人の人夫にかかれ二人の友達に守られて細い野路を北向いてスタスタと行つてをる。〔中略〕早桶は休みもしないでとうとう夜通しに歩いて翌日の昼頃にはとある村へ着いた。其村の外れに三つ四つ小さい墓の並んでいる所があつて其傍らに一坪許りの空地があつたのを買ひ求めて、棺桶はその辺に据えて置いて人夫は既に穴を掘つてをる。其内に附添の一人は近辺の貧乏寺へ行て和尚を連れて来る。やつと棺桶を埋めたが墓印もないので手頃の石を一つ据えてしまふと、和尚は暫しの間回向してくれた。其辺には野生の小さい草花が沢山咲いていて、向ふの方には曼珠沙華も真赤になつているのが見える。〔中略〕かういふ風に考へて来たので今迄の煩悶は痕もなく消えてしまふてすがすがしいええ心持になつてしもうふた」（正岡 1978a, pp. 518-519　下線は引用者）。また、1902年（明治35年）8月10日、子規は次のような夢を書き記している。「梅も桜も桃も一時に咲いて居る、美しい岡の上をあちこちと立つて歩いて、こんな愉快な事はないと、人に話し合つた夢を見た」（正岡 1927a, p. 143　下線は引用者）。この夢においても、同様の構造が見いだされる。

2 「上昇→女性像との出会い→下降」の夢構造

次に、子規の夢に現れるもうひとつの特徴を検討していきたい。それは、夢全体の構造が、いったん「上昇」し、そこで女性像と出会い、また「下降」するという構造を呈していることである。第1の夢では、「岡の上」が「上昇」を、「美人」が女性像を、「降ってくる」で「下降」を示している。第2の夢では、「段々に天に上つて行けば行く程」で「上昇」を、「女神」が女性像を、そして「段々に下りて来て」で「下降」を示している。そして、いま検討した第3の夢もまた、富士山を登ることで「上昇」を、「日本茶店」で女性像を、下山することで「下降」をそれぞれ示している。この構造の類似は何を意味するのだろうか。

フロイトは、「飛ぶ」「宙に浮く」「落下する」「泳ぐ」の類型夢の源泉を次のように結論づけている。「精神分析で知り得たことから考えて、これらの夢も、幼児期の印象を反復している。すなわち、子どもたちにとってあれほど並外れた魅力をもった、動きを伴うあの遊びに関係している。叔父さんたちは誰でも、伸ばした腕に子どもを支えて空中を飛ぶ真似をして部屋中を走ったり、膝の上で揺すっていて急に脚を伸ばして落としたり、高い高いをして、急に落とすふりをしたりするものではないか。すると子どもたちは大喜びで、倦むことなく、何度でもこれを反復してもらうことを求める。多少恐くてめまいがするくらいだとむしろ余計にそうだ。何年かが経ち、彼らは夢の中でこの経験を反復させるのだが、そのときには彼らを支えていた腕は省略されて、彼らは宙に浮いたり落下したりするのである」（Freud, 1900, pp. 398-399〈邦訳 pp. 146-147〉）。

このようにフロイトは、幼児期の運動が夢の源泉となりうること、そして夢に現れる「飛ぶ」「落下する」は、子どもたちにとって魅力的な、動きをともなう遊びにその源泉があると述べている。これは、子規の夢に現れる「上昇」「下降」と関わりをもつと考えられる。しかし、ここでは、「上昇」し、女性像と出会い、「下降」するという構造がひとまとまりになっている点を考慮しなくてはならない。この一連の夢構造は、どのような幼児期の運動に源泉をもつのだろうか。

ところで、赤ん坊にとって、母を一番感じることができるのはどのようなときだろうか。それは、寝かせられていた自分を母が抱き上げてくれるときだろう。抱き上げられ、母の胸のなかで過ごすときほど、赤ん坊が幸せを感じることはないはずである。そこは、赤ん坊にとって天国のような場所かもしれない。しかし、いつまでも母は自分を抱きかかえたままにしてはくれない。抱き下ろされ、またいつもの寝床に戻されてしまう。

このような運動を、赤ん坊の視点から見たらどうなるだろうか。それは、まさしく「上昇」し、女性像（母）に出会い、「下降」するという、一連の夢構造とかたちを同じくするものではないだろうか。子規の夢に現れたこの夢構造は、「失われた母」との出会いをめぐる上述のような幼児期の運動に、源泉をもつものと考えられるのである。

この一連の夢構造は、地域伝承の物語にも見られる。有名な「浦島伝説」の物語はそのひとつである。現在知られている「浦島太郎」は室町時代から江戸時代にかけて成立した『御伽草子』を明治期に改作したものであるが、そもそもの「浦島伝説」の物語は『日本書紀』の「雄略紀」、または『風土記』のなかの「丹後国風土記」に収められている。そこで、より詳しい記述のある『風土記』[*10]を見てみると、「浦島伝説」の物語と一連の夢構造とが次のような類似した構造をもつことがわかる。

浦島太郎である「嶼子」と「女娘」が向かう「蓬萊山」は「海中にあって神仙の住むという道教の聖山」（中村ら 2002, p. 917）のことを指し、そこに辿り着くためには「上昇」しなければならない。また、「蓬萊山」で「女性像」である「女娘」と袖を交わし、最後には「蓬萊山」から「下降」する。つまり、「上昇→女性像との出会い→下降」の構造を「浦島伝説」の物語は呈しているのである。そこで、子規の夢に現れるこの夢構造を「うらしま夢構造」と名づけたい。

この「うらしま夢構造」が、子規の「死」をめぐる峻厳な状況のなかで生まれたものであることを踏まえるのであれば、「浦島伝説」を今までとは異なる見方で解釈することもできるのかもしれない。というのも、「浦島伝説」の物語は、「死」に臨む者が見た夢を具現化し、それに少々手を加えたものであり、玉匣が開かれる前の世界は夢を、そして開かれた後の世界は「死」と直面した現実の世界を、それぞれ表していると考えられるからである。「浦島伝説」としての夢を死の床に臥しながら見た者は、束の間でも「死」の苦しみから逃れることができたのではないだろうか。

「うらしま夢構造」が「失われた母」との出会いをめぐる幼児期の運動にその源泉をもつのであれば、次のように考えることも可能だろう。つまり、言語獲得の際の記憶を再構成するためには、「失われた母」を再構成することが必要であると考えられるのである。先に取り上げた夢の構造的特徴である、「赤い」色と女性像の生成の背景に、このような関係が存在している点は先に示唆したとおりである。子規の場合、「うらしま夢構造」もまた、「言語を獲得した際の記憶を再構成する」構造と密接な連関をもっていたと考えられる。「死」にあたっては、主体を言語活動の平面に再生させようとして、この構造が無意識として生成してくるのである。また、見方を変えると、「赤い」色と女性像の生成が、幼児期の運動に起源をもつ夢のもうひとつの源泉を刺激し、結果的に「うらしま夢構造」を起動させ、「失われた母」を再構成する夢構造を形成したとも考えられる。

＊10　以下は、部分的に引用したものである。「長谷の朝倉の宮に天の下をお治めになった天皇（雄略天皇）のみ世に、嶼子はひとり小船に乗って海の真っただ中に浮んで釣をしたが、三日三晩たっても一匹の魚さえとることができず、ただ五色の亀をとることができた。心中不思議な思いで船の中に置いてそのまま寝てしまうと、たちまちに［亀は］婦人となった。その顔かたちの美しさはたとえようがなかった。嶼子は尋ねて「人家ははるかに離れて、海上には人影もない。それなのに忽然として現れるとはいったいどこのお方なのか」というと、女娘は微笑して答え、「風流なお方がひとり大海原に浮かんでいらっしゃる。親しくお話したいという気持をおさえ切れず、風雲とともにやって来ました」といった。嶼子はまた尋ねた、「風雲はいったいどこから来たのか」。女娘は答えていうには、「天上の仙家の人です。どうか疑わないで下さい。語らいあって打ち解けてくださいませ」といった。そこで嶼子は神女であることを知り、恐れ疑う心が静まった。女娘は語って「わたしの心は、天地と終りを同じくし、日月とともに極まるまで、あなたと永遠に添いたいと思います。ただあなたはどうお思いか。否かいやでないか早く心のうちをお聞かせ下さい」といった。嶼子は答えて、「なに一ついうことはありません。どうして［あなたを愛する心に］ゆるむようなことがありましょうか」といった。女娘は「それではあなた、棹を取り直して蓬莱山に行こうではありませんか」といった。【中略】仙歌は声もさわやかに、神の舞は手ぶりもなよやかに、饗宴のさまは人間の世界に数万倍した。まったく日の暮れたのも忘れたが、ただ黄昏時になって沢山の仙人たちがしだいに退散すると、女娘ひとりがとどまって肩を寄せ合い袖を交わし、夫婦の語らいをした。時に嶼子は旧俗を忘れ、仙都に遊ぶこと三歳を経過した。【中略】女娘は問うて、「あなたは帰りたいのですか」というと、嶼子は答えて、「私は近親や知り合いの人から離れて遠い神仙の境界に入りました。それを恋いしのぶ心をおさえることができないで、軽率な思慮のほどを口にだしてしまいました。できれば、しばらくの間もといた国に還って両親にお会いしたいものです」といった。女娘は涙を流して、「私の心では金石と同様、千年も万年もと期していたのに、郷里のことを思いだして私をたちまち棄て忘れてしまうとは、―」と嘆いていった。そして二人手をとりあってさまよい、語り合い、嘆き哀しんだが、ついに袂をひるがえして立ち去り、岐路についた。【中略】そこで絶望の心をいだいて郷里をあるき廻ったけれども、ひとりの親しい人にもあわず、すでに十数日たってしまった。そこで玉匣を撫でて神女のことをしみじみとしのんだ。かくて嶼子はすぎた日に約束したことを忘れ、ただちに玉匣を開いた。すると一瞬のうちににおうがごとき若々しさは風雲とともに蒼空に飛び去ってしまった」（吉野 1969, pp. 313-317　下線は引用者）。

Ⅲ 「もう一度自己を人間化すること」としての死

以上、子規の夢に見られる構造的特徴を考察してきた。その結果、子規の夢は、幼児期に主体によって独占されていた母、いいかえれば「失われた母」を構造化しつつ、そのうえで言語を獲得した際の記憶を再構成していると考えられた。子規の夢の構造的特徴である「赤い」色と女性像、そして「うらしま夢構造」の生成は、「言語を獲得した際の記憶を再構成する」際の、不可欠かつ補完的な要素であったのである。

このような事実を踏まえるのであれば、次のように定義づけることができよう。つまり、「言語を獲得した際の記憶を再構成する」構造こそが、「死」を取り巻く無意識の構造なのである。「死」に臨む者の無意識は、かつて幼児期において言語の世界に参入した経験を思いだし、その経験を現在の状況と照らし合わせながら利用できるかたちへと変形し、それを適用させようと試みることで、新たな世界へと踏み入る準備を整えるのである。また、その際「失われた母」を再構成しようとするのは、「言語を獲得した際の記憶を再構成する」構造の補完的な要素であるからだけではない。「失われた母」の存在が幼児期の「内的世界の幻想」のなかで唯一の救い手であったのと同様に、「死」の世界に対する恐怖から救ってくれる唯一の存在たりうると無意識が求めるからであり、その結果、束の間ながら現実に「死」に臨む者が癒されるのだと考えられた。子規の場合、実際に母が看病のため常に側にいてくれたという状況が、この構造をより明確なかたちで再構成させたともいえよう。現実世界においても、子規は、看病されるというかたちで母との密接な関係性を保つことで、「失われた母」を再構成することができたのである。

一見すると、「死」とは言語を必要としない世界へ踏み入ることであると、とらえられる。しかし、人間は

「死」を迎えるにあたって、現在用いている言語を超えた世界に存在するだろう、また異なる言語を獲得するために努力しようと試みるのである（新宮 2000, p. 19）。「死」に臨む者は、「死」の世界に入ることを、幼児期において言語の世界に参入し、結果的に人間として生きる存在となった経験と重ね合わせていると考えられるのである。この意味において、「死」に臨む者は「もう一度自己を人間化する」という無意識の要請にしたがい、幼児期を再構成すると定義づけることも可能だろう。子規もまた、夢のなかで幼児期を再構成しながら、「もう一度自己を人間化」しようと試みたと考えられる。

子規の「死」は、われわれに何を残してくれたのだろうか。われわれはいまだ、そこからすべてを受けとれてはいない。現在、「死」という難問に直面しているわれわれにとって、先人の「死」から得られるものを真摯に受けとめる姿勢が求められている。そこにこそ、病跡学と「死」の臨床との接点が存在しているのではないだろうか。

終章

「誕生」と「死」の問いがひらく地平へ

I　子規の「死」から学ぶこと

子規は死の直前まで、数々の水彩画を描いた。1902年（明治35年）の6月27日から8月6日まで描かれた『菓物帖』や同年8月1日から8月20日まで描かれた『草花帖』はその代表作であり、子規が死の直前にどのような想いを募らせていたかを知るうえで欠かせない作品である。

これらの作品において、子規は、病床に臥しながらも描くことのできる対象として果物や草花を選んでいる。このことは、子規の身体を蝕む病いの苛烈さを物語るとともに、子規が描画行為を介して、「死」をみずからの問題として必死に引き受けようとしていた事実をも示しているだろう。

また、子規の徹底した写生ぶりには目を見張るものがある。個々の作品に表現された「生」は瑞々しく、そこに「死」を感じることは難しい。そのことがかえって、鑑賞する者に「死とは何か」という問いを突きつけるように思われるのはなぜだろうか。

孫は、これらの作品に関して次のように述べている。「子規はその素材のもつ固有の姿と色彩を遺憾なく表している。大部分の絵は眼に見えるそのままを忠実に描きながらも、その事物のもつ特徴をよく表現している。飾らない素直さが彼の『写生』をよく具現化した壓巻の部分といえる。また、赤系統の色をふんだんに使っているので、それらの絵は明るくて、生き生きしている」（孫 2001, p. 95　下線は引用者）。

8月4日に描かれた作品（図9－1）にも顕著に表れているように、これらの作品において、子規は「赤系統の色」をふんだんに使うことで、その「生」を表現しようと試みている。また、それら「赤い色」を用いて描いた対象が、先に述べたように「食べ物」としての果物や草花であったことも重要な点である。それらは、女性像（母）を代表象するものに他ならない。

このような2つの特徴を、第8章での考察内容と照らし合わせるならば、子規の死を取り巻く無意識の構造としての「赤い色」と「女性像」への回帰が、描画にもまた同様の形式で表れていることがわかる。つまり、生き生きとした写生画を描くということは、同時に子規のなかで「死」を位置づける試みとしてあったのである。「もう一度人間化する」という意味において、子規は、描画を通してみずからの幼年期を再構成し、「どのように死んでいくか」を考えていたのだろう。

このことを証明するかのように、まさに死の直前、9月2日以降に描かれたとされる「未完成図」（図9－2：子規が描いた

図9-1『草花帖（8月4日）』

図 9-2 『未完成図』

最後の絵画）にも、赤い花が未完成のかたちで描かれている。「死」を位置づける試みは、不可能性としての未完成のなかに閉じられたのかもしれない。

ところで、子規が最後に描き残したこれらの作品には、もうひとつ見過ごすことのできない特徴が隠されている。それは、個々の作品のなかに、描きあげた日付と描出した対象に関する説明書きがそえられている点である。[*1]『草花帖（8月4日）』にも、この特徴が表れているが、これはいったい何を意味しているのだろうか。

子規の病床日記である『病牀六尺』や『仰臥漫録』には、非常によく似た試みが散見される。それは、ほぼ毎日書かれた病床に臥す子規自身の症状記録である。例えば、死の前年、1901年（明治34年）10月26日の記録は次のようなものである（正岡 1927b）。

便通及繃帯《ほうたい》取替

この頃の容体及び毎日の例

病気は表面にさしたる変動はないが次第に体が衰へて行くことは争はれぬ。膿の出る口は次第にふえる、寐返りは次第にむつかしくなる、衰弱のため何もするのがいやでただぼんやりと寐て居るやうなことが多い。

腸骨の側に新に膿の口が出来てその近辺が痛む、これが寐返りを困難にする大原因になつている。右へ向くも左へ向くも仰向になるもいづれにしてもこの痛所を刺激する、咳をしてもここにひびき泣いてもここにひびく。

繃帯《ほうたい》は毎日一度取換へる。これは律の役なり。尻のさき最痛く僅に綿を以て拭ふすらなほ疼痛を感ずる。背部にも痛き箇所がある。それ故繃帯取換は余に取つても毎日の一大難事である。この際に便通ある例で、都合四十分乃至一時間を要する。

肛門の開閉が知尻の痛所を刺戟するのと腸の運動が左腸骨辺の痛所を刺戟するのとで便通が催された時これを猶予するの力もなければ奥の方にある屎《くそ》をりきみ出す力もない。ただその出るに任するのであるから日に幾度あるかも知れぬ。従つて家人は暫時も家を離れることが出来ぬのは実に気の毒の次第だ。

睡眠はこの頃善く出来る。しかし体の痛むため夜中幾度となく目をさましてはまた眠るわけだ。

歯齦《しぎん》から出る膿は右の方も左の方も少しも衰へぬ。毎日幾度となく綿で拭ひ取るのであるが体の弱つて居る日は十分に拭ひ取らずに捨てて置くこともある。

物を見て時々目がちかちかするやうに痛むのは年来のことであるが先日逆上以来いよいよ強くなつて新聞などを見ると直に痛んで来て目をあけて居られぬやうになつた。それで黒眼鏡をかけて新聞を読んで居る。

朝々湯婆を入れる。熱出ぬ。小便には黄色の交り物あること多し

＊1　最後に描かれた『未完成図』には、これらの添え書きがなかったことは、ある意味で興味深い問題を含んでいると考えられる。

食事は相変わらず唯一の楽しみであるがもう思ふやうには食はれぬ。食ふとすぐ腸胃が変な運動を起して少しは痛む。食ふた者は少しも消化せずに肛門へ出る。

歯は右の方にて噛む。左の方は痛くて噛めぬ。（十月廿六日）

このように、子規はみずからの身体を科学的な観察眼にてとらえ、克明に記録する。まるで他者の身体を観察しているようにも感じるのは、その写実性ゆえだろうか。

次のような短い記録もある。1902年（明治35年）3月11日と12日の記録を見てみよう（正岡 1927b）。

大便
十一時半　麻痺剤を服す
午後一時半頃　繃帯《ほうたい》取換
腰背痛俄に烈しく麻痺剤を呑む
十一時過また痛烈しく起る　麻痺剤を服す　（三月十一日）

正午麻痺剤を服す
繃帯取代　左へ寐戻りてより背腰殊に痛む　うとうとすれど眠られず
十時　麻痺剤を呑む　（三月十二日）

このように症状を記述し、記録すること自体の意味をここで問うことは難しい[*2]。しかし、記録した日付と説明をそえるかたちで症状を記述するという試み自体が、『草花帖』などの作品に見いだされる特徴と同様の意味をもっていたと仮定するならば、形式を超えて反復する子規自身の無意識的衝動をそこに見いだすことができるだろう。描出された対象である草花や果物は、子規の身体でもあったのである。

この点を踏まえ、草花や果物の存在自体を問うとき、それらが日々の状況に影響されやすく、また変化を被りやすい対象であったことに気づくことになる。花が枯れ、果物が腐るように、子規の身体もまた死を前にして変化し続けていたのである。

そのような対象を客観的に、写実的に描くこと、それは〈他者〉の視点から、みずからを省みる試みでもあっただろう。今まさに「生」を謳歌する対象を写実的に描くことで、子規は〈他者〉から自分を省みる視点を獲得できたのである。それはまた、〈他者〉の死をもとにみずからの死を想像する試みでもあったのかもしれない。

〈他者〉の欲望を主体の欲望へと転換する意味において描画がなされるとき、そこには「生」と「死」をめぐる2つの問いをみずからの問題として引き受けていく契機が生まれる。そのとき描画は、必然的に〈他者〉と主体がどのように結びついているのかを示す縮図のようなものとなるだろう。

だが、ここで注意しなければならないことがある。それは、描画を通して「生」と「死」をめぐる問いと直面するとき、やはりそこに介在する原動力としての欲望が必要であるということである。子規の死を考える

＊2　以前、筆者は別のところで、この問題について論じた。内容を要約すると、次のようになる。宗教的社会から科学的社会への移行にともない、それまで宗教体系に位置づけられていた「死」は、主体自身の症状記述という個人神話の創設、そしてそれら個人神話の承認の場となる心的共同体としての「新聞」の成立により、位置づけられるようになった。「症状を記述すること」によって、人々は「死」という現実界の露呈をともに覆い合っているのである（牧瀬　2005）。

うえで欠かせないもうひとつの絵画は、われわれにその重要性を教えてくれている。

『鶉図』（図９－３）は、子規が病床に臥していた際に描いた絵画のひとつである。1899年（明治32年）の春、高浜虚子が鶉の番いを病床の慰めにと子規に贈ったが、その年の暮れに雌が死んでしまった。子規は残った雄の鶉を写生し、いなくなった雌をそえるように想像で描いた（松山市立子規記念博物館 2001, p.15）。つまり、子規の写生論にとって唯一の例外となる作品が、この『鶉図』である。ゆえに、この作品は子規の「錯誤行為」としての意味をもち、子規の欲望を垣間見る余地を与えてくれるものでもある。

図 9-3 『鶉図』

先に述べた観点に立つならば、写実的に描かれた雄の鶉は子規その人でもあっただろう。また、そのような子規に寄りそい、かつ「脚」がない（死んでしまった）鶉は、病床で子規を支え続けた現実的な母であると同時に、「失われた母」、そして子規の死を抱き取ってくれる3人の女神としての母でもなかっただろうか（Freud, 1913）。

このような関係性を描出するきっかけとなった雌の鶉の死、そしてそのような番いの鶉を子規に贈った虚子の欲望を考えるとき、われわれは〈他者〉と主体とのつながりのなかに、もう一人の主体の欲望とでもよべるようなものが存在し、それが両者を結びつける力となっていることに気づかされる。

他者の「死」を想うことは、主体がみずからの問題として「どのように死んでいくか」を考えることでもある。そのように考えることはまた、他者から「他者の死」として想われることによって可能になるという関係性が、そこにはある。そして、この関係性は、第1章で検討した際に取り上げた、3人の囚人の論理的関係と同様のものでもある。

われわれは、「どのように生まれるか」という問いだけでなく、「どのように死んでいくか」という問いに対しても、そこに人間ではないものがあることを知り、それを他者を介して省みることが必要なのである。「他者のなかに埋め込まれ、私にとって非人間的で疎遠で、鏡に映りそうで映らず、それでいて確実に私の一部で、私が私を人間だと規定するに際して、私が根拠としてそこにしがみついているようなもの」としての対象aを見いだすことで、人間はそれぞれみずからを人間として認識し、もう一度人間化するという意味において、「死」の問いを紡いでいくことができるのである。

『鶉絵』は、このような関係性のなかで、「せき立て」を感じとり、走りだす者としての子規を映しだしている。それはまた、子規と同じ苦悩をもつわれわれ自身の姿なのかもしれない。各々の主体が、自分なりの仕方で「どのように死んでいくか」を考え抜くこと、それが他者の「死」をひらき、結果的にみずからの「死」の問いを位置づけることを可能にするのである。

われわれもまた、このような子規の「死」を想い、みずからの「死」の問いを開始することが求められているのである。

Ⅱ　描画における「誕生」と「死」の問い――その多様性と共通性

1　各章で得られた結果とまとめ

ここで、各章での考察から得られた結果をまとめ、われわれが学びえたものを明らかにしておこう。

第1章、第2章では、子どもとの描画セッションをもとに、子どもがいかにしてみずからの出自の問題と向き合い、自己を生成しようとするかを考察した。子どもは、「子どもはどこから来るのか」という問いを、描画を通して問い、またその過程のなかで、〈他者〉の欲望からみずからの欲望を生みだす結節点のようなものを創設するに至った。画面のなかに描いたものを、画面の外側から眺める絵を描き入れたとき、子どもは絵画という平面に、「生」と「死」への問いを構築するうえで欠かせない「論理的な関係性」を導入したのである。このことはまた、治療者と主体、そして描画の3者関係のなかに対象aを見いだし、そのうえでみずからもまた時間的存在＝言語的存在であるという認識を主体に促す方法としての「描画連想法」を提案する契機となった。「生」と「死」への問いを主体のなかに位置づける試みとして、この方法は意義がある。

第3章では、安政の大地震後に人々が作りだした集団的創造物である鯰絵を精神分析的な観点を用いて考察し、その生成と病理がどのような関係性にあったかを考察した。鯰絵は人々が作りだした機知的構造体であり、機知を介在させる描出法や言葉遊びをたくみに取り入れることで、被災によって生じた攻撃性や欲望を隠されたかたちで表象することを可能にしていた。また、その時代の社会との関係を含めた視点から考察するなかで、人々が鯰絵の生成を介して、①現実的な「再生産」の問題、②「再生産」にまつわる幻想の問題、③社会全体の欲望の問題、という3つの次元の問題を、同時に位置づけなおそうと試みていたことが示唆された。その際、出自をめぐる問い、「子どもはどこから来るのか」という問いが、3つの次元を結び合わせる役割を担っていたことが明らかにされた。この結果をもとに、震災後のPTSDの治療においては、主体の属する社会全体の欲望と主体の「再生産」をめぐる幻想との結びつきを踏まえ、そのうえで外傷的体験の問題を扱っていく必要があることを提起した。

第4章では、江戸から明治の時代の転換期に活躍した浮世絵師、月岡芳年の作品構成の変遷と病理の関係性を精神分析的な観点から考察した。その試みは、芳年が描画を通して、いかにみずからの「生」を立ち上げようとしたのかを検討するものでもあった。江戸から明治にかけての時代の「論理的飛躍」は、芳年個人の幼児期とのそれと重なり合い、両者が共鳴し合うことで、芳年の創造性が育まれ、一方で押しとどめられていたことが示唆された。「断絶」を位置づけなおそうとする社会の欲望との葛藤的な関係において、芳年は作品を描き、また「生」への問いを構築しようと試みたのである。ゆえに、その作品構成の変遷のなかには、「生」と「死」をめぐる葛藤の軌跡を読みとることができたのである。芳年をして反復強迫的に描かせた「ひとつ家物語」にまつわる作品には、この問題が凝縮されたかたちで表れていたといえる。ここでもまた、「子どもはどこから来るのか」というみずからの出自をめぐる葛藤を、描画を介して問うことのなかに、主体が〈他者〉の欲望をみずからの欲望へと変換する結節点を見いだすことができたのである。

第5章では、統合失調症という病理を抱えるなかで、常にみずからの「死」を位置づける問題に直面しながらも創造し続けた画家、佐伯祐三に焦点を合わせ、描画と病理の関係性を精神分析的な立場から考察した。祐三の場合、創造は自己表象の不可能性を父子関係の表象とシニフィアンとで埋め合わせるとともに、その不可能性を表現しようとする行為としてあった。これらの関係性は、創造行為の方法（描画の構造）のなかにも同じ構造を保つかたちで表れていた。さらに、故国から離れて創造するという要素もまた、同様の構造に則って形成されるに至った。祐三にとって、西洋的なものをただ模倣するのではなく、そこに自国のものを組みこんで独自なものを創造することが、みずからの「父 - 子」関係を維持するために必要なことであった。この欲望は、その時代の日本社会が抱える欲望と重なり合うものでもあり、そこからいかにして個人の創造と病理が社会と関係を取り結ぶかが示唆された。

第6章では、醜形恐怖症の事例を取り上げ、描画を介して主体がどのようにみずからを再構成していくかを考察した。その試みはまた、描画と夢、症状がいかなる関係性にあり、互いを結び合わせているかを問うものでもあった。結果、描画が描かれる面接において現れるさまざまな関係性の構造すべてが、入れ子構造のように反復しながら、主体の抑圧された無意識の欲望を表現する場として構築されていることが明らかになった。また、そのとき描画は、Clと社会（言語体系）がいかなる接点をもつのかをも指し示す可能性が示唆された。〈他者〉の欲望と主体の欲望を結ぶものとして描画という場が機能するとき、その行為自体が治療的に大きな意味をもつことになる。

第7章では、熊野比丘尼の絵解きの技を精神分析的な観点を用いて検討し、かつて妊娠・出産にまつわる対象喪失に直面した女性がいかにしてその喪失と向き合い、みずからの再構成を試みていたかを考察した。熊野比丘尼は、『熊野観心十界図』の空間内に主体の無意識の問題を転移させ、失われた対象との関係を〈他者〉の視点からとらえなおす余地を生みだしていた。このとき、空間内の各図像は、世代間伝承における葛藤を縮合して表現したものとなり、絵解きの技はその縮合を解《ほぐ》し、主体の新たな再構成を促すことを可能にしていた。主体と失われた対象との関係は、先祖と主体の関係とともに再構成されていた。「串刺しの母」の図像の絵解きを介して『熊野観心十界図』から蘇ることは、主体が世代間における断絶の存在、またその断絶を結び合わせるエディプスコンプレクスの意義を再認識することを意味していた。対象喪失に直面した主体が、先祖たちの死の集積である「他者の語らい」との接点を見いだし、〈他者〉の欲望をもとにみずからの欲望を再構築する場として、絵解きの空間はあった。

第8章では、不治の病いを患いながらも必死に生き続け、創作活動を絶やさなかった俳人、正岡子規の夢〈創造性〉を分析し、「死」を取り巻く無意識の構造を精神分析の立場から考察した。子規の夢には、「赤い色」と女性像が組み合わさって出現するという構造的特徴が見られた。そこで、子規が幼い頃に火事に遭遇した体験に注目し、フロイトが『快原理の彼岸』のなかで述べた、子どもの糸巻き遊びとの比較を試みた。また、女性像が「上昇↓女性像との出会い↓下降」という構造を呈し、子規の夢のなかに反復して現れた特徴を、夢の運動的源泉と関係から検討した。それらの結果を踏まえ、「死」を取り巻く無意識の構造を「言語を獲得した際の記憶を再構成する」構造として定義づけ、「死」に臨む者は「もう一度自己を人間化する」という無意識の要請にしたがい、幼児期を再構成することを示唆した。

このような構造はまた、先に述べたように、死の直前に描かれた水彩画にも同様の形式で表れていたのである。

2　問いの多様性と共通性

このように本研究で得られた結果をまとめることにより、描画における「生」と「死」の問いの多様性と共通性が見えてくる。

描画における「生」と「死」の問いそれ自体が、主体の幼年期をめぐる問題と強く結びついたかたちで問われるものであるという事実は、必然的にその多様性を生みだすことになるだろう。「生」と「死」という言葉で表現される人間における2つの謎は、決して万人に共通のものとして構成されているのではなく、各々の主体が独自の仕方で構成しうるものなのである。万人に共通のものとして2つの問いを構成しようとするとき、われわれは問いの本質を見失ってしまう可能性がある。

このような可能性に回収されずに、描画を介して2つの問いを問うとき、主体は新たな「生」を紡いでいくことができる。つまり、みずからの幼年期において〈他者〉に何を欲望されたのかという問題を、描画を介して問いなおすことで、主体の再構成が可能となり、それが結果的に主体の欲望を生成していく契機となる。

そのとき、「子どもはどこから来るのか」という問いは、欲望という名のもとに〈他者〉と主体を結びつける点で、欠かせない問いとして機能することになる。フロイトがこの問いの重要性を説き、この問いの抑圧と引き換えに生成される主体が、その後、この問いを軸にみずからの生を構築していくと示唆した点は、この意味において省みられなくてはならないだろう（Freud, 1910, pp. 146–148〈邦訳 pp. 26–28〉）。

第1章、第2章での考察を通して示唆されたように、子どもはこの問いをもとに、出自をめぐる問題と向き合い、結果的に言語的主体＝時間的存在としてみずからを再構成していくことができるのである。みずからの出自を問いなおすことはまた、みずからの「死」を位置づける試みでもあることはいうまでもない。この意味において、「生」と「死」の問いは、同時性のもと主体のなかに存立するということもできるだろう。

社会全体が再構成を行っていくうえでも、この問いは重要な役割を担うことになる。特に、第3章での考察結果が示すとおり、時代の転換期において、その役割は顕著なものとなる。しかし、この問いが主体と社会を結びつける働きをするのであれば、その役割は日々問われるべきものとしてあるのではないだろうか。

社会全体が「生」と「死」を共通の幻想で埋め合わせようとするとき、そこにはある種の危険性がはらむことになる。先に述べたとおり、われわれはそこで本質的なものを見失ってしまう可能性があるからである。そのようなとき、各々の主体が、この問いを介して「生」と「死」を位置づけようとすること、それが主体の新たな「生」を生みだすばかりでなく、社会全体がその本質を見いだしながら、先へと進んでいく契機を生むことになるのではないだろうか。

フロイト（Freud, 1930）がロマン・ロランのいう「大洋感情」の存在を否定し、そこから新たな思索を展開していったことを思いだそう。「生」と「死」を万人に共通なものとして認識する誘惑に立ち向かい、問いという形式のもと、みずからの問題として両者の意味を問いなおしていくことが必要なのである。

まさにこの地点に、月岡芳年や佐伯祐三の苦悩があり、また描画を介して問いを構築しようとする試みがなされたのではないだろうか。芳年は、「時代の断絶」が共通の幻想で埋め合わされてしまうことの危険性を認識し、独自の問いからもう一度その意味を問いなおし、そこからみずからの「生」を立ち上げようと試みた。そのため、人生とともに創造された作品には、このような問いの連鎖が隠されていたのである。祐三もまた、日本という国が国際社会のなかでの位置づけを見失う方向性へと突き進んでいたことを感知し、先んじて警鐘を鳴らした者であった。作品を通してなされた、父‐子関係の模索は、日本と国際社会の関係を問いなおす試みでもあったからである。

このように見てみると、たしかに、主体の欲望は〈他者〉の欲望によって構築され、両者を結び合わせるものが、描画における「生」と「死」の問いであるといえる。だが、一方で、主体がこのようなかたちで問いを構築することにより、〈他者〉もまた再構成される可能性がひらかれるのではないだろうか。

Ⅲ 「描画連想法」を介して問いをひらくこと
――ある女児との描画セッションを通して

主体が描画を介して「生」と「死」を問うことで、〈他者〉もまた再構成されるような契機は、日常におけるふとしたやりとりのなかにも見いだされるのかもしれない。「描画連想法」は、そうした契機をひらくものとして、有効なひとつの方法であるだろう。ある4歳の女児との不思議な描画セッションもまた、そうであったように思われる。

その女児は、不安が強く、他者と関わるなかで能動的に行動することに難しさがあるという理由から筆者のもとを訪れた。母から話を聞いている間も、女児は不安げな様子で、筆者の問いかけにもまったく答えない状態であった。そこで、次のような描画を用いたセッションを行うことになったのである。

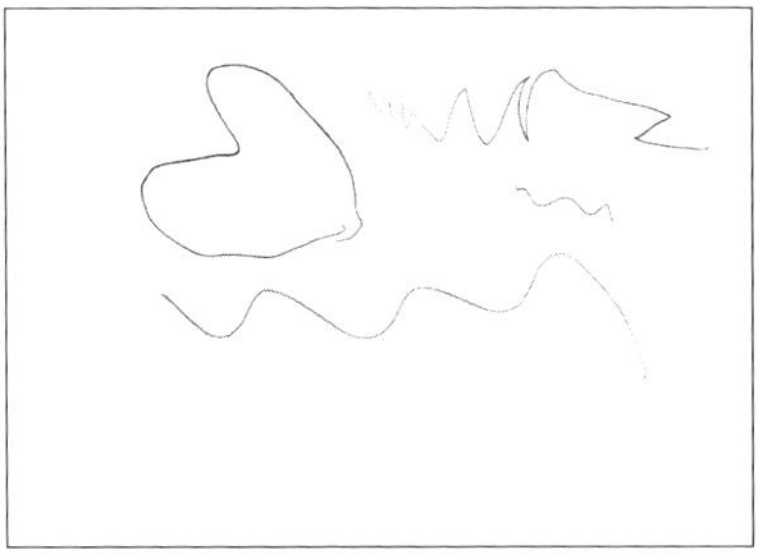

1枚目

1枚目

筆者が、「今から目をつぶってグルグル描きをするから、それが何かのかたちに見えたら教えてね」と言い、波線を描いた（画面中央）。しかし、子どもは「わからない」と言うのみで、沈黙したままであった。しばらくしてから、「じゃあ、こうしてみたらどうだろう」と言いながら、紙を縦向きにしてみると、子どもは「蛇」と答えた。それを受けて、「お父さんはどこにいるの？」と問いかけると、子どもは、「これがお父さん」と言いながら、その波線を指差した。続いて、「じゃあ、他には誰がいるのかな？」と促すと、子どもは、「お姉ちゃん、お母さん」と言いながら、それぞれを描き（右上の波線がお姉ちゃん、左上のハート形のものがお母さん）、さらに、自分自身を小さな波線で描いた（お姉ちゃんの波線の下の小さな波線）。そこで、筆者は、子どもがより幻想の世界に入っていけるように、「お父さんは何をしているのかな？」と問いかけながら、さっと1枚目の紙を引き、新しい紙と交換した。

2枚目

3枚目

2枚目

子どもは、「こんな感じ」と言いながら、お父さんを描いた。そして、「怒るとこわい」と教えてくれた。そこで、「お父さんは怒るとこわいのかぁ。じゃあ、お母さんは何をしているのかな？」と問いかけながら、さっと紙を引き、新しい紙と交換した。

3枚目

子どもは、ふたたび「こんな感じ」と言いながら、お母さんを描いた。そこで、「お母さんは、こんな感じなのかぁ。じゃあ、○○ちゃん（子どもの名前）は何をしているのかな？」と問いかけながら、さっと紙を引き、新しい紙と交換した。

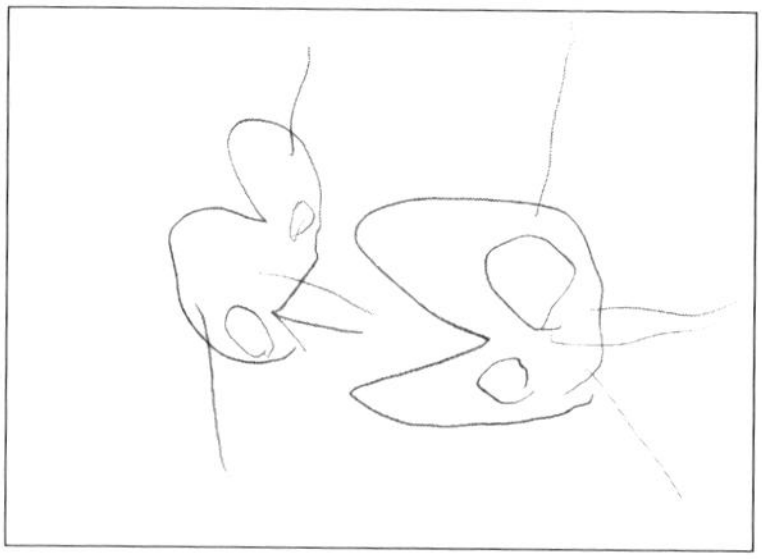

4枚目

5枚目

4枚目

子どもは、「これがお姉ちゃん。これが○○（子どもの名前）」と言いながら、それぞれを描いた（右がお姉ちゃん、左が自分）。筆者が、「2人は何をしているのかな？」と尋ねると、子どもは、「新しい紙を使ってもいい？」と新しい紙を要求した。そこで、さっと紙を引き、新しい紙と交換した。

5枚目

子どもは、「お姉ちゃんと私」と言いながら、それぞれを描き（左がお姉ちゃん、右が自分）、「お姉ちゃんはスヌーピー。私はミッフィー」と教えてくれた。さらに、「ミッフィーには耳がある」と言い、自分を描いた絵に耳を描き足し、続けて、「スヌーピーにはこんな耳がある」と言い、姉を描いた絵にも耳を描き足した。そこで、「お父さんはどこにいるの？」と問いかけながら、さっと紙を引き、新しい紙と交換した。

6枚目

子どもは、「お父さんとお姉ちゃんが車に乗っている」と言いながら、それぞれを描いた（左がお父さん、右がお姉ちゃん）。そこで、「そうかぁ、お父さんとお姉ちゃんは車に乗っているのかぁ。じゃあ、お母さんはどこにいる

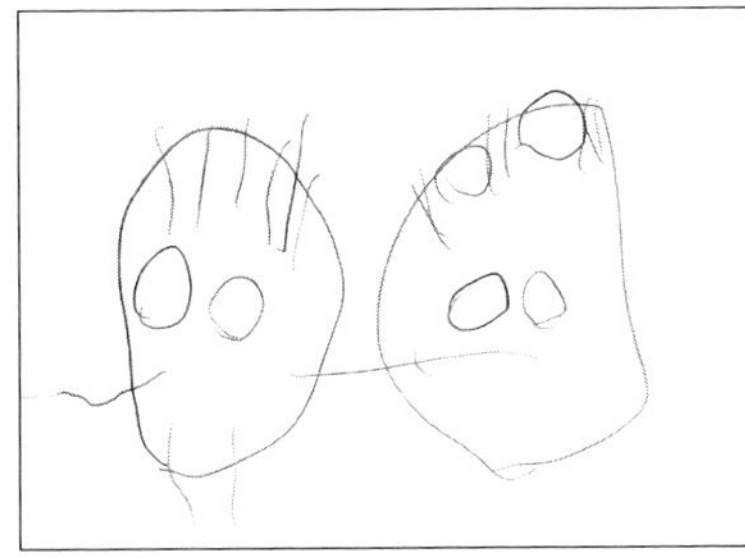

6枚目

7枚目

のかな？」と問いかけながら、さっと紙を引き、新しい紙と交換した。

7枚目

子どもは、「妹とお母さんが手をつないでいる」と言い、それぞれを描いた（左がお母さん、右が妹）。このとき、筆者は驚いていた。というのも、本児を含む家族構成は、父・母・姉・本児の4人であり、妹はいないと聞いていたからである。筆者が、「妹がいたの？」と驚きを覚えつつ問いかけたところ、子どもは、「知らない。わからない」と答えた。そこで、「妹はいつもどこにいるの？」と問いかけながら、さっと紙を引き、新しい紙と交換した。

8枚目

子どもは、「ここにいるの」と言いながら、妹（左側）を描いた後、その隣にお母さん（右側）を描き、続けて、「お母さんと妹は手をつないでいるの」と言いながら、2人の手を結んだ。筆者が、「○○ちゃん（子どもの名前）はどこにいるの？」と尋ねると、子どもは、「○○（子どもの名前）とお父さんとお姉ちゃんは、別のところにいるの」と答えた。

ここで、描画セッションを切り上げた。

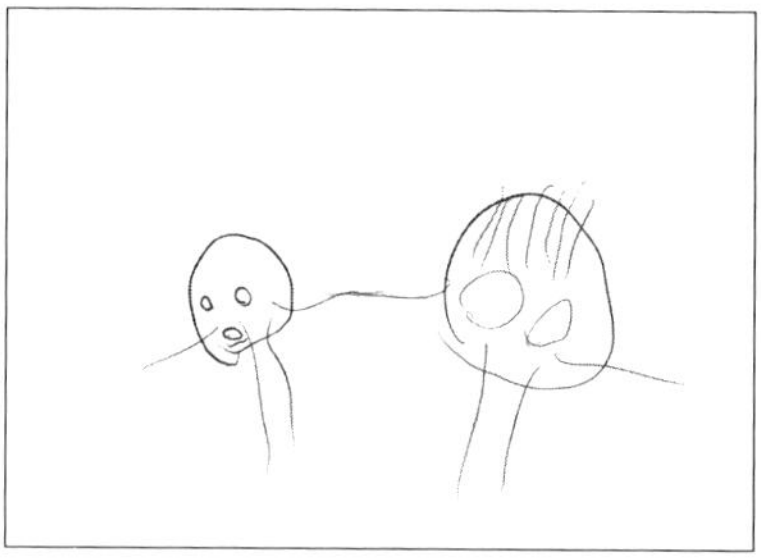

8枚目

その後、母に本児との描画セッションの内容を伝えるなかで、第3子の予定があるかどうかを筆者は尋ねた。本児が描きながら語った「妹」の存在が気になっていたのである。母は「特にそうした予定はない」と答え、本児と帰ろうとした。しかし、しばらくして母だけが驚いた様子で戻って来て、「実は、昔、子どもを生もうとしたが途中でおろしたことがある」という事実を告げ、「その子は、もし生まれてきていたとしたら、妹になっていたのかもしれない」と語ったのである。この出来事が契機となり、本児の不安は軽減し、他者と能動的に関われるようになっていった。

この不思議なやりとりを、われわれはどのように理解しうるのだろうか。ここでは、その詳細に立ち入って検討を試みることはしない。だが、本児が描画を介して「生」と「死」の問いを問うたことにより、家族の間で隠されていた事実が驚きとともに浮かび上がったこと、さらには、それが契機となり、本児だけでなく、家族の他のメンバーの新たな「生」が切りひらかれたことの意義は大きかったのではないだろうか。それはまた、いかなる象徴化の操作からも余り物として残されるような対象aを浮かび上がらせる行いでもあったのだろう。

もしかしたら、これまでこの家族の間では、堕胎したという事実を隠蔽するために、「生」と「死」の問いが問われる機会そのものが覆い隠されてしまっていたのかもしれない（そのような関係性のなかで、本児は死んだ胎児に同一化し、結果的に制止が引き起こされていた可能性も考えられる）。しかし、本児が、描画セッションを通して、「生」と「死」の問いを問うことで、それまで家族間で共有されていた幻想に裂け目が生じ、そこから新たな展開を見せたのだろう。

さらに、こうした新たな展開の連鎖が、筆者のみならず、今まさに本書を手にとっている人々へと波及していくとしたらどうだろうか。このとき「描画連想法」は、主体のみならず〈他者〉もまた再構成されるような契機を生みだす、有効な方法になりうるのである。

Ⅳ　問い続ける主体としてあること

フロイトはその論文「文化の中の居心地悪さ」のなかで、次のようなゲーテの詩の一節を引用している。

学問や芸術を持つ者は、
宗教をも持っている。
無学無芸の者は、
宗教を持つべし。

〈ゲーテ：『ツァーメ・クセーニェン』〈Xahme Xeninen〉〉

フロイトによると、「この蔵言は、一方で宗教を人間による二つの最高の功績たる学問と芸術に対立するものとしながら、他方では宗教と学問・芸術の双方が人生にとっての価値という点で互いに代わりとなって補いあうことができると主張する」(Freud, 1930, p. 432〈邦訳 p. 79〉)。

フロイトはこの詩を取り上げることで、宗教を否定することの難しさを受け入れると同時に、宗教とはまた別の仕方でわれわれが人生の苦悩を乗り越え、そこに価値を見いだしていく道についての考察を進めた。それはまた、原父殺害によってもたらされた罪悪感をもとに創設された社会のなかに生きるわれわれの、攻撃衝動、および自己否定衝動による共同生活の障害をいかに克服していくかを考える営みでもあった。最終的に、フロイトは人生の苦悩と結びつく罪悪感のなかに、エロスとタナトスの永遠の闘争を発見することになる〈Freud, 1930, p. 492〈邦訳 p. 147〉〉。

「生」と「死」の問いは、このような社会に生まれ落ちた主体が、その生と引きかえに負わされた罪悪感をいかにみずからの問題として引き受けていくかを問う意味において、欠かせないものである。フロイトが「人類神経症」と命名したような、人間の宿命を引き受けながらも、それに甘んじることなくみずからの生を生きていくこと、そのためには、「問い続ける主体」であることが求められるのである。

では、ゲーテが先の詩のなかで、宗教と並びうるものとして芸術を位置づけたことには、どのような意味があるのだろうか。

たしかに、芸術はそれ自体の特質として、主体が外界の拒絶を受けないかたちで、欲動の目標を移すことを可能にする。つまり、芸術は「欲動の昇華」という道筋を切りひらく媒介として機能しうる。また、そのように芸術が創造されることをもってして、芸術の影響に対して感受性のある者は、その影響を快の源泉および生活の慰めとして利用できるものとなる。

しかし、芸術が「問い」として創造されるとき、このような麻酔効果としての価値とはまた異なる価値を、そこに見いだすことができるのではないだろうか。そのとき、芸術は「症状」としてありながらも、「症状」自体の意味を問いなおす媒体として機能し、自己を再生成していくものとなるのである。第6章において検討したように、主体の再構成と並行してひとつの描画のとらえうる意味が変化していった過程は、この可能性を示唆するものでもあろう。

最後に、「文化の中の居心地悪さ」でフロイトが述べていた言葉を引用してみよう。「幸福を求めていく方法として、万人に通用する策などない。誰もがそれぞれ独自の流儀で浄福にあずかるのを自ら試みるしかないのだ」(Freud, 1930, p. 442〈邦訳 p. 91〉)。

幸福であるかどうかは、個人の判断に求められることである。しかし、その前提となる社会が幸福としてあるということは、やはり「問い続ける」ということではないだろうか。

エロスとタナトスの永遠の闘争に決着はない。決着はないが、それらの闘争のあり方を日々問い続けることにより、社会全体が幻想に惑わされず、みずからの立ち位置を明確にしていくことが可能になるだろう。ひいては、それが主体の欲望を新たに生成していくことを促すのである。

人間の「生」と「死」と分かちがたく結びついた「描くこと」の意義は、まさにこの点においてとらえられるべきものであり、それがゆえに、「描くこと」はわれわれが「問い続ける主体」となる可能性をひらく、一条の光となるのである。

あとがき

本書は、2010年に京都大学大学院人間・環境学研究科に提出した学位論文がもとになっている。今回の出版にあたって、大幅な加筆と修正を行うとともに、新たに発表した論文を付け加え、まとめなおした。

本書の執筆の歴史は、そのまま筆者の臨床経験の歴史である。日々の臨床実践から学んだことが、すべての論旨の骨格となっている。そのなかでも特に、本書のテーマである「誕生」と「死」をめぐる問題については、子どもとの描画セッションにはじまり、これまでに出会ったすべてのClの方々との関わりを通して、その問いを再構成することが治療的に重要な意義を有することを実感した。また、そうした実感は、英国にて精神分析の実践を学び、自らもまた分析を受けるなかでより確かなものとなった。

今回は、「誕生」や「死」をめぐる問いを問うことの意義を、おもに「描くこと」との関係から考察したが、フロイトも指摘しているように、この問いを再構成することは、人間と芸術、宗教、科学、ひいては人間のすべての創造物との関係をもとに、あらためて「人間とは何か」を問いなおすことでもある。この意味において、今回の探究はそのはじまりに過ぎないのであり、今後も引き続き、他の人間的営為を介してこの問いを問うことがいかなる意味を持ちうるのかについて、考察を深めていきたい。

本書で提示した臨床素材、そして数々のアイデアは、Clの方々との関わりから生まれてきたものである。そうした貴重なものをわれわれにもたらしてくれたClの方々に、まず厚く御礼申し上げたい。

京都大学大学院人間・環境学研究科教授の新宮一成先生には、学位論文の執筆にあたり、終始変わらぬあたたかいご指導を賜るとともに、精神分析臨床の基礎を教えていただいた。ここに記し、心より感謝を捧げたい。また、京都大学の内外で、精神分析、精神医学、心理学の先輩同僚諸氏、特に、夢研究会、「精神分析と倫理」研究会、東京精神分析サークルの先生方との有意義な討論の機会に恵まれたことは、筆者にとって大きな幸運であり、かけがいのないものであった。ここにあらためて深謝の意を表したい。さらに、英国にて精神分析の実践を学べたことは、学位論文を練りなおし、本書をまとめるうえで欠かせない経験となった。英国での研究の機会をいただくとともに、筆者の研究を世界的な視野から展開する道筋をお示し下さった Leicester University 教授の Ian Parker 先生に、厚く御礼申し上げたい。

最後に、啓発的な議論を積み重ねるなかで、筆者の考えをご理解いただき、また、より分かりやすくそれを読者に伝える方法をともに模索して下さった誠信書房の曽我翔太氏に、深く感謝の意を表したい。

２０１５年11月

牧瀬　英幹

文　献

Abraham, K. (1973): *Karl Abraham, Selected Papers on Psycho-Analysis*. Hogarth, London.（下坂幸三・前野光弘・大野美都子訳〈1993〉:『アーブラハム論文集』岩崎学術出版社.）

Arieti, S. (1976): *Creativity; The magic synthesis*, Basic Books, New York.（加藤正明・清水博之訳:『創造力』新曜社.）

アリストテレス，藤沢令夫訳（1972）:『詩学』田中美知太郎責任編集:『アリストテレス　世界の名著 8』中央公論社.

朝日晃・中島理寿編（1980）:『近代画家研究資料　佐伯祐三 III』東出版.

朝日晃監修（1991）:『佐伯祐三　絵と生涯』講談社.

朝日晃（1994）:『佐伯祐三のパリ』大日本絵画.

朝日晃・野見山暁治（1998）:『佐伯祐三のパリ』新潮社.

朝日晃（2001）:『そして佐伯祐三のパリ』大日本絵画.

浅野房世・高江洲義英（2005）:「死に対峙する人々を癒す風景に関する研究」日本芸術療法学会誌，**36**，55-64.

Buck, J. (1966): *The House-Tree-Person Test: Revised Manual*. Western Psychological Services, California.

Burns, R. C., Kaufman, S. H. (1972): *Action, Styles and Symbols in Kinetic Family Drawings*. Bruner/Mazer, New York.（加藤孝正・伊倉日出一・久保義和訳〈1975〉:『子どもの家族画診断』黎明書房.）

Di Leo, J, H. (1977): *Child Development: Analysis and Synthesis*. Bruner/Mazer, New York.（白川佳代子・石川元訳〈1999〉:『絵にみる子どもの発達——分析と統合』誠信書房.）

Dracoulides, N. N. (1952): *Psychoanalyse de L'artiste et de son Oeuvre*. Les éditions du Mont-Blanc SA, Genève.（中野久夫訳〈1967〉:『芸術家の作品の

精神分析』岩崎学術出版社.)

Ehrenzwaig, A. (1969): *The Hidden Order of Art.* University of California Press, Berkeley. (岩井寛・中野久夫・高見堅士郎訳〈1975〉:『芸術の隠された秩序』同文書院.)

Freud, S. (1987): *GesammelteWerke.* Fischer. (新宮一成・鷲田清一・道籏泰三他編:『フロイト全集』岩波書店.)

—— (1900): Die Traumdeutung. *G. W. II/III.* (新宮一成訳:『フロイト全集 5, 6』岩波書店.)

—— (1905): Der Witz und seine BeziehungzumUnbewußten. *G. W. VI.* (中岡成文・太寿堂真・多賀健太郎訳:『フロイト全集 8』, 岩波書店.)

—— (1907): Zwangshandlungen und Religionsübungen. *G. W. VII.* (道籏泰三訳:「強迫行為と宗教儀礼」『フロイト全集 9』岩波書店.)

—— (1908a): Der Dichter und Das Phantasieren. *G. W. VII.* (道籏泰三訳:「詩人と空想」『フロイト全集 9』岩波書店.)

—— (1908b): Über infantile Sexualtheorien. *G. W. VII.* (道籏泰三訳:「幼児の性理論」『フロイト全集 9』岩波書店.)

—— (1909): Analyse der PhobieeinesfünfjährigenKnaben. *G. W. VII.* (総田純次訳:「ある五歳男児の恐怖症の分析」『フロイト全集 10』岩波書店.)

—— (1910): EineKindheitserinnerung des Leonard da Vinci. *G. W. VIII.* (甲田純生・高田珠樹訳:「レオナルド・ダ・ヴィンチの幼年期の想い出」『フロイト全集 11』岩波書店.)

—— (1911): PsychoanalytischeBemerkungenübereinenautobiographischbeschriebenen Fall von Paranoia (Dimentia paranoids). *G. W. VIII.* (渡辺哲夫訳:「自伝的に記述されたパラノイアの一症例に関する精神分析的考察〔シュレーバー〕」『フロイト全集 11』岩波書店.)

—— (1912): Totem und Tabu. EinigeÜberreinstimmungenimSeelenleben der Wilden und der Neurotiker. *G. W. XII.* (須藤訓任他訳:「トーテムとタブー」『フロイト全集 12』岩波書店.)

—— (1913): Das Motiv der Kästchenwahl. *G. W. X.* (須藤訓任訳:「小箱選び

のモティーフ」『フロイト全集 12』岩波書店.)

—— (1915): Das Unbewußte. *G. W. X.* (新宮一成訳:「無意識」『フロイト全集 14』岩波書店.)

—— (1917a): Trauer und Melancholie. *G. W. X.* (伊藤正博訳:「喪とメランコリー」『フロイト全集 14』岩波書店.)

—— (1917b): ÜberTriebumsetzungen, insbesondere der Analerotik. *G. W. X.* (本間直樹訳:「欲動変転，特に肛門性愛の欲動変転について」『フロイト全集 14』岩波書店.)

—— (1920): Jenseits des Lustprinzips. *G. W. XIII.* (須藤訓任訳:「快原理の彼岸」『フロイト全集 17』岩波書店.)

—— (1923): EineTeufelsneuroseimsiebzehntenJahrhundert. *G. W. XIII.* (吉田耕太郎訳:「十七世紀のある悪魔神経症」『フロイト全集 18』岩波書店.)

—— (1925a): Die Verneinung. *G. W. XIV.* (石田雄一訳:「否定」『フロイト全集 19』岩波書店.)

—— (1925b): EinigepsychischeFolgen des anatomischenGeschlechtsunterschieds. *G. W. XIV.* (大宮勘一郎訳:「解剖学的な性差の若干の心的帰結」『フロイト全集 19』岩波書店.)

—— (1927): Der Humor. *G. W. XIV.* (石田雄一訳:「フモール」『フロイト全集 19』岩波書店.)

—— (1930): Das Unbehagen in der Kultur. *G. W. XIV.* (嶺秀樹・高田珠樹訳:「文化の中の居心地悪さ」『フロイト全集 20』岩波書店.)

—— (1938): Der Mann Moses und die monotheistische Religion. *G. W. XVI.* (渡辺哲夫訳:「モーセという男と一神教」『フロイト全集 22』岩波書店.)

藤縄昭 (1974):「精神分裂性精神病者と自画像」宮本忠雄編:『分裂病の精神病理』東京大学出版，pp. 219-242.

古川真弓 (1994):「月岡芳年の伝記に関する諸問題」学習院大学人文科学論集，3，1-36.

古川真弓 (1995):「月岡芳年画風変遷試考——画業区分に関する新見解を基に」浮世絵芸術，**115**，3-13.

元興寺文化財研究所（1994）:『女人往生』共同精版印刷株式会社.
Goodenough, F. (1926): *Measurement of Intelligence by Drawings.* Harcourt Brace & World, New York.（小林重雄訳〈1991〉:『グッドイナフ人物画知能検査ハンドブック』三京房.）
萩原龍夫（1983）:『巫女と仏教史』吉川弘文館.
花村誠一（2001）:「思春期妄想症におけるドラマ的身体――オートポイエーシスの技法」日本芸術療法学会誌，**32**，80-86.
早野泰造（1986）:『近世の呪縛――サディズムの精神史』牧野出版.
林雅彦（1994）:『日本の絵解き――資料と研究（増補）』三弥生書店.
林雅彦（2003）:「熊野比丘尼と絵解き」国文学解釈と鑑賞，**68**，147-158.
林雅彦（2004）:「続・熊野比丘尼と絵解き」国文学解釈と鑑賞，**69**，77-88.
Herman, J. L. (1992): *Trauma and Recovery.* NewYork, Basic Books.（中井久夫訳（1996）:『心的外傷と回復』みすず書房.）
Hibbett, H.・長谷川強編（1989）:『江戸の笑い』明治書院.
土方定一（1971）:『大正・昭和期の画家たち』木耳社.
平林直次・飯森眞喜雄・堀越美重（1996）:「醜貌妄想症の自画像による治療過程」日本芸術療法学会誌，**27**，34-43.
平井正三（2003）:「象徴化と対象関係――ポスト・クライン派の視点から見た描画と心理療法」臨床描画研究，**18**，34-48.
蛭田明子（2009）:「死産を体験した母親の悲嘆過程における亡くなった子どもの存在」日本助産学会誌，**23**，59-71.
Hulak, F. (2006): *La letter et l'œuvredans la psychose.* Toulouse, érès.
飯田賢一（1989）:「日本における近代科学技術思想の形成」『日本近代思想体系 14 科学と技術』岩波書店，pp. 427-500.
飯森眞喜雄（2003）:「芸術療法における言葉と語り」加藤敏編:『新世紀の精神科治療　第 7 巻』中山書店.
伊集院清一（1989）:「拡大風景構成法における天象・地象現象と精神的視野」日本芸術療法学会誌，**20**，29-46.
今橋映子（1997）:「壁の街・文字の音」季刊アステイオン，244-271.

石川元（1980）：「自殺の表現病理」精神神経学雑誌，**82**，792-802.

石川元（1982a）：「家族描画の治療的効果——思春期症例を中心に」精神神経学雑誌，**84**，680-705.

石川元（1982b）：「醜貌恐怖——概念の変遷と成因論」臨床精神医学，**11**，813-818.

石川元・阿部裕子・大原健士郎（1983）：「身体図式としての棒人間（stick-man）」心身医学，**23**，59-60.

石川元（1984a）：「家族研究における２つの流れ——家族画テストと家族絵画療法（その１）」精神医学，**26**，452-463.

石川元（1984b）：「家族研究における２つの流れ——家族画テストと家族絵画療法（その２）」精神医学，**26**，560-577.

岩田誠（2002）：「佐伯祐三の病」民族藝術，**18**，194-200.

角山富雄（2005）：「自分語りの表現病理にみるファンタジーと語りの関係」日本芸術療法学会誌，**36**，121-125.

上別府圭子（2006）：「同胞を小児がんで亡くした青年の語り　研究法としてのナラティブ」臨床描画研究，**21**，13-27.

神田由美子（1977）：「大蘇芳年と近代文学」瀬木慎一編：『月岡芳年の全貌展』西武美術館.

片山はるみ（2007）：「がん終末期患者にたいする“樹木画”を用いた霊的苦痛（Spiritual pain）の緩和」臨床描画研究，**22**，135-150.

加藤孝正（1986）：「動的家族画（KFD）」臨床描画研究，**1**，87-104.

川村邦光（1996）：『セクシュアリティの近代』講談社.

木部則雄（2006）：『こどもの精神分析』岩崎学術出版社.

岸田秀・K. D. バトラー（1983）：『黒船幻想——精神分析学から見た日米関係』トレヴィル.

北原糸子（1983）：『安政大地震と民衆』三一書房.

Klein, M. (1926): The Psychological Principles of Early Analysis. *The Writings of Melanie Klein, Vol. I*, New York: Free Press.（長尾博訳（1983）：「早期分析の心理学的原則」西園昌久・牛島定信編訳：『メラニー・クライン著作集 1』誠信書房，pp. 151-163.）

Klein, M. (1940): Mourning and its Relation to Manic-Depressive States. *The Writing of Melanie Klein Vol. I,* Free Press, New York.（森山研介訳（1983）：「喪とその躁うつ状態との関係」西園昌久・牛島定信編訳：『メラニー・クライン著作集　3』誠信書房，pp. 123-155.）

Klein, M. (1957): Envy and Gratitude. *The Writings of Melanie Klein, Vol. III,* New York：Free Press.（松本善男訳（1996）：「羨望と感謝」小比木啓吾・岩崎徹也編訳：『メラニー・クライン著作集　5』誠信書房，pp. 3-89.）

Klein, M. (1961): Narrative of a Child Analysis. *The Writings of Melanie Klein, Vol. IV,* New York：Free Press.（山上千鶴子訳（1987，1988）：『メラニー・クライン著作集　6，7』誠信書房.）

Koch, K. (1957): *Der Baumtest,* 3.　Auflage. Bern: Hans Huber.（岸本寛史・中島ナオミ・宮崎忠男訳（2010）：『バウムテスト』第３版，誠信書房.）

小見山実（1982）：「佐伯祐三の生と創造における病理」嘉門安雄・徳田良仁編：『創造と苦悩の軌跡』金剛出版，pp. 73-102.

小見山実（2000）：「病跡学と精神病理学の循環」福島章・中谷陽二編：『パトグラフィーへの招待』金剛出版，pp. 66-75.

Kris, E. (1952): *Psychoanalytic Explorations in Art.* International University Press, New York.（馬場禮子訳：『芸術の精神分析的研究』岩崎学術出版社.）

黒田日出男（1989）：「熊野観心十界曼荼羅の宇宙」宮田登編：『体系　仏教と日本人　8』春秋社，p. 207.

桑原武人（1984）：『明治維新と近代化』小学館.

Lacan, J. (1966): *Écrits.* Seuil, Paris.

Lacan, J. (1981): *Le séminaire, livre III, Les psychoses.* Seuil, Paris.（小出浩之・川津芳照・鈴木國文・笠原嘉訳〈1987〉：『精神病（上）（下）』岩波書店.）

Lacan, J. (1994): *Le séminaire, livre IV, La relation d'objet.* Seuil, Paris.

Lacan, J. (1998): *Le séminaire, livre V, Les formations de l'inconscient.* Sueil, Paris.（佐々木孝次・川崎惣一・原和之訳〈2005〉：『無意識の形成物（上）（下）』岩波書店.）

Lacan, J. (1973): *Le séminaire, livre XI, Les quatre concepts fondamentaux de la*

psychanalyse. Seuil, Paris. （小出浩之・新宮一成・鈴木國文・小川豊昭訳〈2000〉:『精神分析の四基本概念』岩波書店.）
Lacan, J. (1975): *Le séminaire, livre XX, Encore*. Paris, Seuil.
Lacan, J. (2005): *Le séminaire, livre XXIII, Le sinthome*. SEUIL, Paris.
町田市立国際版画美術館監修（2011）:『月岡芳年　魁題百撰相』二玄社.
町田市立国際版画美術館監修（2011）:『月岡芳年　風俗三十二相』二玄社.
Machover, K. (1949): *Personality Projection in the Drawing of the Human Figure*. Charles C Thomas. （深田尚彦訳（1983）:『人物画への性格投影』黎明書房.）
牧原憲夫（1994）:「文明開化論」朝尾直弘・石井進・早川庄八他編:『岩波講座　日本通史　第 16 巻　近代 I』岩波書店，pp. 249-290.
牧瀬英幹（2005）:「なぜ症状を記述するのか」（抄録），日本病跡学雑誌，**69**，83.
正岡忠三郎編（1978a）:『子規全集　第 12 巻』講談社.
正岡忠三郎編（1978b）:『子規全集　第 22 巻』講談社.
正岡子規（1927a）:『病牀六尺』岩波書店.
正岡子規（1927b）:『仰臥漫録』岩波書店.
松山市立子規記念博物館編（2001）:『正岡子規の絵』岡田印刷株式会社.
三島由紀夫（1971）:「序にかへて」大蘇芳年:『血の晩餐――大蘇芳年の藝術』番町書房.
宮本忠雄（1997）:『病跡研究集成――創造と表現の精神病理』金剛出版.
宮田登監修（1995）:『鯰絵――震災と日本文化』里文出版.
村上靖彦・舟橋龍秀・鈴木國文（1993）:「思春期妄想症研究を振り返って」精神医学，**35**，1028-1037.
鍋田恭孝（1997）:『対人恐怖・醜形恐怖』金剛出版.
永藤靖（1981）:「熊野信仰と物語の祖型――再生の水の女神たち」明治大学人文科学研究所紀要，**20**，1-11.
中井久夫（1985a）:「風景構成法」『中井久夫著作集 2　治療』岩崎学術出版社.
中井久夫（1985b）:「枠づけ法と枠づけ二枚法」『中井久夫著作集 2　治療』岩崎学術出版社.
中井久夫（2004）:『徴候・記憶・外傷』みすず書房.

中村元・福永光司・田村芳朗他編（1989）：『岩波仏教辞典』岩波書店.
中村曜子・高山剛・加藤敏（2009）：「妊娠中絶によるうつ病・不安性障害（中絶後症候群）」精神科治療学, **24**, 555-562.
中野操編著（1980）：『錦絵医学民俗志』金原出版.
Naumburg, M, (1966): *Dynamically Oriented Art Therapy, Its Principles and Practices*. Grune & Stratton, New York. （中井久夫監訳（1995）：『力動指向的芸術療法』金剛出版.）
西田長男（1978）：『日本神道史研究　第2巻』講談社.
西山克（1994）：「地獄を絵解く」綱野善彦編：『中世を考える――職人と芸能』吉川弘文館, pp. 225-263.
岡野禎治（2009）：「人工妊娠中絶に関連した心理学的影響と精神疾患」産科と婦人科, **67**, 902-908.
大森健一・高江洲義英（1981）：「抑うつ心性と絵画表現」木村敏編：『躁うつ病の精神病理　4』弘文堂.
大森健一・高江洲義英・徳田良仁編（1981）：『芸術療法講座　3』星和書店.
大谷省吾（1999）：『近代日本美術の流れ　3　昭和戦前期の美術――伝統と近代の葛藤』東京国立近代美術館.
B. パスカル, 由木康訳（1990）：『パンセ』白水社.
Raphael, B. (1986): *When Disaster Strikes*. NewYork, Basic Books. （石丸正訳（1989）：『災害の襲うとき』みすず書房.）
斎宮歴史博物館編（1994）：『熊野信仰の世界――古代の祈り』東海印刷.
斉藤清二・岸本寛史（2003）：『ナラティブ・ベイスト・メディスンの実践』金剛出版.
斉藤環（2007）：『ひきこもりはなぜ「治る」のか？』中央法規出版.
阪本勝（1970）：『佐伯祐三』日動出版.
笹間良彦（1992）：『鬼女伝承とその民俗――ひとつ家物語の世界』雄山閣.
瀬木慎一（1977）：「芳年の人間と芸術」『月岡芳年の全貌展』日本経済新聞社.
R. シェママ・B. ヴァンデルメルシュ編（2002）：『精神分析事典』小出浩之・加藤敏・新宮一成・鈴木國文・小川豊昭訳, 弘文堂.

新宮一成（1987）:『夢と構造』弘文堂.
新宮一成（1989）:『無意識の病理学』金剛出版.
新宮一成（1995）:『ラカンの精神分析』講談社.
新宮一成（1996）:「精神疾患とことば」JOHNS, 12, 853-855.
新宮一成（1997）:『無意識の組曲――精神分析的夢幻論』岩波書店.
新宮一成（2000）:『夢分析』岩波書店.
新宮一成編（1996）:『意味の彼方へ』金剛出版.
新宮一成（2007）:「夢分析における図像の読み解き」臨床描画研究, 22, 46-55.
白石潔（1998）:「粘土二分割法（1）」臨床描画研究, 13, 186-195.
白石潔（2000）:「粘土二分割法（2）」臨床描画研究, 15, 138-169.
白川佳代子（2001）:『子どものスクィグル――ウィニコットと遊び』誠信書房.
曽根ひろみ（1995）:「近世の熊野比丘尼――勧進と売色」女性史学, 5, 31-42.
宗谷真爾（1975）:『影の美学』新潮社.
菅原真弓（1996）:「月岡芳年歴史画考」美術史, 46, 64-77.
菅原真弓（2008）:「月岡芳年――幻想の中の「江戸」へ」山下祐二編:『激動期の美術』ぺりかん社, pp. 121-160.
高江洲義英（2000）:「表現精神病理学から芸術療法へ」松下正明編:『臨床精神医学講座　病跡学』中山書店, pp. 17-32.
高橋洋二編（1998）:『病牀六尺の人生――正岡子規』平凡社.
高橋雅春（1974）:『描画テスト入門――HTP テスト』文教書院.
高橋雅春・高橋依子（1986）:『樹木画テスト』文教書院.
高橋雅春・高橋依子（1991）:『人物画テスト』文教書院.
武正建一・岩田誠（2002）:「佐伯祐三」日本病跡学雑誌, 63, 14-23.
武見李子（1988）:「地獄思想と女人救済」金岡秀友他:『図説　日本仏教の世界⑤　地獄と極楽』集英社, pp. 140-159.
手塚千恵子・吉野祥一（1993）:「女性醜貌恐怖症の精神療法」精神分析研究, 37, 172-179.
Thévoz, M. (1996): *Le miroirinfidèle*. Les Editions de Minuit.（岡田温司・青山勝訳〈1999〉:『不実なる鏡――絵画・ラカン・精神病』人文書院, 京都）

徳田和夫（1997）：「絵解きの仕組み」久保田淳編：『岩波講座　日本文学史　第 16 巻　口承文学』岩波書店，pp. 191-214.
徳田良仁（1977）：「狂気の軌跡　血みどろへの執着」瀬木慎一編：『月岡芳年の全貌展』日本経済新聞社.
徳田良仁（1978a）：『芸術の人間学』美術出版社.
徳田良仁（1978b）：「近代絵画における死」大原健士郎編：『自殺の精神病理』至文堂，pp. 142-174.
徳田良仁（1985）：「死をめぐる表現」こころの科学，4，104-113.
東京国立近代美術館編（1994）：『「絵画」の成熟——1930 年代の日本画と洋画』東京国立近代美術館.
東京国立近代美術館，京都国立近代美術館，愛知県美術館編（1992）：『フォーヴィズムと日本近代洋画』東京新聞.
土浦市立博物館編（1996）：『鯰絵見聞録——大江戸幕末鯰絵事情』土浦市立博物館.
鶴巻孝雄（1994）：「民衆運動と社会意識」朝尾直弘・石井進・早川庄八他編：『岩波講座　日本通史　第 16 巻　近代 I』岩波書店，pp. 215-248.
宇治谷孟訳（1988）：『日本書記』講談社.
Ulman, E. (1975): *Art Therapy in Theory and Practice*. Schocken, New York.
内海健（2003）：「スキゾフレニアと主体の死——再生のための道標」新宮一成編：『新世紀の精神科治療　第 8 巻』中山書店，pp. 223-253.
山田新一（1980）：『素顔の佐伯祐三』中央公論美術出版.
山中古洞（1930）：「芳年伝備考」浮世絵志，**15**.
山中康裕（1998）：「個人心理療法（精神療法）と芸術療法」徳田良仁・大森健一・飯森眞樹雄他監修：『芸術療法 1　理論編』岩崎学術出版社，pp. 39-55.
柳田國男（1998）：「女性と民間伝承」『柳田國男全集　第 6 巻』筑摩書房，pp. 423-590.
安丸良夫（1994）：「1850-70 年代の日本——維新変革」朝尾直弘・石井進・早川庄八他編：『岩波講座　日本通史　第 16 巻　近代 I』岩波書店.
K. ヤスパース，村上仁訳（1959）：『ストリンドベルクとファン・ゴッホ』みすず書房.

吉野啓子（1985）：「後姿の表現病理」こころの科学，4.
吉野裕訳（1969）：『風土記』平凡社.
若水俊（2003）：『鯰は踊る』文芸社.
若水俊（2007）：『江戸っ子気質と鯰絵』角川学芸出版.
渡邊昭五（1997）：「絵解き比丘尼の必需性とその零落」伝承文学研究，46，354-365.
渡浩一（2003）：「串刺しの母」林雅彦編：『生と死の図像学』至文堂.
Winnicott, D. W. (1971): *Therapeutic Consultation in Child Psychiatry*. Hogarth Press.（橋本雅雄・大矢泰士監訳（2011）：『子どもの治療相談面接』岩崎学術出版社.）

初出一覧

第1章　牧瀬英幹（2008）:「描画セッションにおける「きく」ことの意義と解釈——「描画連想法」の試み」臨床描画研究，**23**，178-195.

第3章　牧瀬英幹（2010）:「集団的創造力と病理——「鯰絵」の生成と主体の再構成を巡る問題」日本病跡学雑誌，**79**，81-90.

第4章　牧瀬英幹（2013）:「時代の変遷と躁うつ病——時代と主体を結ぶものとしての芳年の創造性」日本病跡学雑誌，**85**，37-52.

第5章　牧瀬英幹（2009）:「如何にして「創造」と「病理」は結びつくのか——佐伯祐三における「故国の概念」日本病跡学雑誌，**77**，27-38.

第6章　牧瀬英幹（2010）:「描画・夢・症状」臨床描画研究，**25**，146-160.

第7章　牧瀬英幹（2012）:「「絵解き」の技と喪の病理——熊野比丘尼の「絵解き」における妊娠・出産に纏わる対象喪失の問題」日本病跡学雑誌，**83**，23-36.

第8章　牧瀬英幹（2006）:「正岡子規の病と夢——「死」に面しての夢と幼児体験の関係性」日本病跡学雑誌，**71**，24-33.

＊今回の出版にあたり、いずれの論文にも改稿を施している。

【著者略歴】

牧瀬　英幹（まきせ　ひでもと）

2010年，京都大学大学院人間・環境学研究科博士後期課程修了。博士（人間・環境学）。その後，渡英し，ロンドンのラカン派精神分析組織 Centre for Freudian Analysis and Research にて，精神分析の研修を受ける。現在，大西精神衛生研究所附属大西病院勤務。専門は，精神分析，描画療法，病跡学。

主要な論文として，「初出一覧」に挙げたものの他に，Makise, H. (2013): Clinical Practice with a Child's Drawings from Kleinian and Lacanian Perspectives. *British Journal of Psychotherapy*, **29**, 358-372. などがある。

精神分析《せいしんぶんせき》と描画《びょうが》
——「誕生《たんじょう》」と「死《し》」をめぐる無意識《むいしき》の構造《こうぞう》をとらえる

2015年12月10日　第1刷発行

著　者　牧　瀬　英　幹
発行者　柴　田　敏　樹
印刷者　田　中　雅　博

発行所　株式会社　誠　信　書　房
〒112-0012　東京都文京区大塚3-20-6
電話　03（3946）5666
http://www.seishinshobo.co.jp/

印刷／製本：創栄図書印刷（株）
検印省略　落丁・乱丁本はお取り替えいたします
ISBN978-4-414-40099-1 C3011　Printed in Japan